劳动关系的法律调整

——超越部门法的局限

周宝妹 著

中国人民公安大学出版社
·北 京·

图书在版编目（CIP）数据

劳动关系的法律调整：超越部门法的局限／周宝妹著. —北京：中国人民公安大学出版社，2019. 3

ISBN 978-7-5653-3569-3

Ⅰ. ①劳… Ⅱ. ①周… Ⅲ. ①劳动法-研究-中国 Ⅳ. ①D922. 504

中国版本图书馆 CIP 数据核字（2019）第 037058 号

劳动关系的法律调整——超越部门法的局限

周宝妹 著

出版发行：中国人民公安大学出版社
地 址：北京市西城区木樨地南里
邮政编码：100038
经 销：新华书店
印 刷：北京市泰锐印刷有限责任公司

版 次：2019 年 3 月第 1 版
印 次：2019 年 3 月第 1 次
印 张：15. 5
开 本：787 毫米×1092 毫米 1/16
字 数：215 千字

书 号：ISBN 978-7-5653-3569-3
定 价：59. 00 元

网 址：www. cppsup. com. cn www. porclub. com. cn
电子邮箱：zbs@ cppsup. com zbs@ cppsu. edu. cn

营销中心电话：010-83903254
读者服务部电话（门市）：010-83903257
警官读者俱乐部电话（网购、邮购）：010-83903253
公安业务分社电话：010-83905641

本书咨询电话：（010）63485228 63453145

目　录

绪 论

一、劳动关系法律调整：部门法的反思

一般情况下，劳动法被定义为调整劳动关系以及与劳动关系密切联系的其他社会关系的法律规范的总称。劳动法学界通常认为劳动法具有独立地位，即作为独立的部门法而存在。① 在部门法的划分中，通过强调劳动法与其他部门法，特别是与民法、行政法的区别而确认其独立的部门法地位。而这一独立的部门法地位在很多时候面临着各种质疑和挑战。对于调整劳动合同关系的法律定位，劳动法一直与民法纠缠不清，劳动合同是特殊的民事合同还是单独存在的合同类型一直存在争议；劳动行政执法的规则又体现出行政法的特质。

《中华人民共和国劳动法》（以下简称《劳动法》）对劳动合同作出了规定，《中华人民共和国合同法》（以下简称《合同法》）在起草中虽然有规范劳动合同的意愿，但在最终通过时并没有将劳动合同纳入调整范围，特别是 2007 年《中华人民共和国劳动合同法》（以下简称《劳动合同法》）的出台，似乎昭示着劳动合同和民事合同的彻底分立，但是无论从劳动合同和民事雇佣合同的理论研究，还是从《合同法》和《劳动合同法》具体法律条文的比较分析，更甚至在司法实践中审理劳动合同案件的法律依据选择，劳动合同与民事合同并没有截然分开。劳动合

① 《劳动与社会保障法学》编写组编：《劳动与社会保障法学（第二版）》，高等教育出版社 2018 年版，第 15 页。

同对于劳动关系双方权利义务的分配是劳动法对劳动关系进行调整的重要内容，劳动合同的法律定位，必然反射到对劳动法的定位。随着《中华人民共和国民法总则》（以下简称《民法总则》）的发布、民法典的起草、劳动关系和劳动合同的定位，劳动法和民法之间的关系这个历史性问题再一次被广泛关注，虽然劳动法学界主流观点仍然认为劳动法具有独立性，并不隶属于民法，但是也有观点认为劳动法是特殊私法。①

随着研究的深入，在强调劳动法与民法区别的基础上，以公法和私法划分为背景，学者们提出了社会法的概念。对于社会法可以从两个角度理解：一是作为法域存在的社会法，即在公法和私法之外存在着社会法域，民法属于私法法域，劳动法被划归为社会法法域。二是作为部门法存在的社会法。早在1993年就有研究成果认为，我国社会主义市场经济法律体系框架主要由民商法、经济法、社会法构成的设想。② 2001年，时任全国人大常委会委员长李鹏在第九届全国人民代表大会第四次会议上作的全国人大常委会工作报告中提出的中国特色社会主义法律体系的七个法律部门划分中，社会法赫然在列。在这一工作报告中，社会法被定义为调整政府与社会之间、社会不同部分之间的法律关系的法律部门，

① 参见沈建峰：《论劳动法作为特别私法——〈民法典〉制定背景下的劳动法定位》，载《中外法学》2017年第6期。

② 中国社会科学院法学研究所课题组：《建立社会主义市场经济法律体系的理论思考和对策建议》，载《法学研究》1993年第6期。

并将劳动法划归其中。① 但是这种立法上的法律部门分类是否能够作为理论研究中部门法划分的依据仍需要进一步研究。迄今为止，对于社会法的研究并没有形成统一或多数意见，各种观点众说纷纭。虽然在理论研究中社会法并没有形成统一认识，但是无论是从法域还是从法律部门角度理解，劳动法通常被认为属于社会法，并再一次与民法分立。

无论是从法域还是从部门法角度来理解，劳动关系的法律调整均需要回答一个基础问题——为什么需要对调整劳动关系的劳动法和调整民事关系的民法进行划分，特别是对于劳动合同的规范，两者之间是否存在无法跨越的鸿沟？作为社会关系的一种，劳动关系发生于平等的社会主体之间，兼具财产性和人身性，而民法则是调整平等主体间的人身关系和财产关系的法律规范，劳动关系并不必然被排除在民法调整范围之外。从劳动关系本身的特性来看，劳动者和用人单位之间的劳动关系是一种形式上平等，而在实质上不平等的社会关系，特别是在劳动关系建立后，劳动者成为用人单位的一员，其行为需要接受用人单位的指挥，服从用人单位的管理，双方地位在实质上并不平等。基于此，劳动关系又与民事关系不同。② 自愿、公平、诚实信用是民法的基本原则，民事

① 2001年，时任全国人大常委会委员长李鹏在第九届全国人民代表大会第四次会议上作的全国人大常委会工作报告中提出：“常委会根据立法工作的实际需要，初步将有中国特色的社会主义法律体系划分为七个法律部门，即宪法及宪法相关法、民法商法、行政法、经济法、社会法、刑法、诉讼及非诉讼程序法。社会法是在国家干预社会生活过程中逐渐发展起来的一个法律门类，所调整的是政府与社会之间、社会不同部分之间的法律关系，是调整劳动关系、社会保障、社会福利和特殊群体权益保障等方面关系的法律规范，包括劳动法、社会保险和社会福利法、特殊群体权益保障法。”载中国人大网。

② 虽然在民事关系中，也有一些关系的主体地位在实际上不平等，如消费者和经营者之间的消费合同关系，但是消费者和经营者之间不具有从属性，消费者无须听从经营者的指挥和管理，在这一点上，消费者与经营者之间的消费合同关系与劳动者和用人单位之间的劳动关系有着本质区别。

关系强调意思自治，而在劳动关系达成和存续的过程中，意思自治被广泛限制。比如，劳动者与用人单位达成合意放弃某些权利，这种意思自治并不总是被法律所允许；涉及劳动者自身信息的情况时，从保护劳动者权利的角度出发，诚实信用原则亦可以暂且退居后位。① 基于此，通过强调劳动关系的特殊性，进而强调劳动法的独立性，从而将劳动法与民法截然分开。同样从劳动关系本身出发，尽管在劳动关系建立之后，劳动者需要服从用人单位的管理，但是这种管理并不等同于法律地位的不平等，双方仍然具有平等的法律地位，是否建立劳动关系仍然基于双方自愿，劳动关系的建立仍然需要体现公平原则和诚实信用原则，即使法律赋予双方当事人单方解除劳动关系的权利，劳动关系仍然可以基于双方自愿而解除，劳动关系存续期间允许双方协商一致对权利义务进行变更，因此，劳动关系显然并不能完全独立于民事法律调整的基本框架。

劳动者和用人单位双方建立劳动关系应当签订劳动合同，劳动合同是劳动者和用人单位协商一致建立劳动关系，明确双方权利义务的协议，劳动关系建立和存续应当依照劳动合同的约定。劳动合同作为劳动者和用人单位之间达成的合意，很大程度上遵循自治原则，而如果仅仅从合意的角度审视劳动关系，则不免偏颇。虽然劳动合同对于劳动关系的规制具有重要作用，但是劳动关系的规制不应当仅仅停留在劳动合同的层面，更不应该仅仅关注劳动者和用人单位之间的合意，双方之间的关系并非只遵照劳动合同的约定。从历史的角度分析，劳动关系起源于民事雇佣关系，但是以机械化大生产为基础的劳动关系与“私领域”中的雇

① 劳动者的个人信息受到保护，与工作无关的个人信息，用人单位无权索取，当用人单位让劳动者提供这些信息时，劳动者如果没有如实提供，并不必然构成欺诈。

佣关系[①]存在重大的差异。[②] 而随着社会经济的发展，产生和存在于劳动者与用人单位之间的劳动关系已经不能仅仅局限于“私领域”，对于劳动关系的法律调整也就突破了私法的界限。

劳动力市场需要国家的干预以减少、避免市场调节的失衡和失灵，当然国家的干预也应当有合理的界限。国家对于劳动关系的干预体现了劳动关系这一“私领域”的社会关系向“公领域”的发展，使劳动关系区别于传统私领域的民事合同关系，从而具有了“社会性”。“劳动关系的核心是劳动者与用人单位之间的契约关系。如果将契约中当事人意思自治的内容视为契约的内部性内容，法律的强制性规定则可视为契约的外部性内容。劳动关系中国家的外部介入，除了对契约正义的考量（抑或契约的实质自由），更融入了对劳动者从属性与生存权的关照，主要体现为通过强制性规则对涉及劳动基准的事项进行底线性规定，对劳动者的权益予以最基本的保障。”[③] 因此，劳动关系的法律调整不能仅仅局限于劳动者和用人单位两者之间的关系，需要在更为广阔的社会背景下进行考量，劳动关系的稳定和谐关系到劳动力市场的有序与社会经济的发展。

从社会关系的发展来看，以政府为代表的国家之手已经全方位介入市民社会，无论是公法的私法化，还是私法的公法化都揭示了现实社会

---

① 此处是从狭义上使用“雇佣关系”这一概念，与劳动关系并列，并相区别。

② 即使在认为劳动合同属于雇佣合同范畴的欧陆国家，也仍然承认劳动合同与普通雇佣合同的差异，并构建了专门的法律体系规范。以德国为例，德国法中虽然认为劳动合同是雇佣合同的一种特殊类型，尽管宪法保障根据私人自治原则自主建立、终止劳动关系以及安排劳动关系内容的原则性自由，但是立法者可以安排或者限制宪法所保障的、与私人自治原则相适应的自由。参见［德］雷蒙德·瓦尔特曼著，沈建峰译：《德国劳动法》，法律出版社 2014 年版，第 130 页。

③ 董保华、李干：《构建和谐劳动关系的新定位》，载《南京师大学报（社会科学版）》2016 年第 2 期。

与公私法划分所面临的彼时社会发生了巨大改变，公私截然分开的社会已经成为过去。就部门法的划分而言，面对现实社会，刻意从强调部门法差异的角度对劳动关系的法律调整进行分析，片面突出劳动关系（劳动合同）的平等属性将其纳入民事法律调整范畴，或是过分强调劳动关系的特殊性，完全摒弃民事法律的基本原则，从而凸显劳动法对劳动关系的全面规范均可能在一定程度上走入误区，并对劳动关系的调整造成障碍。因此，超越部门法的局限，从劳动关系本身的特性出发，构建合理的劳动关系调整法律体系就具有了必要性和现实基础。

二、劳动关系法律调整的展望：超越部门法的局限

劳动关系调整并不仅仅是劳动合同和劳动合同法律所能全部涵盖的，将劳动关系中所有问题的解决都寄希望于双方的合意，寄希望于《劳动合同法》的规定，既不现实也不合理。劳动关系的调整并不能仅仅局限于劳动合同本身，更不应当仅仅局限于《劳动合同法》的条文。政府的干预、集体谈判和集体协商制度的确立、用人单位内部劳动规章制度与劳动合同一起对劳动关系的建立和履行、变更和终结发挥作用。对于政府干预、集体谈判和集体合同、用人单位内部规章制度进行调整的法律很难划归入某一个部门法。从劳动关系的特点和需求出发，打破部门法的界限，对劳动关系进行综合性的法律调整或更具合理性。

劳动合同是劳动者和用人单位之间为建立劳动关系达成的合意，劳动合同对双方权利义务进行约定，受到法律规范。但是劳动关系不仅仅被劳动合同所约束，劳动者和用人单位之间的合意受到国家的劳动标准、集体合同和用人单位内部劳动规章制度的制约，通常情形下，劳动合同的约定不能违反国家的强制性劳动标准和集体合同的约定。工会作为劳动者的组织，其基本职责是维护劳动者的合法权益。个体劳动者相对于用人单位而言处于弱势地位，两者地位失衡。劳动者组织（工会）的出现为劳动者权益的保护提供了组织保证。强大的工会组织取得了能够与用人单位（雇主）进行平等谈判的地位，为维护工会会员的权利而进行

一系列的集体谈判行动并通过罢工等手段向雇主施压。通过集体谈判，工会和雇主（雇主组织）之间签订集体合同约束劳动者个人和用人单位之间的劳动关系，保护劳动者权益。集体合同与劳动合同的区别在于其“集体性”“组织性”，工会作为劳动者的组织成为协议的主体。在集体谈判和签订集体合同之外，工会亦作为劳动关系三方协商机制中的一方，与国家劳动行政机构、用人单位代表（雇主代表）共同协商解决劳动关系调整中的重大事项；在企业内部，工会作为职工代表大会（职工大会）的常设机构代表劳动者参与企业的民主管理。

劳动关系具有从属性，建立劳动关系之后，劳动者在用人单位的指挥下进行劳动，服从用人单位的管理。用人单位为行使本单位的经营管理权利，有权制定本单位内部的劳动规章制度对劳动者进行管理。用人单位内部的劳动规章制度对劳动关系具有重要作用。与劳动合同不同，劳动规章制度的制定通常被认为是用人单位的权利，并不需要与劳动者个人协商，但是劳动规章制度的制定涉及了劳动者权益，必然受到来自劳动者一方的制约，如劳动规章制度制定的民主程序的设立。劳动规章制度与劳动合同之间的效力关系相对复杂，根据我国的法律规定，在用人单位内部规章制度合法的前提下可以作为法院的司法依据，但是又需要和合同本身约定的内容相比较，法院会对其合理性进行审查。

劳动关系的外部性使得劳动关系需要国家的干预，并且这种干预不仅仅发生在纠纷出现之后，而是贯穿劳动关系发生发展的整个过程，或者说国家需要对劳动力市场进行干预。不仅是我国，在市场经济发达国家，仍然可以看到国家之手对于劳动关系的干预。此时国家（政府）作为劳动关系的“第三方”主体存在。当然这种“第三方”主体并非将劳动关系转化为劳动者、用人单位和政府之间的三方关系，而是强调国家对于劳动关系的干预作用。在劳动合同之外，国家全方位干预劳动关系，这种干预不仅体现为劳动合同立法，合同约定不得违反法律强制性规定，更体现为以政府为代表的国家对劳动关系存续过程中的全面监察和劳动关系三方协调机制的建立。

三、我国劳动关系法律调整的历史和现状

我国劳动者和用人单位之间关系的调整模式经历了用人单位作为国家代理人管理劳动者的计划经济调整模式向市场经济体制下劳动力市场配置调整模式的转变。计划经济体制下的就业依赖于国家计划分配，劳动者和用人单位之间并不需要签订劳动合同，不需要双方形成合意，劳动者和用人单位之间的权利义务通过国家颁布的各种劳动标准进行调整；全民所有制背景下的企业中，劳动者和用人单位的利益一致性也没有为集体谈判提供土壤，因此，在计划经济体制下，劳动关系是一种由国家计划安排、统一调控的劳动关系，其本质是国家和劳动者之间的“劳动关系”，在劳动关系存续的过程中，劳动者和用人单位的权利义务均听从国家的安排。伴随着经济体制改革的开始和深入，劳动者的“铁饭碗”被打破，在废除固定工的社会背景下，劳动合同制开始被引入，并被不断强化。市场经济条件下现代企业制度得以建立，企业不再是完全听从国家计划指令的“生产车间”，成为独立经营、自负盈亏的市场经营主体，享有独立的用工权利。在法律规制层面，不仅《劳动法》对劳动合同专门作出规定，我国还专门颁布了《劳动合同法》。特别是《劳动合同法》的颁布施行，社会公众对于劳动合同的关注已经超越了劳动合同本身，甚至将劳动关系的调整和规制等同于《劳动合同法》，从而又将《劳动合同法》等同于劳动法，① 进而希望《劳动合同法》解决劳动关系中出现的一切问题。按照这一逻辑，劳动合同的重要性被过分提高，从而扭曲了劳动关系有序发展的本身要求。虽然在劳动关系的法律调整中，劳动合同和《劳动合同法》的确具有重要的作用，但是仅仅将劳动关系限制在合同领域，过分关注于双方之间的合意存在一定的缺陷。从现行法律规定来看，无论是《劳动法》还是《劳动合同法》以及其他有关劳

① 在《劳动合同法》颁布之时，很多新闻媒体将其宣传为“新《劳动法》”。

动合同的法律规定，虽然将劳动者和用人单位协商作为劳动合同成立、变更、解除等的前提条件，但是双方的意思自治被明显限制，如不能在法定范围之外约定违约金，劳动合同单方解除的条件要求，等等。随着劳动关系的日益复杂化，劳动合同的意思自治重新被提起，司法实践中对于合意的重视逐步加强，引发了双方协商一致与国家标准（法律强制性规定）之间孰先孰后的争议，如在用人单位支付加班费的前提下，劳动者和用人单位双方是否可以通过协商一致超过法定标准进行加班；为实现多劳多得的分配原则，劳动者和用人单位双方约定以提成方式支付劳动报酬，但是规避了最低工资标准；如果仅从合意的角度，在双方真实意思表示的情形下，似乎可以得出肯定的结论，但是这种双方的合意是对公共利益的侵犯，应当为法律所禁止。

在我国的现实生活中，劳动关系的国家干预表现明显，《劳动合同法》通过大量的强制性规定对劳动合同的意思自治作出限制；集体谈判（集体协议）虽然有所发展，但是集体谈判和集体协议更多的流于形式，没有发挥应有的作用；国家对于劳动标准的立法仍然带有计划经济的成分，滞后性明显，在适用中遇到了很多困难；企业的自主经营产生了自我管理的需要，但计划经济时期形成的“行政式管理”模式根深蒂固，在很长的时间内，由全民所有制转变而来的国有企业对劳动者的管理按照行政管理式的《企业职工奖惩条例》进行，对于非国有企业，限于《企业职工奖惩条例》的调整范围，对劳动者进行管理并没有明确的法律依据，而随着《企业职工奖惩条例》的失效，对于所有类型的企业，如何在劳动过程中管理劳动者既失去了法律依据，也没有成熟的社会实践经验借鉴，企业内部劳动规章制度要么没有，要么随意制定。基于此，在我国的社会实践中，劳动关系的调整方式主要体现为国家干预下的劳动者和用人单位之间的协商，国家干预不仅表现为法定标准的制定，也体现为政府的直接干预；集体谈判作用有限，用人单位内部的劳动规章制度越来越被重视，但是并没有统一的法定标准和裁判规则。

四、本书的核心观点和主要内容

大陆法系国家的劳动关系调整经历了雇佣合同向劳动合同的转变，作为调整雇佣合同的一般规则虽然在民事法律中规定，但是对于因雇佣关系发展而来的劳动关系则由专门的劳动法律加以规范，并非单纯依赖雇佣合同和雇佣合同法律规则；因私法调整不能满足保护劳动者权利、稳定劳动关系的需要，劳工运动的发展促使集体谈判法律规则、国家法定劳动标准出现和完善，出于企业自身经营发展的需要，企业内部劳动规章制度也得到充分发展。我国市场经济体制下的劳动关系的产生和发展有着特殊的历史脉络，并没有经历雇佣关系到劳动关系的发展过程，而是伴随着市场经济体制改革，以计划用工体制的废除为基础，通过国家立法和政策的引导产生和发展。本书认为，劳动关系的法律调整应当从我国国情出发，跳出劳动法和其他部门法相互对立和各自封闭的窠臼，在吸收、借鉴国际和境外理论研究与法律实践的基础上，构建具有我国特色的劳动关系调整法律制度。

本书的主体内容从劳动合同、用人单位内部规章制度、工会的地位和作用、政府对劳动关系干预四个角度探讨劳动关系的法律调整，尝试在多个维度下考察劳动关系法律调整的可能性和合理性，以期对我国劳动关系的法律规范提供一个可行的思路。

第一章　劳动关系与劳动合同：概念辨析和相互关系

一、劳动关系的概念辨析

（一）劳动关系的概念

劳动关系是劳动法中的基本概念。劳动法理论的通说认为，劳动法是调整劳动关系和与劳动关系密切联系的社会关系的法律规范的总称。劳动关系是劳动法所调整的重要的基础性社会关系。通常情况下，“劳动关系”，是指个体的劳动关系（或者称为“个别劳动关系”），即劳动者个人和用人单位之间的劳动关系，在个别劳动关系之外，广义的劳动关系还包括集体劳动关系（或者称为“团体劳动关系”），其是工会和用人单位（用人单位组织）之间的劳动关系，从狭义上理解劳动关系，集体劳动关系则属于“与劳动关系密切联系的其他社会关系。”① 随着对劳动法学研究的深入，在上述通说之外，有学者认为，将我国劳动法所调整的劳动关系限定为个别劳动关系，与市场经济初期劳动关系的特点和劳动法律调整的特点直接相关，虽然个别劳动关系的调整是劳动立法最初的和最基础的内容，但集体劳动关系和社会劳动关系的调整将会随着劳动关系的发展而成为劳动法律的主要内容，因此，劳动法所调整的劳

① 史尚宽著：《劳动法原论》，正大印书馆 1977 年重印版，第 2 页；王全兴著：《劳动法（第四版）》，法律出版社 2017 年版，第 31—33 页。

动关系应当是广义的劳动关系，是劳动者与劳动力使用者以及相关组织为实现劳动过程所构成的社会关系。广义的劳动关系，不仅包括个别劳动关系、集体劳动关系，还包括社会劳动关系。个别劳动关系，是指劳动者个人与雇主在雇佣过程中构成的关系，是最本源的劳动关系，劳动关系的其他构成形式，皆由个别劳动关系发展而来；集体劳动关系，是指劳动者集体（工会）与雇主或雇主团体之间的关系；社会劳动关系，是指以劳动力市场为基础的，包括政府、劳方和资方在实现社会劳动过程中所构成的关系。① 也有学者将劳动法所调整的劳动关系称为“产业雇佣关系”，认为劳动法调整的是产业雇佣关系，包括产业领域中的个别雇佣关系和集体（团体）雇佣关系。② 虽然劳动关系对于劳动法具有特殊重要的意义，但是理论研究中“劳动关系”这一概念的内涵和外延并不清晰，立法中也没有明确规定。③

劳动法学界一般认为劳动关系是劳动者和劳动力使用者之间为实现社会劳动所形成的关系：如将劳动关系定义为劳动力所有者（劳动者）与劳动力使用者（雇主或用人单位之间），为实现劳动过程而发生的一方有偿提供劳动力由另一方用于同其生产资料相结合的社会关系；④ 或者认为劳动关系是指劳动力所有者与劳动力使用者之间在实现劳动过程中发生的关系；⑤ 从学者们界定的劳动关系概念分析，主要强调主体和关

---

① 参见常凯主编：《劳动法》，高等教育出版社 2011 年版，第 5—7 页。

② 参见郑尚元主编：《劳动法学》，中国政法大学出版社 2004 年版，第 27 页。

③ 《劳动合同法实施条例（草案）》（征求意见稿）中曾将“劳动关系”定义为“用人单位招用劳动者为其成员，劳动者在用人单位的管理下，提供由用人单位支付报酬的劳动而产生的权利义务关系”。但在颁布的正式文本中删除了这一内容。

④ 王全兴著：《劳动法（第四版）》，法律出版社 2017 年版，第 33 页。

⑤ 郭捷主编：《劳动法与社会保障法（第四版）》，中国政法大学出版社 2012 年版，第 4 页。

系的特殊性，认为劳动关系中的劳动是“社会劳动”，具体而言，形成劳动关系的主体是劳动者和用人单位（劳动力所有者和劳动力使用者），两者在实现社会劳动的过程中建立的关系。①

早期的研究成果基本从《劳动法》条文入手，虽然将“劳动关系”界定为劳动者和用人单位之间劳动力和生产资料相结合的社会劳动关系，但在具体阐述时，将劳动关系的主体和双方之间关系的范围都限定在了《劳动法》的规定之中，在一定程度上将“劳动关系”等同于劳动法所调整的劳动关系，理论研究中的概念界定局限为对法律规定内容的阐释。随着社会经济的发展和对劳动法理论研究的深入，这种理解遇到了很多问题，主要体现在以下几个方面：

（1）由于《劳动法》和《劳动合同法》都规定，建立劳动关系要签订劳动合同，并特别强调劳动合同的书面形式，于是在实践中创设性地出现了“事实劳动关系”的概念，从而产生了劳动关系、劳动合同关系和事实劳动关系三个概念在理解与使用上的混乱，由此出现了一系列的问题，如劳动关系是否等同于劳动合同关系？事实劳动关系是否为劳动关系？事实劳动关系是否为劳动法所调整的劳动关系？在劳动合同无效情形下，当事人双方之间是否存在劳动关系或事实劳动关系并被劳动法所调整？

（2）《劳动法》颁布实施后，国务院劳动行政部门出台了一系列的配套规定，其中，劳动部《关于〈中华人民共和国劳动法〉若干条文的说明》和劳动部《关于贯彻执行〈中华人民共和国劳动法〉若干问题的意见》中明确了农业劳动者不属于劳动法调整的劳动者范围，将作为用人单位的“个体经济组织”解释为“个体工商户”，不包括农村承包经营户，从而在事实上将农业劳动关系排除在劳动法所调整的劳动关系之

① 有观点直接通过劳动合同来定义劳动关系，认为个别的劳动关系，特指劳动者个人与雇主之间由劳动合同所形成的关系。参见常凯主编：《劳动法》，高等教育出版社 2011 年版，第 11 页。

外，那么，在我国是否存在农业劳动关系？特别是随着农业生产的集约化、机械化、规模化发展，新型农场出现，其与雇佣从事劳动的劳动者之间是否能够建立劳动法所调整的劳动关系？

（3）从《劳动法》对该法调整范围的规定来看，我国劳动法所调整的劳动关系主要为“经济组织”的劳动关系，对于在国家机关、事业单位和社会团体中的工作人员，根据是否签订劳动合同决定是否属于劳动法的调整范围，从《劳动法》第2条的内容本身而言，其并没有明确国家机关、事业单位和社会团体中的不与单位签订劳动合同的人员和单位之间是否构成劳动关系，并且将这些单位受到该法调整的人员限定在签订“劳动合同”的范围，那么，是否意味着签订劳动合同就具有劳动关系，不签订劳动合同又该是什么关系？特别是随着国家机关、事业单位的改革，聘用制公务员已经出现，事业单位开始实行聘用制，这些合同关系与劳动合同之间的关系如何？无论是农业劳动关系，还是国家机关、事业单位和社会团体与其工作人员之间的关系都不缺乏“从属性”，其被排除在劳动关系之外，仅仅是因为《劳动法》对于用人单位范围的限制，而《劳动法》的这一用人单位范围限制性规定则受到我国长期以来社会的“二元”划分和当时社会经济环境等制约。

现行法律规定中并没有对劳动关系作出法条的界定，从法律调整范围的角度，《劳动法》、《劳动合同法》和《劳动合同法实施条例》都是从主体的角度对劳动关系的范围作出了限制。劳动法所调整的劳动关系限定在企业、个体经济组织和劳动者之间形成的劳动关系，而对于国家机关、事业单位和社会团体与劳动者之间的“劳动关系”则进行了区分，两者之间签订劳动合同则属于劳动法的调整范围，在签订劳动合同之外劳动者向用人单位提供劳动，用人单位接受劳动成果的“劳动关系”不受劳动法调整，而由《中华人民共和国公务员法》（以下简称《公务员法》）① 等其他法律调整。《劳动合同法》和《劳动合同法实施条例》扩大了用人单位的外延，这种外延范围的扩大在一定程度上是对新兴社会组织与其工作人员之间法律关系定性的回应，但是以“编制”划分的“人事关系”和“劳动关系”的差异并没有发生实质改变。

（二）劳动关系、劳务关系与雇佣关系的辨析

1. 劳动关系与劳务关系的辨析

劳动法中使用的“劳动关系”概念不仅与其他学科也与其他部门法中的概念存在差异，劳动法对其所调整的劳动关系范围作出了选择。②由于主体不符合法定资格，很多具有一定从属性的有劳动力付出的“劳动关系”被排除在劳动法的调整范围之外，基于此，劳务关系这一概念被引入了司法实践。从司法实践角度看，劳务关系是作为与劳动关系并列的概念出现的，指当事人之间有劳动付出，但是并不属于劳动关系的一种关系。如果以劳动关系为参照物，则可以归纳为：劳动关系首先是劳动法所调整的劳动关系，何种劳动关系被劳动法律调整，需要审查某个法律规定自身对调整范围的限定；对于不符合劳动法律要求（条件）

---

① 《公务员法》规定，公务员，是指依法履行公职、纳入国家行政编制、由国家财政负担工资福利的工作人员。法律、法规授权的具有公共事务管理职能的事业单位中除工勤人员以外的工作人员，经批准参照《公务员法》进行管理。因此，公务员和事业单位工作人员编制的劳动者和国家机关、事业单位、社会团体之间的关系为“人事关系”；编制外的劳动者和这些机构之间的关系为劳动法所调整的劳动关系。

② 劳动法具有更广泛的含义，不仅仅是指《劳动法》这一法典本身。每一部法律，每一份法律文件都会有自身的适用范围，这一范围没有在法律规定中予以明确，从而出现各种各样的解释。另外的一种可能是，即使在当时的历史条件下可以有清楚的含义，但是随着社会经济的发展、人们认识的深入，概念的含义也会发生变化。

的“劳动关系”，称为“劳务关系”①。

在法律实践中，劳动关系和劳务关系的区别首先来源于劳动法适用范围的法律规定。法律中明确排除了某些主体之间的有劳动付出的关系不受劳动法的调整，这些关系通常作为劳务关系处理，显然，此时劳务关系是作为与劳动关系对应的概念使用，即当根据现行法律规定，无法确定劳动者与用人单位之间的关系属于劳动法调整范围的，而劳动者又付出了劳动，该种情形下，劳动者与用人单位之间的关系确定为劳务关系，受民事法律调整。按照现行法律规定严格区分劳动关系和劳务关系的做法得到了司法实践的支持。② 无论是劳动关系还是劳务关系，劳动

① 一些法律性文件的规定也体现了这种并列的思想，如 2000 年最高人民法院发布的《民事案件案由规定（试行）》中就在劳动争议（劳动合同纠纷）之外规定了劳务（雇佣）合同纠纷的案由。2008 年《民事案件案由规定》中沿用了劳务（雇佣）合同纠纷的说法，2011 年《民事案件案由规定》中则改为“劳务合同纠纷”，仍然与劳动争议中劳动合同纠纷并列。最高人民法院《关于适用〈中华人民共和国民事诉讼法〉的解释》第 274 条规定：“下列金钱给付的案件，适用小额诉讼程序审理：……（六）劳动关系清楚，仅在劳动报酬、工伤医疗费、经济补偿金或者赔偿金给付数额、时间、方式上存在争议的劳动合同纠纷；（七）劳务关系清楚，仅在劳务报酬给付数额、时间、方式上存在争议的劳务合同纠纷；……”

② 最高人民法院在其司法解释和工作文件中一直强调要从法律规定本身出发，避免劳动关系泛化。参见最高人民法院《关于当前民事审判工作中的若干具体问题》（2015 年 12 月 24 日发布）“关于劳动争议案件的审理问题”中规定，“要依法维护劳动用工制度改革成果，准确界定劳动关系和劳务关系的界限，切忌脱离法律规定和客观实际将劳动关系泛化”。最高人民法院《2015 年全国民事审判工作会议纪要》中提出，“在审理劳动争议案件时，要依法保护劳动者合法权益和维护用人单位的生存发展并重，避免杀鸡取卵，要严格依法合理区分劳动关系和劳务关系，切忌泛化劳动关系”。最高人民法院《第八次全国法院民事商事审判工作会议（民事部分）纪要》（2016 年 11 月）“关于劳动争议纠纷案件的审理”中提出，“应当坚持依法保护劳动者合法权益和维护用人单位生存发展并重的原则，严格依法区分劳动关系和劳务关系，防止认定劳动关系泛化”。

者一方都会付出劳动，而这一“劳动”本身在劳务关系中被称为“劳务”，在某种程度上是为了与劳动关系中的“劳动付出”进行区别而有意为之。① 严格来讲，劳务关系并非一个严谨的法学概念，其最初出现仅仅是对某些被排除在劳动法调整范围之外的“劳动关系”的泛称，如果不考虑其在法律文件中与劳动关系对应的特性，从字面本身意思延伸，理论上对劳务关系这一概念的含义进行总结出现了不同的观点，有广义和狭义之分。如果将劳务关系从最广泛的意义上理解为有劳动付出的社会关系，那么受到劳动法调整的劳动关系则包括在内，劳动关系则成为劳务关系的下位概念，此时的劳务关系包括所有有劳动付出的关系，如劳动法所调整的劳动关系，民事合同法律中明确规定的行纪、居间、保管、运输、承揽、出版、委托、仓储、技术服务、建筑工程承包等有劳务付出的合同关系。在狭义上理解的劳务关系，特别是将其和劳动关系对应起来，理论的解释往往和雇佣关系相关。2009 年颁布的《中华人民

① 但是在很多法律性文件，甚至是效力层级较高的法律规定中，“劳动”“劳务（雇佣）”又在混用，使得本来为了区分而使用的“劳务关系”概念含义愈加混乱。例如，在《中华人民共和国外资企业法》第 12 条中规定，“外资企业雇用中国职工应当依法签定合同”，外资企业是我国境内设立的企业，因此，属于《劳动合同法》规定的“用人单位”，那么，外资企业和中国职工之间的“雇佣合同”，也就是“劳动合同”，此时“雇用中国职工应当依法签定合同”即为依法签订“劳动合同”，如此一来，此时的“雇用”与“招用”同义，“雇佣合同”即为“劳动合同”。最高人民法院《关于审理人身损害赔偿案件适用法律若干问题的解释》第 9 条规定，“雇员在从事雇佣活动中致人损害的，雇主应当承担赔偿责任；雇员因故意或者重大过失致人损害的，应当与雇主承担连带赔偿责任”。“从事雇佣活动”，是指雇主授权或者指示范围内的生产经营活动或者其他劳务活动。而在官方的解释中，此处的“雇佣活动”包括劳动关系在内。最高人民法院的解释认为虽然劳动关系和劳务关系有区别，但在本质上两者都是通过使用他人劳动扩大雇主的事业范围或者活动范围，用人单位和雇主因此获得利益。因此，在司法解释中规定雇主要为雇员与履行职务有关的侵权行为承担责任，促使雇主加强对企业的管理，加强对劳动者、雇员的教育，提高自身的风险防范意识。

共和国侵权责任法》（以下简称《侵权责任法》）将劳动关系中用人单位工作人员的侵权责任和个人之间形成劳务关系提供劳务一方的侵权责任分别规定，从一个侧面证明了劳动关系和劳务关系的区别。

2. 劳动关系与雇佣关系的辨析

狭义上的劳务关系通常指雇佣关系。在历史上，劳动关系是在雇佣关系的基础上发展而来，考察雇佣关系的发展历史，现代雇佣关系的某些法律规范可以从历史上的“主仆关系”找到起源。但是现代的劳动关系已经与这种“主仆关系”相去甚远，各国根据本国的实际情况形成了各具特色、适合本国劳动力市场的劳动法律体系，劳动关系的法律规范是其中的一个组成部分，而这个组成部分与其他劳动法律规范不可分割。在美国，雇佣自由原则使双方当事人之间具有充分的合同自由，但是这种自由仍然受到了各种各样来源于判例法和成文法的限制；在德国，虽然调整劳动关系的基本规则，特别是劳动关系双方当事人签订劳动合同的规则规定在民法典中，但是劳动法的特殊规定也得到广泛的认可；日本《劳动合同法》颁布于2007年，但是并不意味着日本在此之前的企业与劳动者之间不存在劳动关系，日本《劳动基准法》中对劳动关系的规定应当首先被遵守。虽然在经济发达国家，法律发展的逻辑上经历了从雇佣关系到劳动关系规范的变化，但即使在这些国家，同样承认劳动关系（劳动合同）已经与一般的民事雇佣关系（雇佣合同）不同，需要遵循特定的法律规范。

在理论研究中，劳动关系和雇佣关系法律调整的争论由来已久，劳动法学者普遍认为劳动关系具有特殊性和独立性，应当由劳动法调整，而不能归属于民法调整的民事雇佣关系；民法学者往往认为，劳动关系属于雇佣关系，应当受到民事法律规范。抛开劳动法和民法的部门法理论之争，劳动关系具有特殊性，是学界和实务界的共识。不可否认，在历史上，劳动关系起源于民事雇佣关系，但同样不可否认的是，劳动关系已经“由‘民法’上的雇佣契约发展到‘劳动基准法’上的劳动契约”“使规范劳动关系的法律脱离‘民法’，成为独立的法律领域”，

“‘民法’上个人自由主义的雇佣契约既然不足规律劳动关系，劳动法乃应运而生，发展成为独立的法律领域”①。劳动关系的法律调整具有复杂性，双方当事人虽然享有劳动合同的签订履行等权利义务，但是这种权利义务更多来自法律的强制规定，双方自主决定的空间受到了明显制约，法定的劳动标准成为合同的必备条款，双方当事人不能通过协商而改变，不能简单套用民事合同的原理和原则。

在《合同法》的起草过程中，对于劳动合同是否为特殊民事合同，是否写入该法有过广泛的争论，最终颁布的《合同法》并没有对劳动合同作出规定。随着《劳动合同法》的颁布，劳动合同的独立地位、劳动合同与民事雇佣合同的区别得到进一步强化。但是无论是在理论研究还是在司法实践中，劳动合同（劳动关系）和雇佣合同（雇佣关系）之间的争论并没有停止。随着民法典的起草，相关争论逐渐成为又一个热点问题。就争论的核心内容来看，仍然是雇佣关系是否包括劳动关系，劳动关系（劳动合同）是否应当遵循合同法一般原则等问题的讨论。

一国的法律发展虽然有对他国经验的借鉴，但在根本上仍然需要立足于本国的国情。我国劳动关系和雇佣关系之间有着自身鲜明的特色，这与我国经济体制改革和法律的发展，特别是用工模式的演变和立法的选择等有着紧密的联系。我国劳动关系的产生和发展、劳动法律的产生和发展具有独立的历史脉络，从劳动关系最初的立法就特别强调了其与民事关系的不同，特别是考虑到我国劳动关系所依赖的“计划经济”背景，无论是在立法中还是在司法实践中都强调了劳动关系和雇佣关系的区别。从历史发展来看，虽然民国时期的民事立法中规范了雇佣关系，但是中华人民共和国成立后，计划经济体制的建立和发展使得民事雇佣和劳动关系在现实生活中基本消失，相应的也没有立法诉求。在计划经济体制下，劳动者和用人单位之间虽然存在劳动关系，但是这种劳动关

① 王泽鉴著：《债法原理（第二版）》，北京大学出版社 2013 年版，第 115 页。

系并非基于双方当事人协商一致建立，而是按照国家计划分配进行，在本质上是国家和劳动者之间的“劳动关系”。20世纪80年代开始的经济体制改革使我国的企业性质发生了根本变化，从国家的生产性单位转变为独立自主、自负盈亏的经济组织。随之进行的用工体制改革，开始打破“铁饭碗”实行劳动合同制，企业开始被赋予用工自主权，劳动者能够在不同单位之间流动，劳动者和用人单位之间才有了协商建立劳动关系的可能。1994年颁布的《劳动法》对劳动关系作出了规定，而同期在国家层面较高层级的立法中并没有雇佣关系的立法出现。① 这也就是说，我国劳动关系的法律调整没有经历从民事雇佣关系调整向劳动关系特殊法律规定转变的长期历史过程，立法中对于民事雇佣的规定不仅在时间上晚于劳动关系，从一开始就显示了与劳动关系的不同；并且，劳动关系的法律调整已经形成了独立的体系。②

在社会生活中，民事雇佣关系法律规范的缺失与劳动法的调整范围

① 直到2003年最高人民法院出台《关于审理人身损害赔偿案件适用法律若干问题的解释》才使用了“雇佣”这一概念，规定了“雇佣活动”中的侵权责任；2009年出台的《侵权责任法》规定了劳动关系和劳务关系下的侵权责任，雇佣关系第一次在国家立法中出现。但是以上法律规定并没有对雇佣关系本身作出规定，也并没有明确雇佣关系和劳动关系之间的关系（虽然最高人民法院《关于审理人身损害赔偿案件适用法律若干问题的解释》中将“从事雇佣活动”界定为从事雇主授权或者指示范围内的生产经营活动或者其他劳务活动。从该司法解释的条文内容和最高人民法院制定该司法解释的意图阐释中可以推论出，从事雇佣活动形成的关系中包括了劳动关系在内，但这一司法解释也仅仅是对赔偿责任的规定，并不能据此将劳动关系纳入雇佣关系之内）。

② 有学者详尽考察了我国关于劳动关系和雇佣关系法律规定的历史，认为我国劳动合同与雇佣合同未经历欧陆国家由雇佣契约到劳动契约的渐变过程，从一开始立法即分道扬镳，在立法的功能价值、法律制度的具体构建上，劳动法与民法有截然区别。参见金英杰：《民法典设立雇佣合同的探讨》，载林嘉主编：《劳动和社会保障法论丛（第4辑）》，中国劳动社会保障出版社2018年版，第117—134页。

确定和社会经济的发展紧密相关。我国劳动合同法律体系的构建以打破计划经济体制下的“固定工”制度为前提，私人之间的雇佣关系更是随着社会主义市场经济体制的完善才发展壮大。① 例如，从事农业的劳动者被排除在劳动法调整范围之外，而随着农业规模化经营，从事农业劳动的劳动者已经不仅仅是具有农业户籍的家庭承包经营户的家庭成员，这些被家庭农场等农业经济组织招用的人员对雇佣关系应当如何在法律中表现？又如，《劳动法》制定时将家庭保姆排除在调整范围之外，民事法律中也没有关于家庭保姆和家庭之间的雇佣关系的法律规定，在当时的历史环境下，个案的解决尚能够处理，而随着家政服务市场的蓬勃发展，家政服务人员和家政服务公司、雇佣家庭之间关系的处理显然不是个案处理所能解决的。家政服务人员仍然被排除在《劳动法》适用范围之外，不承认其劳动关系，还是有其他选择？面对现实生活中出现的各种雇佣性关系，立法应当在承认社会生活中雇佣合同和劳动合同已经被当做两种合同关系的事实，并在此基础上作出回应。强调雇佣关系和劳动关系的不同，并非意味着否定两者之间在法律调整上的共性，也并非意味着要在民法与劳动法之间设定不可逾越的鸿沟。劳动法，特别是对个别劳动关系调整显然有着民事合同理论的影响，“民法所积淀的博大精深的契约理论对劳动法上劳动合同制度的建立和完善起着基础性的指导作用”②，而劳动法基于从属性劳动的特点所设定的规则对雇佣关系也具有借鉴意义。③

① 参见郑尚元：《民法典制定中民事雇佣合同与劳动合同之功能与定位》，载《法学家》2016 年第 6 期。

② 郑尚元：《雇佣关系调整的法律分界——民法与劳动法调整雇佣类合同关系的制度与理念》，载《中国法学》2005 年第 3 期。

③ 有学者从雇佣关系具有从属性出发，指出在雇佣关系领域以平等私权为主要保障对象的民法“能力不足”，从而提出了扩大《劳动法》的适用范围，使其适用于所有的雇佣与劳动关系的观点。参见徐建宇：《雇佣关系的定位及其法律调整模式》，载《浙江大学学报（人文社会科学版）》2002 年第 2 期。

二、劳动关系主体范围的选择：劳动法律规定的局限性和突破

就目前的法律实践，判断双方当事人之间是否存在劳动关系，首先需要判断双方当事人的主体资格。哪些劳动者和用人单位之间可以形成劳动关系，现行法律主要是通过列举方式规定。对于劳动者一方，建立劳动关系的明确法定条件只有最低就业年龄标准，① 然后法律通过列举方式排除了农业劳动者、家庭保姆、在校学生等群体。劳动法律对于用人单位的劳动关系主体资格规定主要体现在两个方面：一是组织性，通过“用人单位”这一具有组织性的概念的使用，排除了自然人作为用人单位主体的可能性；② 二是通过列举的方式，划定了用人单位的范围。《劳动法》中规定，我国的“用人单位”，是指“在中华人民共和国境内的企业、个体经济组织”，当“国家机关、事业组织、社会团体”中存在与之建立劳动合同关系的劳动者时，相对于这些劳动者，“国家机关、事业组织、社会团体”也可以称为《劳动法》上的用人单位。《劳动合同法》在肯定《劳动法》对用人单位范围界定的同时，将用人单位扩大到民办非企业单位，在《劳动合同法实施条例》中进一步明确依法成立的会计师事务所、律师事务所等组织和基金会属于《劳动合同法》规定的用人单位，从而将这些组织纳入到合格的用人单位范围。

---

① 我国法定的最低就业年龄为16周岁，仅仅对文艺、体育和特种工艺单位有例外。

② 2006年最高人民法院《关于审理劳动争议案件适用法律若干问题的解释（二）》中明确规定，家庭或者个人与家政服务人员之间的纠纷，个体工匠与帮工、学徒之间的纠纷，农村承包经营户与受雇人之间的纠纷不属于劳动争议，表明在司法实践中已经明确以上当事人之间的关系属于不受劳动法调整的劳务关系。

（一）用人单位的范围

从现行的法律文本分析，我国并没有规定用人单位的内涵和外延，但是可以肯定的是，用人单位是以“组织”形式存在的。1994 年出台的《劳动法》中规定的用人单位包括企业和个体经济组织；① 该法同时规定，“国家机关、事业组织、社会团体和与之建立劳动合同关系的劳动者，依照本法执行”，由此，通过与劳动者建立劳动关系，国家机关、事业单位和社会团体也进入了《劳动法》所调整的用人单位范围。劳动部《关于〈中华人民共和国劳动法〉若干条文的说明》中将“企业”解释为：从事产品生产、流通或服务性活动等实行独立经济核算的经济单位，包括各种所有制类型的企业。具体而言，在当时的社会背景下，企业包括全民所有制企业、集体所有制企业和三资企业。② 1995 年劳动部发布的《关于贯彻执行〈中华人民共和国劳动法〉若干问题的意见》中将“个体经济组织”规定为“一般雇工在七人以下的个体工商户”。《劳动法》颁布施行后，随着企业改革和社会经济的发展，出现了个人独资企业、合伙企业等新的企业形式，并被法律所肯定，因此，在《劳动合同法》颁布施行时，《劳动合同法》中作为用人单位的企业，在具体组织形式上已经远远大于劳动部《关于〈中华人民共和国劳动法〉若干条文的

① 《劳动法》第 2 条规定：“在中华人民共和国境内的企业、个体经济组织（以下统称用人单位）和与之形成劳动关系的劳动者，适用本法。国家机关、事业组织、社会团体和与之建立劳动合同关系的劳动者，依照本法执行。”

② 三资企业，是指中外合资经营企业、中外合作经营企业和外商独资企业。

说明》中所解释的企业范围。①

与《劳动法》比较，《劳动合同法》上的用人单位在组织形式上增加了“民办非企业单位”，即企业事业单位、社会团体和其他社会力量以及公民个人利用非国有资产举办的，从事非营利性社会服务活动的社会

① 需要指出的是，企业作为《劳动法》和《劳动合同法》上的用人单位均不包括外国企业。外国企业，是指依照外国法律在中国境外设立的营利性组织。根据《公司法》《外国企业常驻代表机构登记管理条例》等相关法律法规的规定，我国允许外国企业在我国境内设立常驻代表机构，该代表机构需要在我国进行登记，并且不具有法人资格。从法律文本出发，外国企业设立于我国境外，其在中国设立的常驻代表机构和分支机构虽然在我国登记注册，但是并不具有法人资格，因此，这些常驻代表机构和分支机构本身既不属于我国境内的企业，也不属于依法取得营业执照或者登记证书的《劳动合同法》规定的用人单位设立的分支机构，因此，其不能成为《劳动合同法》所调整的用人单位。根据《对外劳务合作管理条例》和相关法律法规的规定，国外的企业、机构不能直接招收劳动者，与劳动者签订劳动合同。

组织；[①]《劳动合同法实施条例》将用人单位的范围进一步扩大，明确“依法成立的会计师事务所、律师事务所等合伙组织和基金会，属于劳动合同法规定的用人单位”，并且规定“劳动合同法规定的用人单位设立的分支机构，依法取得营业执照或者登记证书的，可以作为用人单位与劳动者订立劳动合同；未依法取得营业执照或者登记证书的，受用人单位委托可以与劳动者订立合同”。由此可以推论出，以上这些用人单位的分支机构也能够成为法律上允许的用人单位。

立法中列举用人单位范围的优势在于哪些组织属于用人单位清晰明确，但是其弊端也非常明显，即列举方式无法穷尽用人单位的具体范围。一方面，随着社会经济的发展，新的社会组织不断出现，其在生产经营、社会活动中必然要招用劳动者从事本单位的各种活动，成为新的用工主体；另一方面，在法律通过时被排除在用人单位范围之外的组织也会随着社会的发展使其组织形式或法律地位发生变化，导致当初被排除在外

---

① 1998 年 9 月，国务院发布《民办非企业单位登记管理暂行条例》，民办非企业单位作为一类社会组织为法律所承认。2016 年 5 月，民政部发布了《民办非企业单位登记管理暂行条例（修订草案征求意见稿）》，公开征求意见。在该征求意见稿中，民办非企业单位更名为“社会服务机构”，将“社会服务机构”定义为“指自然人、法人或者其他组织为了提供社会服务，主要利用非国有资产设立的非营利性法人”。2017 年颁布的《民法总则》中规定了法人和非法人社会组织。法人分为营利法人和非营利法人；非营利法人包括事业单位、社会团体、基金会和社会服务机构等。根据规定，具备法人条件，基于会员共同意愿，为公益目的或者会员共同利益等非营利目的设立的社会团体，经依法登记成立，取得社会团体法人资格；依法不需要办理法人登记的，从成立之日起，具有社会团体法人资格。具备法人条件，为公益目的以捐助财产设立的基金会、社会服务机构等，经依法登记成立，取得捐助法人资格。《民法总则》中还对非法人组织作出了规定。非法人组织是不具有法人资格，但是能够依法以自己的名义从事民事活动的组织，包括个人独资企业、合伙企业、不具有法人资格的专业服务机构等。劳动法律规定的民办非企业单位应该属于《民法总则》中规定的非营利法人或不具有法人资格的非营利的非法人组织。

的原因消失或者出现招工的需求。虽然对于用人单位的范围，《劳动合同法》对《劳动法》进行了扩展，并且《劳动合同法实施条例》又作了进一步的扩充性阐释，但是法律本身的滞后性决定其无法作出超前的预判。①

用人单位作为我国劳动法中一个特有的概念，在理论和实践中都没有对其含义作出清晰的界定，导致用人单位的内涵看似明确实则模糊，法律法规中对用人单位范围的列举式规定无法涵盖所有“单位”用工的情形，特别是随着社会经济的发展，用工方式不断创新，用人单位的内涵和外延具有更多的不确定性，亟须理论研究的深入和立法技术的改变，“在内涵上，对‘用人单位’作出清晰的定义；在外延上，建立一种弹性的机制，可以扩大雇佣主体的范围”② 或可以成为立法的一个思路。

（二）作为劳动关系主体的劳动者：法定条件和范围

1. 法定最低就业年龄：禁止使用童工和童工权益的法律保护

最低就业年龄标准的确立目的是保护儿童的权利。虽然最低就业年龄的具体标准有所差异，但禁止使用童工是各国劳动立法中重要的内容。国际劳工组织 1973 年通过的《准予就业最低年龄公约》（我国已批准该公约）中规定了最低就业年龄的国际标准。根据该公约的规定，最低就业年龄应不低于完成义务教育的年龄，并在任何情况下都不得低于 15 周岁。如果会员国的经济和教育设施不够发达，可以在与有关雇主组织和工人组织协商后，初步规定最低年龄为 14 周岁。准予从事按其性质或其工作环境很可能有害年轻人健康、安全或道德的任何职业或工作类别，其最低年龄不得少于 18 周岁。根据我国法律的规定，未成年人，是指未

---

① 例如，就组织体而言，《民法总则》中将农村集体经济组织法人、城镇农村的合作经济组织法人、基层群众性自治组织法人规定为“特别法人”，而这些组织在劳动法律中的“用人单位”主体地位并不明确。

② 董保华、邱捷：《论劳动法主体的界定》，载董保华主编：《劳动合同研究》，中国劳动社会保障出版社 2005 年版，第 77 页。

年满 18 周岁的公民，公民最低就业年龄为 16 周岁。因此，未年满 18 周岁的公民，如果其不满 16 周岁则无法成为劳动法领域的劳动者，不能与用人单位形成劳动关系，如果用人单位招用未满 16 周岁的未成年人，则为非法使用童工，应当承担相应的法律责任。

我国虽然并不缺乏未成年人权利保护的法律，甚至还有专门立法，但是就法律整体而言，禁止使用童工和保护未成年人合法权益仍然存在一些问题。基于最低就业年龄的限制，童工并没有与用人单位形成劳动关系，无法通过劳动关系等相关法律规定保护童工的合法权益；《劳动法》中仅规定最低就业年龄，并禁止用人单位使用童工，但是对用人单位法律责任的规定相对简单，用人单位的违法成本很低，① 法律的惩罚震慑作用体现不足。

在现实中，我国关于就业年龄最低标准的规定也带来了一些问题。一般情况下，儿童在年满 6 周岁时开始接受九年制的义务教育，当其完成义务教育，初中毕业时往往不满 16 周岁。② 此时其有权选择不再上学，但是如果参加工作，由于其尚不满 16 周岁，没有达到法定的就业年龄最低标准，依法用人单位不能招用。即使是在 1999 年实施了劳动预备

---

① 根据《禁止使用童工规定》的规定，用人单位违法使用童工的行政责任包括：罚款、责令改正、吊销营业执照或撤销民办非企业登记，对直接责任人员处以行政处分。通常情况下的行政责任为罚款和责令改正，罚款的标准为每使用一名童工每月 5000 元；较为严重的情况下，如拒不改正，才适用其他行政责任形式；民事责任主要为负担童工的医疗费用、将童工送回原住地或交给监护人所需的交通费用、食宿费用等。

② 指正常情况下，不包括在完成义务教育过程中出现因病或其他原因休学、留级等情况。

制培训制度，也没有从根本上解决这一问题。① 对于这些已经完成义务教育的未成年人和其家庭而言，可能不想再求学，转而希望从事劳动，特别是想由此解决或缓解家庭的经济负担。考虑到我国义务教育的实际情形，将未成年人进入劳动领域的条件规定为不得低于15周岁，且完成义务教育，或许能够解决以上的问题。

2. 在校学生的劳动者地位

在校学生能否与用人单位之间建立劳动关系？这一问题迄今为止并没有得到很好的回答。早期无论是劳动行政部门还是司法机关比较统一的观点认为，在校学生不能和用人单位建立劳动关系，法律依据主要是参照劳动部《关于贯彻执行〈中华人民共和国劳动法〉若干问题的意见》中第12条的规定，即在校学生利用业余时间勤工助学，不视为就业，未建立劳动关系，可以不签订劳动合同。而随着社会经济环境的变化，在司法实践中也出现了相反的判例，在校学生可以和用人单位建立劳动关系，签订劳动合同。②

考察劳动部《关于贯彻执行〈中华人民共和国劳动法〉若干问题的意见》第12条的条文内容，会发现其适用范围非常有限，仅适用于在校学生利用业余时间勤工助学的情形。对于该意见内容的考查不能脱离当时的时代背景，该意见第12条中规定的“勤工助学”和如今在校学生业余时间所从事的“兼职”活动，两者并不完全一样。劳动部的这一意见

---

① 1999年，国务院办公厅转发了劳动保障部等部门《关于积极推进劳动预备制度加快提高劳动者素质的意见》。根据这个意见的规定，为了提高青年劳动者素质，调节劳动力供求，缓解就业压力，1999年起，在全国城镇普遍推行劳动预备制度，对初高中毕业生进行1—3年的职业培训和职业教育。劳动预备制度的内容之一是国家通过职业学校和职业培训机构组织已完成九年义务教育、未能继续升学并且不满16周岁的城乡未成年人，参加1—3年的职业教育和职业培训，取得相应的职业资格证书或掌握一定的职业技能后再实现就业。

② 参见《郭某诉江苏益丰大药房连锁有限公司劳动争议案》，载《中华人民共和国最高人民法院公报》2010年第6期。

中虽然用了“勤工助学”的概念，但是并没有对此作出进一步解释。法律文件中对于勤工助学内容的规定来源于对中小学学生社会劳动实践的要求。1983 年教育部、国家计划委员会、国家经济委员会、财政部制定的《全国中小学勤工俭学暂行工作条例》中将勤工俭学活动规定为“学校教育工作的组成部分”，从规定的内容来看，中小学的勤工俭学是按照教学计划由学校组织的教学活动，学生勤工俭学的主要单位是学校的校办工厂和农场。1984 年 9 月中央宣传部、教育部发布的《关于高等学校学生参加生产劳动的若干规定》中首次提到：学校要组织学生参加一定时间的生产劳动，生产劳动列入教学计划；高等学校学生平均每学年参加为时两周的生产劳动（含实习中的劳动）。在日常生活中，应由学生自己打扫环境卫生，以培养良好的劳动习惯。提倡和组织学生进行有适当报酬的勤工俭学活动。这两类劳动不计入所规定的每年两周的劳动时间之内。1988 年 9 月国家教育委员会发布的《关于加强对高校学生勤工俭学活动管理的几点意见》中要求各学校加强对学生勤工俭学的管理，各校根据具体情况制定学校的管理办法。① 显然，高等学校在校学生的勤工助学也同样具有学校管理的成分。因此，在当时的历史环境下，劳动部《关于贯彻执行〈中华人民共和国劳动法〉若干问题的意见》中将“在校学生的勤工助学”排除在了劳动法调整的劳动关系范围之外。在校学生和用人单位发生关系的另一种情形是学生实习，在校学生的实习属于教学环节，是按照教学计划的安排应当完成的学习任务，因此，在校

① 1995 年通过的《教育法》中规定国家采取优惠措施，鼓励和扶持学校在不影响教学的前提下开展勤工俭学和社会服务，兴办校办产业。1998 年颁布的《高等教育法》中使用了“勤工助学”的概念，规定高等学校的学生在在不影响学业任务的完成的情况下，课余时间可以参加社会服务和勤工助学活动，学校应当对学生的社会服务和勤工助学活动给予鼓励和支持，并进行引导和管理。从法律内容分析，勤工助学应与此前的勤工俭学同义。2015 年《高等教育法》修正时，该内容予以保留。

学生实习时和用人单位之间不建立劳动关系。①

随着社会经济的发展和教育体制的改革，在属于学校管理的勤工俭（助）学和教学内容的实习之外，在校学生，特别是在校大学生，利用课余时间从事有报酬的劳动现象日益增多，与上述两种活动不同，这种有报酬的活动并不通过学校的组织和管理，而由学生在业余时间自愿进行，到公司、企业等用人单位从事有报酬的劳动逐渐成为重要途径。虽然社

① 2016年4月，教育部、财政部、人力资源社会保障部、安全监管总局、中国保监会印发《职业学校学生实习管理规定》中明确规定“职业学校学生实习”，是指实施全日制学历教育的中等职业学校和高等职业学校学生按照专业培养目标要求和人才培养方案安排，由职业学校安排或者经职业学校批准自行到企（事）业等单位进行专业技能培养的实践性教育教学活动。普通高等学校的学生实习同样是高等学校教学内容的组成部分。在司法实践中，对于实习学生是否与用人单位建立劳动关系有不同的观点，如北京市高级人民法院、北京市劳动争议仲裁委员会《关于劳动争议案件法律适用问题研讨会会议纪要（二）》中认为，在校学生在用人单位进行实习，应当根据具体事实进行判断，对完成学校的社会实习安排或自行从事社会实践活动的实习，不认定劳动关系。但用人单位与在校学生之间名为实习，实为劳动关系的除外。并且已经有将实习学生和用人单位之间的关系认定为劳动关系的案例出现。在《郭某诉江苏益丰大药房连锁有限公司劳动争议案》中，法院认为：判断劳动者是否具备劳动关系的主体资格的条件为劳动者是否符合法定就业年龄、行为能力和责任能力，劳动部《关于贯彻执行〈中华人民共和国劳动法〉若干问题的意见》第4条仅规定了公务员和比照实行公务员制度的事业组织和社会团体的工作人员，以及农村劳动者、现役军人和家庭保姆不适用《劳动法》，并未将在校学生排除在外，学生身份并不当然限制郭某作为普通劳动者加入劳动力群体。但是该案的争议焦点不是“勤工俭学”，而是“实习”，在法院看来，劳动部的关于“在校生利用业余时间勤工助学，不视为就业，未建立劳动关系，可以不签订劳动合同”的规定仅适用于在校学生勤工助学的行为，并不能由此否定在校学生的劳动权利，推导出在校学生不具备劳动关系的主体资格，因此认为虽然原告是在校学生，但是其在实习期间与用人单位之间签订了劳动合同，形成了劳动关系。参见《郭某诉江苏益丰大药房连锁有限公司劳动争议案》，载《中华人民共和国最高人民法院公报》2010年第6期。

会生活中这种情形有时也被称为“勤工俭（助）学”或“实习”①，但是显然这种情况与上述法律文件中所规定的“勤工俭（助）学”和“实习”在实质上不同。在校学生自行到用人单位从事的劳动既不是学校安排的“勤工俭学”活动，也不是教学计划中的“实习”课程要求，而是由学生自主决定的活动。与和用人单位形成劳动关系签订了劳动合同的正式员工相比，在校学生从事同样的劳动，同样受用人单位的用工管理，仅仅因为其在校学生的身份而不视为“就业”，排除在劳动关系之外有失公允。劳动部《关于贯彻执行〈中华人民共和国劳动法〉若干问题的意见》第12条的规定也并没有完全否认在校学生的劳动者身份，仅仅是针对在校学生的“勤工助学”活动，由此并不能推导出在校学生不能成为劳动关系的合格主体的结论。因此，在校学生这一身份本身并不能成为其符合劳动关系主体资格的阻碍。

将在校学生排除在劳动法所调整的劳动者范围之外，还有一个假设条件，即在校学生进行全日制学习，无法与用人单位形成全日制的劳动关系。但是在如今看来，这一条件也失去了存在的依据。《劳动合同法》已经明确规定了非全日制劳动，在校学生，特别是在校大学生，在课余时间完全可以从事非全日制劳动。如果在校学生符合法定最低就业年龄条件，且具有劳动能力，其在用人单位从事劳动，应当纳入劳动法所调整的劳动关系范围之内。②

3. 从家庭保姆到家政服务人员：家政服务行业的发展与劳动关系建立的可能性

1994年劳动部发布的《关于〈中华人民共和国劳动法〉若干条文的

① 对于这种学生自主从事的活动，在实践中也被称为“兼职”。严格来讲，学生“兼职”概念的使用其实是不恰当的。所谓兼职，是指在本职之外兼任的其他职务。在校学生的主要任务是学习，从这一角度，从事劳动可以理解为“兼职”，但是其不同于劳动者在本职工作之外从事其他工作的兼职本意。

② 参见周宝妹著：《劳动就业法》，高等教育出版社2017年版，第6—9页。

说明》中明确将家庭保姆排除在《劳动法》的主体适用范围之外。但是近年来，随着家政服务业的发展，家政服务从业者成为一个庞大的群体，由于各种原因其合法权益容易受到侵害，如何更好地保护其合法权益为社会所关注。有观点认为，应当强化家庭及自然人享有用人单位资格的法律支持，让家庭及自然人雇主为其所雇佣的家政工人承担用人单位责任。① 其实，我国的劳动法律从来没有明确规定将家政服务从业者排除在外，即使从法律规定的字面分析，也仅仅是"家庭保姆"不适用《劳动法》，即为家庭所雇用，由于我国劳动法调整的劳动关系是劳动者与用人单位之间的劳动关系，家庭不属于法律所规定的用人单位，与其说《劳动法》将家庭保姆排除在法律适用范围之外，不如说是将家庭雇用排除在法律调整范围之外。② 就我国目前的法律规定而言，如果某人为家政服务公司所招聘，被指派到某个家庭从事家政服务，其与家政服务公司之间签订劳动合同，建立劳动关系，受到劳动法调整，家政服务公司应当与家庭签订家政服务协议。③ 这种安排初看上去类似劳务派遣，但是如果仔细研读我国关于劳务派遣的法律，又会发现其并不是法定意义上的劳务派遣。我国的劳务派遣规定的是"单位"之间的派遣，如果家庭不是"单位"，那么，被家政服务公司派到家庭中从事家政劳动的人员仍然不属于被派遣的劳动者，对于用工单位的法律规定并不能必然适用

---

① 胡大武：《〈劳动合同法〉家庭用人单位资格新考——以家政工人保护为中心》，载《西南民族大学学报（人文社会科学版）》2014年第12期。

② 1994年劳动部发布的《关于〈中华人民共和国劳动法〉若干条文的说明》中明确规定家庭保姆被排除在《劳动法》的适用范围之外，这一规定虽然表面上是主体适用范围排除了家庭保姆这一劳动者群体，而在实际上更体现为用人单位的不合格，即家庭保姆的"用人单位"是家庭。

③ 2010年国务院办公厅《关于发展家庭服务业的指导意见》的规定，招聘并派遣家政服务员到家庭提供服务的家政服务机构，应当与员工制家政服务员签订劳动合同或简易劳动合同，执行家政服务劳动标准，家政服务机构应当与家庭签订家政服务协议。

于家庭。如果某人直接为家庭所雇用，其与家庭之间的关系是雇佣关系，受民法调整。随之而来的问题就是：一个人从事着同样的家政劳动，却由于签约的对方是家政公司还是家庭的分别而被不同的法律调整，两者之间存在着巨大的差异。按现行法律规定，劳动条件的各项法定标准无法对民事雇用所适用。

与《劳动法》所规定的作为用人单位的社会组织比较，家庭具有自身的特殊性。如何利用《劳动法》来保护家政服务从业者是一个非常复杂的问题，其复杂性的一个根本原因在于家庭中的劳动与社会化的劳动存在着明显的差别，如果单纯地将法律赋予企业等用人单位的义务直接适用于家庭并不合适。比如，是否要求家庭给家政服务人员缴纳社会保险费？家政服务人员实际工作地点为家庭，服务的对象也是家庭，即使是被家政服务公司“派遣”，这一点也不会发生变化。家庭虽然处于一个实际的“用人单位”地位，但是家庭与《劳动法》中所确认的用人单位不同，特别是随着社会的发展，家政服务已经不是“奢侈品”，对于很多家庭而言，照顾儿童、老人和病人的家政服务成为了生活的“必需品”。越来越多的非高收入家庭开始接受家政服务，这些普通家庭与家政工人之间，家政工人并非绝对处于弱势地位，以“倾斜保护”劳动者为立法原则的劳动法律如果直接适用于服务家庭的家政工人，可能会给家庭带来巨大负担。国际劳工组织通过的关于家庭工人的国际劳工标准中也充分肯定了家庭工作的特殊性，突出强调家政工人和一般工人享有同等待遇，在具体劳动标准和制度设计上可不同于一般工人等制度设计，如通过简化的支付体系利于家政工人缴纳社会保险费等。① 在我国，即便将劳动法律适用于家政服务人员，也需要对现行的法律规定进行分析，哪些义务可以让家庭承担，哪些需要根据家庭的特点作出特殊的规定。

① 参见国际劳工组织 2011 年通过的《家庭工人体面劳动公约》和《关于家庭工人体面劳动的建议书》。

4. 农业劳动者的法律地位：兼论农业劳动关系的法律调整

虽然《劳动法》将农业劳动者排除在调整范围之外，但是从事农业劳动的劳动者能够建立劳动关系从来没有被完全否定，比较典型的是在国有农场中工作的劳动者，尽管从事农业劳动，但是仍然与单位之间形成了劳动关系。法律中所排除的农业劳动者应当指的是个体从事农业劳动的劳动者，也就是广大的农户。

我国经济体制改革伊始，广大农村实行土地家庭承包责任制。农村土地家庭承包经营制度，即农村集体经济组织内部的农户以家庭为单位承包农村土地进行生产经营，农户与集体经济组织签订承包合同，取得农村土地经营权的农业生产经营制度。《劳动法》立法之时，农业劳动主要就是这种以农村土地家庭承包经营制度为基础，以家庭为单位所从事的农业劳动。《中华人民共和国民法通则》将农村承包经营户作为一种个体经济组织进行规定，但是与个体工商户不同，《劳动法》中排除了农村承包经营户作为用人单位的资格。① 如果是农村承包经营户雇佣帮工，即使帮工符合《劳动法》中劳动者的资格条件，两者之间仍然不存在劳动关系。② 但是与个体工商户类似，农村承包经营户在民事活动中也是以“户”的名义出现的，从经营性角度来看，两者并没有实质的差异。③

经济体制改革初期的农村承包经营以家庭为单位，基本上是家庭成员共同从事劳动，因此，无论是“劳动关系”还是“劳务关系”都很少

---

① 劳动部《关于贯彻执行〈中华人民共和国劳动法〉若干问题的意见》中将“个体经济组织”限定在“一般雇工在七人以下的个体工商户”，排除了农村承包经营户。

② 2006年最高人民法院《关于审理劳动争议案件适用法律若干问题的解释（二）》中明确规定，农村承包经营户与受雇人之间的纠纷不属于劳动争议。

③ 《农村土地承包法》中明确将农村家庭承包定性为经营体制。明确“国家实行农村土地承包经营制度”，采取的是“农村集体经济组织内部的家庭承包方式”，作为承包方的农户依法取得土地承包经营权。承包方之间为发展农业经济，可以自愿联合将土地承包经营权入股，从事农业合作生产。

涉及，也就没有得到社会的广泛关注。而随着农业生产的发展，农村承包经营户招用人员从事农业劳动的现象不断出现，特别是近年来家庭农场等新型农业生产经营主体的出现，① 在法律允许农民在家庭承包经营的基础上自愿组成各种专业化合作经济组织；农民和农业生产经营组织依法可以资金、技术、实物等入股，兴办各类企业的背景下，招用非家庭成员从事农业劳动逐渐成为常态。如果说“家庭承包经营户”在实质上还是“家庭”，无法成为劳动法上的“用人单位”，但是《民法总则》中赋予了农村集体经济组织、农村合作经济组织特别法人地位，具备了“用人单位”的组织性，当这些新型农业生产经营主体在农业生产经营中招用劳动者从事农业劳动，此时形成的具有从属性的“农业劳动关系”是否属于《劳动法》所调整的劳动关系？显然仅仅以从事“农业劳动”将这类关系排除在《劳动法》所调整的范围之外已经与现实需要不符。

（三）事业单位工作人员的劳动者地位：聘用关系的定位

劳动者和事业单位之间的关系能否受到劳动法律的调整取决于双方之间是否签订劳动合同。与在事业单位工作的其他人员比较，虽然在工作岗位上可能会存在区别，但是最主要的区别在于是否有事业单位编制。对于事业单位工作人员，《公务员法》第 112 条规定：“法律、法规授权的具有公共事务管理职能的事业单位中除工勤人员以外的工作人员，经批准参照本法进行管理。”这些参照公务员管理的事业单位的工作人员是有事业单位工作人员编制的工作人员，其他人员则需要与事业单位签订

① 2012 年，中共中央、国务院《关于加快发展现代农业 进一步增强农村发展活力的若干意见》中提出“构建集约化、专业化、组织化、社会化相结合的新型农业经营体系”，并肯定了“专业大户、家庭农场、农民合作社”作为新型生产经营主体的存在。家庭农场是农村家庭承包经营的升级版，虽然根据 2014 年 2 月农业部发布的《关于促进家庭农场发展的指导意见》的规定，家庭农场主要依靠家庭成员而不是依靠雇工从事生产经营活动，但是并没有否定作为规模化经营的家庭农场可以招用非家庭人员从事生产经营。

劳动合同，形成劳动关系。这种人员的二分法在事业单位长期存在。劳动部印发的《关于贯彻执行〈中华人民共和国劳动法〉若干问题的意见》中将这部分人员限定在实行劳动合同制度的工勤人员、实行企业化管理的事业组织的人员和其他通过劳动合同建立劳动关系的劳动者，根据这一规定，除了职位（工勤人员）之外，主要的区别在于是否签订劳动合同。

事业单位是我国特有的一类社会组织，它是指为了社会公益目的，由国家机关举办或者其他组织利用国有资产举办的从事教育、科技、文化、卫生等活动的社会服务组织。1952 年，中央人民政府政务院发布的《关于全国各级人民政府、党派、团体及所属事业单位的国家工作人员实行公费医疗预防的指示》中首次规定了“事业单位”的外延，即“文化、教育、卫生、经济建设等”事业单位。① 2011 年，中共中央、国务院发布的《关于分类推进事业单位改革的指导意见》规定，按照社会功能将现有事业单位划分为承担行政职能、从事生产经营活动和从事公益服务三个类别。② 根据法律规定，具备法人条件的事业单位，依法不需要办理法人登记的，从成立之日起，具有法人资格；依法需要办理法人

---

① 政务院《关于全国各级人民政府、党派、团体及所属事业单位的国家工作人员实行公费医疗预防的指示》规定，“现在根据国家卫生人员力量与经济条件，决定将公费医疗预防的范围，自 1952 年 7 月份起，分期推广，使全国各级人民政府、党派、工青妇等团体、各种工作队以及文化、教育、卫生、经济建设等事业单位的国家工作人员和革命残废军人，得享受公费医疗预防的待遇”。

② 对承担行政职能的，逐步将其行政职能划归行政机构或转为行政机构；对从事生产经营活动的，逐步将其转为企业；对从事公益服务的，继续将其保留在事业单位序列、强化其公益属性。根据职责任务、服务对象和资源配置方式等情况，将从事公益服务的事业单位细分为两类：承担义务教育、基础性科研、公共文化、公共卫生及基层的基本医疗服务等基本公益服务，不能或不宜由市场配置资源的，划入公益一类；承担高等教育、非营利医疗等公益服务，可部分由市场配置资源的，划入公益二类。

登记的，经核准登记，取得法人资格。因此，事业单位都是事业单位法人。事业单位经县级以上各级人民政府及其有关主管部门批准成立后，由县级以上各级人民政府机构编制管理机关所属的事业单位登记管理机构进行登记，颁发事业单位法人证书。

事业单位能够成为用人单位在法律规定中得到肯定，在理论研究中也没有异议。但是，根据法律规定，事业单位作为劳动关系的主体是有条件的。①《劳动法》规定，事业单位在与劳动者签订劳动合同的情况下才能成为“用人单位”，根据当时事业单位内部工作人员的具体情况，劳动部发布的《关于〈中华人民共和国劳动法〉若干条文的说明》中将该情形下的劳动者限定在事业单位的工勤人员、实行企业化管理的事业单位的非工勤人员和其他通过劳动合同（聘用合同）与事业单位建立劳动关系的劳动者，并特别排除了比照实行公务员制度的事业单位的工作人员。②《劳动合同法》中仍然规定事业单位在与劳动者建立劳动关系后才能“依照本法执行”。在事业单位工作的人员传统上可以分为两类：一是参照公务员管理的有事业单位编制的工作人员；二是与事业单位签订劳动合同的工勤人员。③ 随着事业单位人事制度的改革，有编制的事业单

---

① 《劳动法》第2条第2款规定：“国家机关、事业组织、社会团体和与之建立劳动合同关系的劳动者，依照本法执行。”《劳动合同法》第2条第2款规定：“国家机关、事业单位、社会团体和与其建立劳动关系的劳动者，订立、履行、变更、解除或者终止劳动合同，依照本法执行。”

② 劳动部发布的《关于贯彻执行〈中华人民共和国劳动法〉若干问题的意见》中也有类似规定。

③ 事业单位工勤人员与事业单位之间签订劳动合同，形成劳动关系，此时事业单位属于劳动法律中规定的用人单位没有异议。以下讨论的事业单位作为用人单位的情况，指在事业单位与有编制的事业单位工作人员之间的关系中，事业单位是否属于劳动法上的用人单位。

位工作人员①开始实行聘用制，将事业单位中工作人员的行政任用关系向平等协商的聘用关系转变，事业单位与其工作人员在平等自愿、协商一致的基础上签订聘用合同。2002年国务院办公厅转发了人事部《关于在事业单位试行人员聘用制度意见的通知》，事业单位聘用制度全面推开，事业单位中参照公务员管理的事业单位编制的工作人员开始与事业单位签订聘用合同，进行聘用制管理。虽然文件中对聘用合同的具体规定参照了有关劳动合同规定的内容，但是并没有明确“聘用合同”是否具有劳动合同的性质。在《劳动合同法（草案）》公开向社会征求意见时，各方面基本一致认为改革后的事业单位的人事聘用关系与《劳动法》调整的劳动关系在本质上是相同的，聘用制度与劳动合同制度并无本质的区别，因此，在《劳动合同法》第96条中规定了“事业单位与实行聘用制的工作人员订立、履行、变更、解除或者终止劳动合同，法律、行政法规或者国务院另有规定的，依照其规定；未作规定的，依照本法有关规定执行”的内容。但是法律条文中“事业单位与实行聘用制的工作人员”的“劳动合同”的措辞又为聘用合同和劳动合同之间关系的不确定性埋下了伏笔。2011年中共中央、国务院发布的《关于分类推进事业单位改革的指导意见》中在对事业单位类别划分的基础上进行分类改革，明确事业单位的公益属性，② 将从事生产经营活动的事业单位转为企业，由此，“实行企业化管理的事业单位的非工勤人员”逐步退出历史舞台；2014年国务院发布的《事业单位人事管理条例》中将事业单位与工作人

---

① 以下如无特殊说明，事业单位工作人员均指在事业单位中有编制的工作人员。

② 中共中央、国务院《关于分类推进事业单位改革的指导意见》第9条规定，根据职责任务、服务对象和资源配置方式等情况，将从事公益服务的事业单位细分为两类：承担义务教育、基础性科研、公共文化、公共卫生及基层的基本医疗服务等基本公益服务，不能或不宜由市场配置资源的，划入公益一类；承担高等教育、非营利医疗等公益服务，可部分由市场配置资源的，划入公益二类。具体由各地结合实际研究确定。

员之间的合同命名为“聘用合同”，并对聘用合同作出了详细规定，结合《劳动合同法》中事业单位聘用制“劳动合同”的规定，事业单位与其工作人员之间签订的合同的性质仍然需要进一步明确。①

事业单位的改革和事业单位工作人员聘用制的建立和完善，使事业单位和其工作人员之间的关系更类似于企业和劳动者之间的劳动关系，但是由于我国劳动合同的建立是以企业用工改革为基础，劳动合同的立法规则以企业和劳动者之间的关系为模板，因此，事业单位作为劳动合同的“用人单位”，如何适用劳动合同的法律规定仍然是需要研究的问题。聘用合同具有劳动合同的一般属性，但是聘用合同受到政府的干预程度远远大于劳动合同，事业单位本身的特殊性也决定了聘用合同的运行规则具有特殊性，② 因此，事业单位聘用合同不能完全适用现行法律规定中关于劳动合同的内容，需要法律作出例外规定。

三、劳动关系的从属性

无论是《劳动法》还是《劳动合同法》都强调了其适用范围是劳动者和用人单位形成“劳动关系”，但是对“劳动关系”的内涵和外延均

---

① 虽然《事业单位人事管理条例》仍然没有明确聘用合同是否具有劳动合同的性质，并且采用聘用合同的名称进一步加剧了聘用合同和劳动合同之间关系的混乱，但是该条例中规定了“事业单位工作人员与所在单位发生人事争议的，依照《中华人民共和国劳动争议调解仲裁法》等有关规定处理”，由此，也可以发现立法中倾向于将聘用合同定性为劳动合同。2003 年 6 月最高人民法院发布的《关于人民法院审理事业单位人事争议案件若干问题的规定》中明确：“事业单位与其工作人员之间因辞职、辞退及履行聘用合同所发生的争议，适用《中华人民共和国劳动法》的规定处理。”最高人民法院的这一规定，既明确了人事争议适用《劳动法》，同时又对人事争议的范围进行了限制，也显示出人事争议和劳动争议的不同。

② 王全兴著：《劳动合同法条文精解》，中国法制出版社 2007 年版，第 313 页。

没有进一步解释，法律中仅仅明确了当事人之间应当签订书面劳动合同的形式要件。① 劳动合同签订启动了劳动者和用人单位之间的劳动关系，作为劳动关系的表现形式，其是否为“劳动合同”取决于双方是否建立了劳动关系，而不是该合同是否被命名为“劳动合同”，此为劳动合同的实质性判断。劳动者和用人单位之间是否建立和存在劳动关系，应当符合特定的条件，这一条件使得劳动关系和其他有劳动付出的社会关系相区分，被视为劳动关系的性质或特征。就现有文献分析，虽然对于劳动关系的具体概念存在差别，但是劳动关系具有从属性是劳动法学界的共识。②

（一）劳动关系“从属性”的含义

劳动者和用人单位之间的“从属性”劳动关系，是劳动法调整的基础性社会关系。德国《劳动法》中将“劳动关系”和“自主劳动”相区分，认为“劳动关系”是“非自主性劳动”的体现，即“被允诺的劳动给付必须依据指示来提供”，从而将“劳动关系”区别于自主雇佣合同或者承揽合同。德国劳动关系从属性的判断特别强调人身依附，即“人格从属性”。主流意见认为，劳动关系和委托人与自由劳动者之间法律关系的区别在于劳动给付义务人人身依附的不同程度。在司法实践中，从个案的事实出发，人身依附性通过雇主指示权和劳动者已加入到雇主的劳动组织中的认定实现。在案件的处理中，支持劳动关系存在的指标包括：所承担劳动给付的内容和执行受指示约束的方式和程度；所承担劳动给付的内容和执行受指示约束的方式和范围；生病时工资的继续支付、休假要求、缺乏自主招揽客户和定价的权限、仅为一个人工作、接受所

---

① 当然，对于签订了书面劳动合同的当事人之间的关系是否为劳动关系仍然需要依法进行实质性判断。

② 早期，从属性也被称为“管理和被管理关系”，并将管理与被管理关系进一步概括为“从属关系”，作为劳动关系的特点。参见贾俊玲主编：《劳动法学》，北京大学出版社 2009 年版，第 2 页。

有委托的义务、参与工厂委员会选举、通过雇主交付所得税和社会保险费、不参与营业额分配、没有自己的雇员。另外，可以通过自由选择的第三人提供劳动给付的权利、受领以协作为前提的劳动总额、工商登记和缴纳工商税、营业税成为了否认劳动关系的指标。① 日本将劳动关系概括为："向他人提供劳动并获得报酬者与利用该劳动并支付报酬者之间形成的一定的法律关系"，这种劳动的特征是"从属劳动"，与报酬相交换，服从雇主命令的劳动力提供。从属劳动则从"人格从属""组织从属""经济从属"等各种侧面论及。日本对于劳动关系从属性的判断标准包括：（1）人格从属性，即在服从雇主的指挥命令下从事劳动；（2）经济从属性，即劳动者处于经济上的弱势地位；（3）组织的从属性，即组合到经济组织中的劳动。在实践中被普遍参照的判断基础有：（1）对从事和依赖的工作的指示是否有承诺的自由；（2）工作中有无指挥监督；（3）工作地点、时间有无拘束性；（4）劳务提供有无代替性；（5）报酬与劳动有无等价性。② 我国台湾地区学者在借鉴德国和日本理论研究和法律实践的基础上，亦将劳动关系的从属性分为人格上的从属性、经济上的从属性和组织上的从属性，但在具体观点上并不统一。③ 根据我国台湾地区学者的研究成果，人格上的从属性强调劳动契约下的劳工，其劳务给付行为必须受雇主的指挥、命令，即劳动契约的雇主对受其雇佣之劳工，在劳务给付的方法上有广泛的控制权，致使劳工之劳务给付行为亦因为随时受到雇主之监督、控制而显示出较强烈之个人的、正式的

① 参见［德］雷蒙德·瓦尔特曼著，沈建峰译：《德国劳动法》，法律出版社 2014 年版，第 45—52 页；王倩：《德国法中劳动关系的认定》，载《暨南学报（哲学社会科学版）》2017 年第 6 期。

② 参见田思路、贾秀芬著：《日本劳动法研究》，中国社会科学出版社 2013 年版，第 50—52 页。

③ 参见台湾劳动法学会编：《劳动基准法释义——施行二十年之回顾与展望》，台湾新学林出版股份有限公司 2005 年版，第 53 页。

从属、附属关系；人格上的从属性突出的是雇主可对劳工下指示，并对工作之进行给予指导，其中包括由雇主决定劳工从事何种工作、完成工作的手段、工作时间的指定及工作地点的安排；劳工则对雇主负有忠诚义务、保密义务及遵守雇主指示的义务。经济上的从属性，通常是指劳工在资力上处于相对弱势地位，以至于必须依赖对雇主提供劳务获取工资以求生存，或藉以寻求更多的收入、累积更多的财富。组织上的从属性强调劳工属于雇主底下经营、生产团队的一员，必须遵守团队、组织的内部规则或程序性规定，因此，劳工属于雇主组织的成员，其劳务给付行为构成雇主事业经营整体的一部分，为事业生产过程必要的一环，而不只是雇主事业经营的附属。①

在我国大陆地区，早期的劳动法研究文献中，尚没有形成“从属性”的概括，而是表述为劳动者要成为用人单位的成员，并遵守单位的内部劳动规则。② 后来，逐渐出现了“隶属性”一词，用来表示用人单位对劳动者的管理，学者们通常认为劳动关系具有隶属关系和平等关系相互交错的特征，建立的劳动关系是一种平等关系，而劳动关系一经确立，劳动者要进入用人单位，使自己的劳动力归用人单位支配，并服从用人单位的指挥，听从调配，遵守该单位的劳动纪律和规章制度，这就使用人单位与劳动者之间形成了一种职责上的隶属关系。③ 而后随着研究的

---

① 参见台湾劳动法学会编：《劳动基准法释义——施行二十年之回顾与展望》，台湾新学林出版股份有限公司 2005 年版，第 54—57 页。另，劳动法学者史尚宽在其《劳动法原论》中就有了劳动关系具有从属性的论断，从这一点来看，现在我国台湾地区学者“从属性”术语的使用在某种程度上是对其学术研究用语的延续。

② 参见李景森、贾俊玲主编：《劳动法学》，北京大学出版社 2001 年版，第 6 页；李景森主编：《劳动法学（第二版）》，北京大学出版社 1995 年版，第 7 页；关怀、林嘉主编：《劳动法》，中国人民大学出版社 2006 年版，第 6 页。

③ 参见郭捷主编：《劳动法与社会保障法（第四版）》，中国政法大学出版社 2012 年版，第 5 页。

深入，劳动关系的“从属性”用语逐渐出现在研究文献中，并逐步被广泛接受和使用。通常情况下，从属性被认定为劳动法所调整的劳动关系的本质特征。劳动关系的存在，以实现正常劳动过程和用人单位生产经营利益目的为前提，劳动关系的目的性和劳动过程实现的特殊性，产生了用人单位对劳动过程的控制权，在传统的生产经营方式下，判断劳动关系是否具有从属性，主要通过劳动者与用人单位的依附程度、劳动者遵从用人单位劳动纪律、上下班时间、劳动者与用人单位工资关系等进行识别。现代社会劳动关系的从属性，主要表现为用人单位对劳动过程、劳动力资源配置、劳动模式选择等方面的控制，只要劳动者从事了与用人单位性质和职能范围相符合的生产经营等活动，劳动方式与模式由用人单位选择与控制，就应当认定为劳动关系。①

（二）劳动关系从属性的判断标准：法律的规定

《劳动法》和《劳动合同法》中都没有规定判断劳动关系从属性的具体标准。但是《劳动法》和《劳动合同法》中关于劳动合同必备条款的规定使得衡量一个合同是否为劳动合同有了明确的依据，从劳动者和用人单位之间形成劳动关系应当订立劳动合同的法律规定出发，劳动合同本身则成为了劳动关系存在的最有力的证明，同时，根据法律对劳动合同必备条款的规定，如工作内容、工作时间、劳动报酬等也就成为判断从属性的具体标准。但是虽然有以上这些法律规定，仍然不能否认从属性的标准没有法律明确规定的事实，而且对合同性质的判断，不能仅仅从其名称确定，还应当对实质内容进行考察。劳动和社会保障部于2005年发布了《关于确立劳动关系有关事项的通知》，根据这一文件内容，“用人单位依法制定的各项劳动规章制度适用于劳动者，劳动者受用人单位的劳动管理，从事用人单位安排的有报酬的劳动”，“劳动者提供

① 《劳动与社会保障法学》编写组编：《劳动与社会保障法学（第二版）》，高等教育出版社2018年版，第18—19页。

的劳动是用人单位业务的组成部分”，以上两项内容成为了实践中确认劳动关系从属性的法定标准。① 在肯定了书面劳动合同的证明效力之后，该文件通过列举的方式规定了证明劳动关系具有从属性的其他证据范围，② 从而使实践中对以上标准的判断具有可操作性，这一从属性判断标准，在司法实践中也得到了认同。③

（三）平台经济的发展对劳动关系从属性认定的影响

社会经济的发展，特别是网络的发展，给传统劳动关系带来了重大影响，④ 这种影响大致可以分为两个方面：一是对传统劳动关系模式的影响；二是催生了新的就业模式。特别是在新兴就业模式下，通过网络平台提供劳动和接受劳动成果的双方之间是否订立劳动合同，形成劳动关系，立法上尚没有定论。⑤

---

① 根据这一规定，我国劳动关系的认定标准在理论上可以总结为人格从属性和组织从属性。参见王全兴著：《劳动法（第四版）》，法律出版社 2017 年版，第 36 页。

② 这些证据包括：（1）工资支付凭证或记录（职工工资发放花名册）、缴纳各项社会保险费的记录；（2）用人单位向劳动者发放的“工作证”“服务证”等能够证明身份的证件；（3）劳动者填写的用人单位招工招聘“登记表”“报名表”等招用记录；（4）考勤记录；（5）其他劳动者的证言等。

③ 例如，2015 年深圳市中级人民法院《关于审理劳动争议案件的裁判指引》认定劳动关系成立的情形基本上重复了这一内容。

④ 有学者认为，传统劳动关系具有经济从属性和人身从属性，现代劳动关系则在此基础上扩展为组织从属性与技术从属性。参见黄越钦著：《劳动法新论》，中国政法大学出版社 2003 年版，第 5—7 页。

⑤ 2016 年 7 月交通运输部等七部委联合出台的《网络预约出租汽车经营服务管理暂行办法》对网络预约出租汽车行业进行了规范，使得网约车经营服务在一定程度上有了法律依据，但是该暂行办法中对于网约车平台公司与驾驶员之间关系的规定含混不清，双方签订“多种形式的劳动合同或者协议”的规定并没有为双方关系的定性给出明确答案。而其他网络平台用工，如网络主播、网络厨师等连基本的行业管理规范都没有出台，更遑论双方之间关系的法律依据了。

立法在一定程度上的滞后性，使得司法实践中的判断标准走在了立法之前。虽然法院不能突破或更改现行立法，但是在法律规定不明确的前提下，法官根据既定法律规则对网络平台中从业者和劳动成果取得一方所形成的关系进行司法判断，为将来的立法提供了司法实践的基础。在司法实践中，法院对于劳动者与网络平台之间关系性质的判断也是二分法：劳动关系或非劳动关系。如果是劳动关系，则依照劳动法律审理；如果是非劳动关系，则归属于民事法律调整。在是否构成劳动关系的判断标准上仍然是从现行法律规定的“从属性”出发，具体的判断标准为：用人单位和劳动者符合法律、法规规定的主体资格；用人单位依法制定的各项规章制度适用于劳动者，劳动者受到用人单位的劳动管理，从事用人单位安排的有报酬的劳动；劳动者提供的劳动是用人单位工作的组成部分。这一司法判断标准与2005年劳动和社会保障部发布的《关于确立劳动关系有关事项的通知》基本一致。根据中国裁判文书网上有关网络用工的判决和裁定分析，即使按照同样的判断标准，网络平台从业者与平台公司之间是否构成劳动关系的结论依然不同，法官的自由裁量空间很大，类似的案件并没有形成统一的司法判断标准。在e代驾系列案件中，法院认为，用人单位向劳动者提供代驾信息，劳动者向客户提供代驾服务并收取代驾费用，用人单位从劳动者预存的信息费中扣除信息服务费用，劳动者自行掌握工作时间，其工作报酬亦非按月从用人单位领取，因此不符合劳动关系的特征，不属于劳动关系；① 劳动关系成立需要劳动者为用人单位提供了有偿劳动，劳动者从用人单位获得劳动报酬和有关福利待遇，劳动者和用人单位形成了以人身自由在劳动范围内由用人单位支配、服从劳动分工和安排、遵守劳动纪律、接受用人单位管理为主要内容的从属关系，劳动者可以兼职也可以全职，工作时间自

① 《孙某良与北京亿心宜行汽车技术开发服务有限公司劳动争议二审民事判决书》（北京市第一中级人民法院民事判决书，（2015）一中民终字第176号）。

己掌握，不符合劳动关系的认定标准。① 而在同样借助网络平台提供劳动的“好厨师”系列案件中，法院则认为，公司对劳动者进行指派、调度及奖惩等，按月发放较为固定的报酬，劳动者受公司的劳动管理，在公司安排的工作地点从事有报酬的劳动，公司经营厨师类业务平台，劳动者提供厨师技能，双方具有较强的从属关系，符合劳动关系的特点。② 关于网络主播的案件中，法院同样是根据现行法律规定中劳动关系的“从属性”认定标准，强调用人单位是否有管理指挥权，工资的取得方式、社会保险费用的缴纳情况等因素。从目前的情况来看，法院倾向于认定网络主播与经纪公司之间不是劳动关系。③ 在闪送员的案件中，法院否定了“闪送”平台运营公司为信息公司，认为该公司的经营模式为通过大量提供货物运输服务来获取利润，因此，其应当是一家从事货物运输业务经营的公司，而闪送员的作用在于提供货物运输服务，使同城必应科技公司得以履行货物运输合同中运输货物的合同义务。法院认为，同城必应科技公司在招聘闪送员时，对担任闪送员的条件作出了要求，内容上具有招聘信息的性质，同城必应科技公司为闪送员发放了具有身份识别功能的工牌，工牌背面详细列明了对闪送员服务流程的具体要求，标明该公司对闪送员的服务过程进行管理，闪送员要遵守该公司的规章

---

① 《王某拴与北京亿心宜行汽车技术开发服务有限公司劳动争议二审民事判决书》（北京市第一中级人民法院民事判决书，（2015）一中民终字第 01359 号）；《庄某生与北京亿心宜行汽车技术开发服务有限公司劳动争议二审民事判决书》（北京市第一中级人民法院民事判决书，（2014）一中民终字第 6355 号）。

② 《张某与上海乐快信息技术有限公司劳动争议二审民事判决书》（北京市第三中级人民法院民事判决书，（2017）京 03 民终 11768 号）；《管某民与上海乐快信息技术有限公司劳动争议二审民事判决书》（北京市第三中级人民法院民事判决书，（2017）京 03 民终 11769 号）。

③ 在中国裁判文书网上，笔者以“网络主播”为关键词进行检索，相关案件中，大部分案件均认为网络主播与平台之间并不构成劳动关系，具体可参见斗鱼系列案、边锋公司系列案等。

制度，使得双方之间存在人格从属性；从事闪送员工作获取的报酬是闪送员的主要劳动收入，双方之间有经济上的从属性，闪送员的闪送服务是公司的业务组成部分，因此，双方之间的关系具有从属性的特征，属于劳动关系。法院同时认为，双方之间的劳动关系与传统劳动关系有一定的区别，具有相对灵活性的特点，但该特点并不能掩盖劳动关系的本质。同城必应科技公司从闪送员提供的劳动中获益，则其应当承担相应的法律责任及企业之社会责任。若允许其低成本地用工，则其必然缺乏防范用工风险之主动性，对采取劳动安全保护措施的积极性必然不高，因此带来之社会问题必然增多；互联网企业不能因其采用了新的技术手段与新的经营方式而不承担本应由其承担的法律责任与社会责任。作为运用新技术手段进行经营的公司，其完全可以运用信息技术优势实现合法的经营、管理，不能因为闪送员之间情况不同而一概否认劳动关系。法院不能因为相关配套制度尚不完善而拒绝向劳动者提供基本权利之救济。①

平台经济的发展给劳动用工模式带来的变化和冲击不仅是我国面临的问题，在一定程度上也是世界共同面临的问题。国际劳工组织将平台就业列入了非标准就业的范畴，将通过在线平台协调获得的工作称为“零工经济”，主要以众包工作或“通过手机程序按需工作”形式展开。国际劳工组织的相关研究认为，零工经济中工人基本会被分类为独立承包商，因此，无法享受被认为处于雇佣关系中的工人权利，其结果就是在大多数情况下，企业和工人都没有负担相应的社会保障费用缴纳、疾病和生育补助以及法定最低工资。由于很多国家和地区的劳动法律将结社自由权、集体谈判权、免受歧视等劳动者的基本权利限制在雇员范围内，因此，平台经济用工形式下的工人均面临无法享受工作中这些基本工作原则和权利的风险。在零工经济的工作形式中，众包工作，是指通

① 《李某国与北京同城必应科技有限公司劳动争议一审民事判决书》（北京市海淀区人民法院民事判决书，（2017）京0108民初53634号）。

过互联网连接各种组织、企业和个人并通过在线平台开展工作，范围可能扩展到全球。① 国际社会中法律和政策方面的辩论主要集中于为众包工人提供某种程度的社会保护，保护他们免受歧视以及在线平台或客户出现滥用或机会主义行为的可能性及需求，也有人提出雇佣状态误分类的问题。在“通过手机程序按需工作”的平台经济用工模式中，传统工作领域的工作，如交通、清洁和跑腿，以及文职工作中的各种形式，都能通过手机程序分配。运营这些手机程序的企业一般会参与制定服务的最低质量标准以及劳动力的选择和管理。其与众包工作的区别在于工作活动在线选择并商定后在当地开展。② 2015 年国际劳工组织通过了《关于运输网络企业的决议——“运输未来”》，该决议强调了“建立公平竞争环境的必要性，保障所有交通网络公司都受到与交通公司相同的法律法规框架约束，从而避免对工作安全、工作条件和道路安全造成消极影响，避免正规经济的非正规化”以及“有关当局或司法机构做出的有关自称有偿‘拼车’交通体系有关的决定得到完全贯彻落实的重要性”，要求“政府、社会伙伴和国际劳工组织根据各自的使命，制定、推动并落实促进职业安全和卫生以及创新的有关法规和规则，同时保障所有人都处在公平的竞争关系当中，符合国际劳工组织的‘体面劳动议程’并处在国际劳工组织‘劳动世界的未来’讨论中。”③ 对于平台经济下的劳

① 一些可能会组织同时完成同一任务的人开展竞争，让客户能够从中选择并且向最好的产品支付报酬，另外一些可能采用先到先得原则。在一些情况下，客户和工人之间不存在关系：工人只完成任务，由平台支付报酬，并将结果转交给客户。在另外一些情况下，平台则扮演协调客户和工人之间关系的角色。一些平台会为特定任务设置最低报酬，而另外一些平台则允许需求方设定报酬。众包工作的多种特征引发了大范围的法律问题。

② 国际劳工组织：《世界非标准就业》，国际劳工局 2017 年出版，第 36—37 页。

③ 国际劳工组织：《世界非标准就业》，国际劳工局 2017 年出版，第 36—37 页。

动者是否与用人单位之间形成劳动关系，各国均没有形成定论，而是在各自劳动法律的框架下寻找可能的解决途径。① 在美国，有的州立法赋予网约车司机组织工会的权利，但是从关于网络平台用工案件的判决来看，地方法院通常认为这些劳动者是独立承包人而不是劳动者，② 但开始出现了界定雇员和独立承包商之间的工人类别概念的提议。③ 在欧盟，有判决认为，Uber 公司为运输公司，而不是数字应用公司，但此判决也仅表明该公司的业务内容，而并非承认司机与公司之间存在劳动关系。

不可否认，平台经济下劳动者和用人单位之间的关系与标准或传统的劳动关系之间存在着一定差异，人格从属性在很多时候表现并不突出，经济从属性有着更大的发挥作用的空间，与人格从属性、组织从属性比较，经济从属性的侧重点在于把经济实力强弱的差异作为具有从属性的原因。对其理解有两种：一种是组织体内部的经济从属性，即在同一个组织体内，劳动者的经济实力相对雇主处于弱势，依赖于雇主提供的生产资料和工作岗位，从事劳动、获得劳动报酬，借以谋生和增加财富；雇主基于其经营权，管理生产经营体系和劳动过程，决定劳动条件；经营利润和风险由雇主享有和承担，劳动者的劳动报酬虽然取决于经营盈亏状况，但不分享利润，也不负担亏损，其所涵盖的范围与人格从属性、组织从属性基本相同。另一种是组织体外部的经济从属性，是两个有独立主体资格者之间的经济从属情形，即在同一生产经营链条的不同环节之间，弱势经营者的经营机会，经营中的价格和利润，都由强势经营者控制，甚至弱势经营者得到的利润极低或者几乎得不到利润。这种经济从属性劳动，又称工具化劳动。依这种经济从属性，可将两个有独立主

① 国际劳工组织：《世界非标准就业》，国际劳工局 2017 年出版，第 37 页。

② 参见柯振兴：《网约用工的规制路径及权益保障——以美国 Uber 司机为例》，载《工会理论研究（上海工会管理职业学院学报）》2017 年第 3 期。

③ 转引自国际劳工组织：《世界非标准就业》，国际劳工局 2017 年出版，第 35 页。

体资格者之间的经济从属关系视为劳动关系。① 但是在劳动关系从属性的判断上，经济从属性往往具有补充和辅助作用，仅凭经济从属性来定性劳动关系理由并不充分。由于平台经济下劳动者提供劳动的形式多种多样，即使承认某些劳动者与平台的经营者之间存在劳动关系，也仍然存在着无法判定劳动关系的可能。

在是与非的二分法之外，一些国家的立法中还有第三类劳动者的存在，这些劳动者虽然没有和用人单位形成劳动关系，但仍然受劳动法的保护。德国《劳动法》中，雇员之外存在着类雇员的概念。类雇员，是指不同于雇员，但是具有经济从属性并且像雇员一样需要倾斜保护的人。类雇员没有融入合同相对方的经营组织，不存在人格从属性，但是从该合同关系中获得的收入构成了主要的经济来源，即具有经济从属性。类雇员和合同相对方之间的关系根据其具体所属的合同类型由相应的法律规定调整，同时，类雇员享受部分劳动法律规范的保护。② 面对劳动关系的复杂局面，日本劳动法学说中也出现了“准劳动者”的概念。所谓准劳动者，是在劳动者与非劳动者之间的“中间地带”的就业者。日本劳动法学说认为，劳动法应当对这些“准劳动者”进行保护。③ 以上无论是德国的“类雇员”立法，还是日本的“准劳动者”保护学说，都揭示了劳动领域中劳动关系的复杂性和劳动法调整范围选择的互动问题，其理论探索和立法实践都对网络用工模式下劳动者保护提供了可供借鉴

① 参见黄越钦著：《劳动法新论》，中国政法大学出版社 2003 年版，第 95—96 页；台湾劳动法学会编：《劳动基准法释义——施行二十年之回顾与展望》，台湾新学林出版股份有限公司 2005 年版，第 55—56 页；王全兴著：《劳动法（第四版）》，法律出版社 2017 年版，第 36 页。

② 王倩：《德国法中劳动关系的认定》，载《暨南学报（哲学社会科学版）》2017 年第 6 期。

③ 参见田思路、贾秀芬著：《日本劳动法研究》，中国社会科学出版社 2013 年版，第 56—57 页。

的有益经验。①

跳出个案的局限，作为一个职业群体观察，网络平台用工形式下的劳动者与传统用工形式下的劳动者存在很大差异。相对于传统的劳动关系，提供劳动和接受劳动的双方通过网络平台建立联系，特别是对于服务业而言，很多服务的提供都可以通过平台实现劳动者和顾客的直接对接，在一定程度上，平台使“中间人”逐渐消失。网络平台使得劳动力市场上的劳动者更加独立、具有更多的自主性和选择权，能够按照自己的希望安排工作时间，使工作变得更加自由，但是也更加模糊了工作和生活之间的界限。通过网络平台，用人单位可以通过“众包”的方式避免直接与劳动者形成劳动关系，从而节省人力成本。“平台经济”“零工经济”“共享经济”“互联网+”等概念都在一定程度上界定和描述了伴随互联网技术发展产生的新的经济业态，但是这些概念更多的是从经济发展模式或者说是商业模式的角度对经济发展形态的一种概括，从劳动者从业角度出发，笼统称之为“平台经济（共享经济）劳动者/从业者”，并将其和传统行业的就业者进行分类比较，或者将其归属于非标准劳动关系的劳动者都存在一定的片面性，甚至可能会带来一定程度的混乱。

从我国的现行情况分析，通过平台提供劳动的从业者既包括将平台劳动收入作为主要收入来源的从业者，也包括仅将平台作为增加收入或“业余工作”的兼职人群；不仅有传统的劳动关系的劳动者和原来在平台经济之外就存在的各种非标准劳动关系的劳动者，如非全日制劳动者，平台经济也催生了一些新的劳动者就业途径，出现了网络平台模式下的新型劳动者。对于那些原来就与单位存在劳动关系的劳动者而言，平台劳动只不过是拓展了提供劳动的空间。当然，在这种情形下，通过网络

① 已经有学者提出了应当构建德国“类似劳动者”和意大利“准从属性劳动”的“劳动法三元保护框架”。参见王全兴：《“互联网+”背景下劳动用工形式和劳动关系问题的初步思考》，载《中国劳动》2017年第8期。

平台提供劳动的形式仍然对传统劳动关系模式产生了重要影响，传统的劳动关系模式借助网络发生了巨大变化，这种变化可能表现为工作时间的变化、提供劳动成果方式的变化等，也可能是公司对本单位劳动关系的变革。① 而作为一种新的就业模式，特别是平台带来的新的就业模式，不仅本身是否为劳动关系尚待确认，仅就这一就业方式而言，也必然对传统就业模式下劳动关系的形成造成冲击，当大量公司为了节约用工成本转而使用平台用工，而在现行劳动法律并不必然保护这一就业形态劳动者的前提下，会使新的就业不公平现象产生并加重，所有劳动者的权利均可能被侵犯。

通过网络平台提供劳动的劳动者，其与网络平台间的关系是劳动关系还是非劳动关系，在理论和实践中都处于探索阶段。即使在个案中将两者之间的关系认定为劳动关系，也不能得出网络平台用工应当归入劳动关系的整体性结论。网络的发展给劳动关系从属性传统的判断标准带来了巨大挑战，在确定互联网前提下劳动关系从属性判断标准之前，需要解决一个更为基础的问题：这种新型劳动关系是否必须通过纳入劳动法所调整的“劳动关系”范围解决，这也就是说，互联网背景下的劳动者是否必须通过确定“劳动关系”才能保障其劳动权益。从劳动法产生的前提来看，包括劳动关系确立标准在内的劳动法律规定都假定了一个“标准劳动关系”的前提，即劳动者在用人单位提供的场所，全日制从事劳动，将自身的劳动力与用人单位提供的劳动资料相结合完成劳动。在互联网出现之前，在“标准劳动关系”之外已经出现了各种非标准劳动关系，如非全日制的劳动关系、劳务派遣下的劳动关系等。显然修正“标准劳动关系”从属性的判断标准，使其更加适应劳动力市场的发展是

---

① 如海尔平台模式。参见曹煦：《互联工厂取代传统工厂：“中国智造”的海尔探索》，载《中国经济周刊》2017 年第 39 期；周云杰：《互联网时代创业者资源（ER）平台构建——海尔推进互联网时代人力资源的创新探索》，载《中国人力资源开发》2017 年第 10 期。

一个选择，但是修正不意味着颠覆，不能为了保护网络用工模式下的劳动者的权益而放弃“从属性”。

试图通过“从属性”标准的解读将互联网背景下的劳动者与某一个单位之间的关系定性为“劳动关系”的思路，在很大程度上受到我国劳动法对于调整范围选择的非此即彼的“二分法”的限制：属于劳动关系，两者之间签订劳动合同，则受到劳动法调整；否则，劳动法对此不发挥作用。这种“二分法”具有一定的局限性。劳动者与用人单位形成劳动关系，签订劳动合同，两者之间的劳动关系受到劳动合同法的调整，当然也受到劳动法的制约；而对于没有签订劳动合同的当事人之间的关系虽然不属于劳动合同法的调整范围，但并不能完全被排除在劳动法的适用范围外，对此，我国劳动法中已经有所体现。① 扩大劳动法的适用范围而不是将“劳动关系”泛化，应当成为解决网络平台从业者劳动权益保护的一个可行途径。

四、劳动关系和劳动合同的关系：基于我国劳动合同制度建立和发展的历史考察

（一）作为劳动合同关系的劳动关系：兼论事实劳动关系

将劳动关系定义为劳动者和用人单位之间从属性关系，是一种对双方已经建立劳动关系之后的表述，因此在讨论劳动关系时并不必然涉及劳动合同，但是这一劳动者和用人单位之间的劳动关系如何产生，则显然与劳动合同密切相关。《劳动法》和《劳动合同法》中将劳动合同界

① 《劳动合同法》中对于不具备合法经营资格的用人单位、个人承包经营者的法律责任进行了规定；《劳动保障监察条例》中规定，对无营业执照或者已被依法吊销营业执照，有劳动用工行为的，劳动保障行政部门有权依法实施劳动保障监察，并及时通报工商行政管理部门予以查处取缔；《工伤保险条例》规定，无营业执照或者未经依法登记、备案的单位以及被依法吊销营业执照或者撤销登记、备案的单位对本单位职工受到事故伤害或者患职业病的有赔偿责任。

定为劳动者与用人单位确立劳动关系、明确双方权利和义务的协议，但是并没有明确说明劳动关系是否基于劳动合同的订立而产生，特别是在法律规定劳动合同应当采用书面形式的背景下，劳动合同等同于书面劳动合同，从而产生了实践中劳动关系和劳动合同分离的情况。那么，劳动关系和劳动合同之间关系究竟如何？

我国劳动者的就业模式经历了国家计划调整模式向市场经济体制下劳动力市场配置调整模式的转变。① 相应的，劳动者和用人单位之间劳动关系的建立则经历了按国家计划分配建立向签订劳动合同的变化。在计划经济时代下，虽然有“合同工”的存在，但其并不是国家计划内的正规就业，属于“临时工”的范围，在各种待遇上均与正式工（固定工）存在差异。而在正规的计划就业体制中，固定工与企业之间并不需要签订劳动合同，双方之间劳动关系的建立依赖于国家的用工计划分配。伴随着经济体制改革，作为企业改革的配套措施，劳动合同制在我国开始建立，其建立之初在职劳动者的身份从固定工转为与用人单位签订劳动合同，就业的计划分配模式逐步废除，就业市场配置的模式下劳动者和用人单位之间的劳动关系通过签订劳动合同而产生。为了打破“铁饭碗”，消除社会对“固定工”的用工模式印象，劳动合同特别强调了期限性，通过期限的约定使固定工成为历史。相应的，在扩大企业用工自主权的改革背景下，劳动合同不仅是建立劳动关系的一种启动机制，也是

① 与传统市场经济国家不同，我国市场化的劳动关系并非在经济发展过程中自然形成，而是政府通过改革从计划经济体制中转型而来的。劳动关系的市场化转型是作为经济体制转型的重要构成部分，以所有权关系和经营权关系的转变为背景，通过劳动用工制度的改革而具体实现的。所有权关系和经营权关系的改革，确认了企业“产权明晰”和“独立经营”的原则，配合劳动用工制度的改革，劳动者从计划经济下“全民所有”的产权关系中剥离出来，成为劳动力市场上的劳动力提供者。这一改革的直接目标是建立一个自由流动的劳动力市场，并在此基础上构建市场化的劳动关系。参见常凯：《劳动关系的集体化转型与政府劳工政策的完善》，载《中国社会科学》2013 年第 6 期。

确定劳动者和用人单位两者权利义务的协议。在市场经济体制下，用人单位不再作为国家代理人管理劳动者，其有权在不违反法律规定的前提下通过和劳动者协商一致确定双方的权利义务。我国法律调整劳动合同的规则均建立在这一社会背景之上，并逐步发展，逐渐演化成今天的法律调整格局。劳动合同制度从开始建立就是以签订书面劳动合同为要件，打破计划用工，让企业拥有用工自主权的表现之一就是与劳动者签订书面劳动合同。在法律规制层面，《劳动法》将劳动合同定义为“劳动者与用人单位确立劳动关系，明确双方权利和义务协议”，规定“建立劳动关系应当订立劳动合同”，并对劳动合同提出了书面形式要求。

由于劳动合同法定形式的书面要求，在立法中出现了“事实劳动关系”这一概念，以表述那些没签订书面劳动合同的劳动关系。早期的法律文件中，事实劳动关系作为一种不符合法律规定的劳动关系被否定，① 在 1995 年劳动部《关于贯彻执行〈中华人民共和国劳动法〉若干问题的意见》中仍然持否定态度；② 虽然 2001 年最高人民法院《关于审理劳动争议案件适用法律若干问题的解释》认为，劳动者与用人单位之间没有订立书面劳动合同的，可以形成劳动关系，但是这种劳动关系仍然被解释为“事实劳动关系”，将其与签订了劳动合同符合法律规定的劳动关系

---

① 1992 年劳动部办公厅《关于全民合同制工人合同期满后形成事实劳动关系问题的复函》认为事实劳动关系是不符合法律规定的劳动关系，“劳动合同到期后，该合同所确定的劳动关系也就终止，企业与职工应及时办理终止或续订合同的手续。如果合同期满又没有续订，形成了事实上的劳动关系，这种劳动关系是不符合法律规定的，企业与职工应尽快补办终止或续订合同的手续”。

② 1995 年劳动部《关于贯彻执行〈中华人民共和国劳动法〉若干问题的意见》规定，用人单位与劳动者之间形成了事实劳动关系，而用人单位故意拖延不订立劳动合同，劳动行政部门应予以纠正。

相区分。①《劳动合同法》关于劳动关系与劳动合同关系的定位延续了《劳动法》的做法，规定用人单位与劳动者建立劳动关系，应当签订劳动合同，但是《劳动合同法》比《劳动法》更加强调劳动合同的书面形式，规定了没有签订书面劳动合同时用人单位的法定责任，以此促使劳动关系双方签订书面劳动合同。在理想的状态下，随着《劳动合同法》的实施，仅仅因为缺乏书面形式而形成的事实劳动关系在社会中将不复存在，用人单位和劳动者之间建立劳动关系的同时即签订了书面劳动合同。但显然，这种理想状态在现实中并不会必然出现，甚至基于日益复杂的劳动用工情况，这种理想状态可能永远不会出现。基于没有书面劳动合同而产生的“事实劳动关系”概念不仅没有因为《劳动合同法》的实施退出历史舞台，反而进一步扩大了使用范围，从仅作为界定缺乏书面劳动合同形式的劳动关系的用语，内涵和外延都有所扩展，出现了不同的观点。②

① 2001年劳动和社会保障部办公厅《关于对事实劳动关系解除是否应该支付经济补偿金问题的复函》规定，劳动合同期满后，劳动者仍在原用人单位工作，原用人单位未表示异议的，劳动者和原用人单位之间存在的是一种事实上的劳动关系，而不等于双方按照原劳动合同约定的期限续签了一个新的劳动合同。一方提出终止劳动关系的，应认定为终止事实上的劳动关系。虽然该复函由劳动和社会保障部办公厅作出，但是该复函内容是与最高人民法院经过协商得出的，由此也可以认为最高人民法院与劳动和社会保障部持相同的观点。

② 参见郑尚元著：《劳动合同法的制度与理念》，中国政法大学出版社2008年版，第127—129页；沈建峰：《论事实劳动关系的解除》，载《中国劳动》2015年第12期；洪宇光：《虚假身份致劳动合同无效时的劳动关系存续》，载《中国社会保障》2012年第1期；李德进：《体系化视角解读劳动法律关系》，载《江西社会科学》2013年第6期；金荣标、叶高：《事实劳动关系的法律识别——基于体系化的研究》，载《人民论坛》2011年第2期。

（二）劳动关系建立和书面劳动合同签订的时间差异：用工概念的引入

劳动合同书面形式的法定要求使得在实际上劳动关系的建立和劳动合同签订之间可能出现时间差，《劳动合同法》规定劳动者和用人单位“建立劳动关系，应当订立书面劳动合同”，但是建立劳动关系并不一定和签订书面劳动合同在时间上同步：劳动者和用人单位可能先签订书面劳动合同，然后劳动者开始提供劳动，用人单位开始用工，双方产生劳动关系；也可能是双方先建立劳动关系，开始用工，然后再签订书面劳动合同。于是《劳动合同法》引入了“用工”概念，规定“用人单位自用工之日起即与劳动者建立劳动关系”。对于建立劳动关系和签订书面劳动合同之间存在时间差，《劳动合同法》分不同情况规定为：（1）劳动关系在前，书面劳动合同签订在后的，应当自用工之日起 1 个月内订立书面劳动合同；（2）签订书面劳动合同在前，而用工在后的，劳动关系自用工之日起建立。考察以上关于劳动关系和劳动合同的规定，可以发现，《劳动合同法》将劳动关系建立的时间规定为“用工之日”，基于此可以形成这样一个逻辑链条：用人单位用工——用人单位和劳动者形成劳动关系——用人单位和劳动者签订书面劳动合同。《劳动合同法》将“用工”作为劳动关系产生的法律事实，并将其与劳动合同分离的立法模式，进一步强化了劳动关系和劳动合同的分立。为了显示因用工建立劳动关系和签订劳动合同的区别，《劳动合同法实施条例》还根据是否签订书面劳动合同对终止劳动关系的结果分别作出了规定：自用工之日起 1 个月内，劳动者和用人单位之间没有签订书面劳动合同，此时用人单位终止劳动关系，需要向劳动者支付劳动报酬，但并不需要支付经济补偿金；自用工之日起超过 1 个月后，不签订书面劳动合同，用人单位终止劳动关系，则需要支付经济补偿金（这一规定与终止书面劳动合同相同）；用工满 1 年后，不签订书面劳动合同，则视同已经订立（书面）无固定期限劳动合同。但是仅仅因为是否支付补偿金这一法律规定而得出劳动关系区别于劳动合同的结论值得怀疑，并且“视同”这一用语，也揭示出此时同样没有书面劳动合同存在的事实，那么双方之间的劳动合同关系则显然并不仅仅表现为签订书面劳动合同。

劳动关系的实质在于劳动者在用人单位的指挥下使用自身的劳动力，即劳动者的劳动力由用人单位使用，由于劳动者的劳动力具有人身属性，用人单位将劳动者的劳动付出纳入自身的生产经营体系，劳动关系具有从属性的特征，①《劳动合同法》将劳动关系的产生时间规定为用人单位“用工之日”，书面劳动合同是这一劳动关系的书面表现形式，是劳动者和用人单位之间存在劳动关系的书面证明文件。② 劳动合同作为确定用人单位和劳动者之间权利义务的协议，并不仅仅指书面形式的劳动合同。用人单位在用工时与劳动者即形成了劳动关系，此时劳动合同也随之产生，“判断劳动关系是否成立、生效并非依赖书面劳动合同”③。《劳动合同法》条文中的“用工”揭示的应当是劳动者在用人单位从事劳动这一事实，劳动者和用人单位之间劳动关系的产生则基于劳动者提供劳动和用人单位允许劳动者劳动并接受劳动成果（用工），因此，书面劳动合同仅仅是劳动关系产生和存在的一种书面表示，“即使未订立书面劳动合同，用工也足以表明，劳动者与用人单位已就建立劳动关系达成口头或推定形式的合意”。用工，“不仅是劳动关系的实质性内容，而且是订立

---

① 参见王全兴著：《劳动法（第四版）》，法律出版社2017年版，第35—36、186—187页。

② 与民事合同确定双方当事人权利义务划分不同，书面劳动合同的存在意义不仅是双方权利义务的约定，而且证明劳动关系是否存在。劳动者和用人单位之间的权利义务在劳动标准法律中已经体现，并非仅仅通过劳动合同约定。参见刘俊：《〈劳动合同法〉应当结束对事实劳动关系的现实困惑》，载《中国劳动》2007年第5期。

③ 刘俊：《〈劳动合同法〉应当结束对事实劳动关系的现实困惑》，载《中国劳动》2007年第5期。

口头（推定）劳动合同和履行书面或（口头）劳动合同的标志”①。

由于《劳动法》对于劳动合同的书面形式要求，以及事实劳动关系概念的存在，社会生活中出现了没有书面劳动合同则用人单位不承认双方之间的劳动关系，从而侵犯劳动者合法权益的现象，②《劳动合同法》引入“用工”概念，将“用工”作为劳动关系建立的标志，在一定程度上是对这种社会现象的回应，并通过对用人单位不签订书面劳动合同的行为规定了特殊法律责任的方式，规范了劳动合同的书面签订。

（三）欠缺书面形式的劳动合同的效力

如果将书面形式的劳动合同仅仅作为劳动关系的表现形式，那么在欠缺书面形式的情况下，劳动者和用人单位之间不仅存在劳动关系，也订立了劳动合同，只不过该劳动合同不符合法定形式而已。那么，欠缺法定形式要件（书面）的劳动合同的法律效力如何？劳动合同应当采取书面形式是《劳动合同法》的强制性法律规定。③ 根据《劳动合同法》的规定，违反法律、行政法规强制性规定的劳动合同无效，如果将书面形式作为法律规定强制性形式要件，此时的“劳动合同”即应为无效劳动合同。从《劳动合同法》对无效劳动合同和劳动合同书面形式特殊规定的整体条文内容分析，法律并没有将书面形式的欠缺纳入因“违反法律、行政法规强制性规定”而使劳动合同无效的情形，而是作出了特殊规定。由于通常情形下，书面劳动合同是由用人单位提供的格式合同，因此，《劳动合同法》将签订书面劳动合同作为用人单位的义务，并特别规定了违反这一义务的法律后果：（1）用人单位自用工之日起满 1 年不

---

① 王全兴著：《劳动法（第四版）》，法律出版社 2017 年版，第 186—187 页。

② 用人单位不与劳动者签订书面合同，有着经济利益的考虑，甚至可能是对违法成本低考量之后的结果。参见郑尚元著：《劳动合同法的制度与理念》，中国政法大学出版社 2008 年版，第 124—125 页。

③ 非全日制用工方式除外。

与劳动者订立书面劳动合同的，视为用人单位与劳动者已订立无固定期限劳动合同；（2）用人单位自用工之日起超过1个月不满1年未与劳动者订立书面劳动合同的，应当向劳动者每月支付2倍的工资。《劳动合同法实施条例》将满1年签订无固定期限劳动合同的时间起点设定为满1年的当日。显然用人单位和劳动者之间在签订书面劳动合同的前1年内并没有被法律承认的书面“劳动合同”存在。这样的法律规定内容，并没有明确此前没有书面劳动合同时双方之间的法律关系为何，是视为劳动合同自用工之日起存在，应当为书面合同继受的“劳动合同”关系，还是脱离了劳动合同而独立存在的“事实劳动关系”，抑或是脱离了后面签订的书面合同而独立存在的一个劳动合同关系？

劳动合同生效和“用工”之间在时间上存在差异，有两种情形：一是劳动合同生效先于“用工”；二是“用工”先于劳动合同生效。对于“用工”先于劳动合同生效的情形，更准确的表示应当是“用工”先于书面合同生效的情形，其原因在于，合同本身并非仅有书面形式，如前所述，劳动合同的书面形式要求实质上体现的是“书面合同”本身更好的证明作用，因此，在“用工”之时双方之间依然签订了劳动合同，只不过这种劳动合同不是用书面形式表示，双方当事人应当依法补签书面劳动合同。劳动合同签订时间在“用工”之前的情形相对复杂。根据《劳动合同法》的规定，书面劳动合同经双方当事人签字盖章后生效，当书面劳动合同签字盖章在“用工”发生之前，则出现了劳动合同已经生效而劳动关系并未建立的情况。如果在随后的时间内，“用工”发生，对双方当事人而言，并不会造成实际困扰，而如果“用工”并不发生，则会出现违约责任承担问题。按照目前的法律规定，书面劳动合同从双方当事人签字盖章时起生效，因此，有学者认为，无论在开始用工之前后，书面劳动合同生效后，履行、变更和解除或终止都应当符合《劳动合同法》的有关规定。即使在开始用工之前未按照法定或约定要求履行、变更和解除或终止书面劳动合同，都属于违约行为，而并非前合同行为。① 据此，当书面劳动合同生效后，如果用人单位不想“用工”或劳动者不想在该单位工作，均属于违约行为，违约的一方当事人应当承担违约责任。考虑到劳动关系基于“用工”产生，而劳动合同是劳动关系的书面形式，那么，此时还有另外一种选择，即书面劳动合同签字盖章时劳动合同并不生效，生效的时间为劳动者提供劳动，即“用工”发生之时。此时的劳动合同是一个附起始期限的合同。这样一来，需要解决的问题是在劳动合同成立之后未生效之前这一段时间内双方当事人权利义务和法律责任的分配。对于附期限的民事合同，在所附期限到来之前，合同当事人拥有什么权利，学者们的意见并不统一，有学者认为，合同当事人享有期待权；② 但也有学者表示反对，认为始期权利实质上乃是一项完整的权利，只是其效力的发生尚有赖于特定期日的到来，至于对附期限权利在其成立后到生效之间这一段时间里的保护，可以在期限到来时追究行为人的违约责任，而不必援用期待权制度。③ 无论是引入期待权制度还是违约责任追究，均应该考虑民事合同和劳动合同的差异。签订于用工之前的劳动合同，双方当事人在签订劳动合同时所期待的就是建立劳动关系并进而按照法律规定和合同的约定享有相应的权利，履行相应的义务。因此，无论是劳动者还是用人单位，如果其明确表示“用工”不会再发生时，即为违约。因此，在违约这一问题上，即使按照期待权理论，对于劳动合同而言，其结果与违约殊途同归。无论是劳动者还是用人单位在签订劳动合同后表示“用工”不会发生，那么，根据现行法律规定，不履行劳动合同的违约责任则转化为劳动合同的解除权。劳动

---

① 王全兴著：《劳动法（第四版）》，法律出版社 2017 年版，第 187 页。

② 参见王轶：《期待权初探》，载《法律科学（西北政法学院学报）》1996 年第 4 期；张俊浩主编：《民法学原理》，中国政法大学出版社 1997 年版，第 81 页。

③ 申卫星：《期待权研究导论》，载《清华法学》2002 年第 1 期。

者在“用工”之前明确表示不来该单位工作，属于劳动者单方行使合同的解除权，按现行法律规定，并不需要合理理由，只需符合法定程序要求即可；而对于用人单位，单方解除劳动合同，需要符合相应的法定情形，并支付经济补偿金，否则属于违法解除劳动合同，并承担违法解除劳动合同的赔偿责任。显然，《劳动合同法》中对于劳动合同解除的规定并没有考虑到这种没有实际用工前的特殊情况，毕竟没有“用工”和劳动者已经提供劳动不同。① 劳动合同的违约责任主要包括违约金、赔偿损失和继续履行合同三种情形。由于《劳动合同法》中明确规定了违约金只适用于竞业限制和约定服务期两种情况，此时可供选择的违约责任只有继续履行合同和赔偿损失两种。如果双方当事人之间具有形成劳动关系的可能性，考虑到劳动合同签订的目的就是建立劳动关系，显然继续履行合同（即开始“用工”）是首要的选择，但是如果不具备履行合同的可能性，那么违约一方要赔偿对方的损失。

① 有学者认为可通过特别法规定。参见王全兴著：《劳动法（第四版）》法律出版社 2017 年版，第 187 页。2008 年国务院法制办发布《中华人民共和国劳动合同法实施条例（草案）》向社会公开征求意见，在这一草案中曾规定，“自劳动合同订立之日至用工之日期间，用人单位与劳动者尚未建立劳动关系，双方可以依法解除劳动合同并承担双方约定的违约责任，用人单位无需承担劳动者的医疗费用等责任，也无需向劳动者支付经济补偿”，这一规定显示了立法者区分未用工和用工两种情况下违约责任的不同，但是在最终通过的版本中删除了这一规定，对于这种情况，至今并无明确的法律依据。

第二章　特殊类型劳动关系的法律调整

一、现代学徒制背景下学徒的劳动者身份与劳动关系的法律调整

（一）我国职业教育的改革和现代学徒制的制度设计

现代学徒制是在传统学徒培训的基础上发展起来的一种新型职业培训制度。在世界范围内兴起的现代学徒制与各国降低失业率，促进就业，特别是促进青年人就业紧密相关。在现代学徒制的制度设计上，并没有统一的模式，各国的政策法律内容均存在差异。但是从各国现代学徒制的制度设计中仍然可以归纳出现代学徒制的共性：企业（雇主）和学校共同为现代学徒提供职业技能培训，培训期满后，学徒可以取得相应的学历证书和职业技能证书。与传统学徒培训比较，现代学徒制的特点在于将企业培训与职业学校的学习相结合，企业和学校共同成为培训主体。

在我国，现代学徒制的建立首先是作为职业教育改革的组成部分提出的。随着市场经济的建立和发展，传统上由企业招收学徒并由企业进行劳动技能培训的学徒培训逐渐式微，职业学校的学历教育成为我国劳动者职业技能培训的主要途径。职业学校在课堂理论教学上具有优势，但是并不擅长职业技能的实践培训，而实践操作培训是职业教育的基础，作为职业教育中不可缺少的环节，职业学校学生的实践操作仍然需要企业的配合，在学院式职业教育模式中，企业以“实习单位”的角色存在。

由此以学校为主的职业教育可能会产生两种消极后果：一是企业作为“实习”单位的积极性不高，不愿接收学生进行实习；① 二是企业将实习学生当做“廉价劳动力”，侵害实习学生的合法权益。② 为了解决学校教育在技能实践培训方面的劣势，国家先后出台了一系列政策措施，如鼓励企业和学校联合办学，开展校企合作的“订单式”培养模式，建设实训基地等。③

2014 年国务院《关于加快发展现代职业教育的决定》中提出要“开展校企联合招生、联合培养的现代学徒制试点”；同年教育部发布的《关于开展现代学徒制试点工作的意见》中将现代学徒制定位为由职业学校参与的，以招生与招工一体化为基础的学徒制。由此，我国现代学徒制试点工作全面推开。我国现代学徒制的制度设计特别强调职业学校和企业的联合，国务院文件赋予了学徒职业学校学生和企业员工④的双重身份。教育部文件从“职业教育”的角度，强调职业学校的培训主体地位和职业教育改革，而 2015 年人力资源和社会保障部办公厅、财政部办公厅发布的《企业新型学徒制试点工作方案》则强调了企业的主导作用。2018 年 10 月，人力资源社会保障部、财政部联合发布的《关于全面推行企业新型学徒制的意见》中再次指出，学徒培养主要职责由所在企业承担，企业与学徒签订培养协议，明确培训目标、培训内容与期限、质量考核标准等内容；企业委托包括职业学校在内的培训机构承担学徒的部

---

① 参见黄银秀：《职业院校企业实习现状、问题及对策研究》，载《教育与教学研究》2015 年第 7 期。

② 参见高亚春、付韶军：《我国职业教育学生实习政策演变及现状调查研究》，载《中国职业技术教育》2016 年第 7 期。

③ 参见国务院《关于大力推进职业教育改革与发展的决定》；教育部、国家经贸委、劳动和社会保障部《关于进一步发挥行业、企业在职业教育和培训中作用的意见》；教育部、财政部《关于推进职业教育若干工作的意见》；教育部等七部门《关于进一步加强职业教育工作的若干意见》。

④ 企业员工，是指与企业形成了劳动关系的劳动者。

分培训任务，与培训机构签订合作协议，明确培训的方式、内容、期限、费用、双方责任等具体内容，保证学徒在企业工作的同时，到培训机构参加系统的、有针对性的专业知识学习和相关技能训练。培训机构与企业签订合作协议后，对学徒进行非全日制学籍注册，加强在校学习管理。

（二）学徒与企业之间关系的性质：我国的发展变化

在历史上，随着手工业的产生，学徒培训方式也就产生和存在了。计划经济时期，我国通过统一的劳动就业计划将劳动者分配至各个企业，按照国家计划分配来的劳动者成为该企业的正式工。在正式工之外，为了培养新生劳动力的技能，国家允许企业招用学徒，但是学徒不具有正式工的法律地位。此时的学徒和企业之间的关系被定位为“以招收和传艺为内容所建立的法律关系，用人单位与劳动者之间通过招收录用和传授劳动技艺的协商过程来明确各自的权利义务”，在这种培训法律关系中，“用人单位委派师傅在生产实践中进行劳动知识和技能的传授，对学徒进行技术指导，师徒是培训合同的履行者”，学徒与企业签订的学徒培训合同并不是劳动合同，学徒不是企业的正式工作人员。“学徒培训结束后，符合劳动条件的学徒将转为正式工人，与用人单位建立正式的劳动关系”①。根据当时的法律规定，学徒在学习期满以后，经过考试合格，才能够转为正式工人、职员。学徒期间的各种待遇与正式工人有很大区别，学徒在学习期间没有工资，而是由所在单位按月发给生活补贴，各单位适用于工人、职员的工资制度（包括计件工资制），都不适用于学徒。奖励制度和津贴办法，除了某些一次性奖励和属于劳动保护性质的待遇可以适当享受以外，其余待遇均不适用于学徒。学徒可以按照有关规定享受劳动保险待遇。企业与学徒签订学徒培训合同，合同双方要严格执行培训合同的约定。企业委派正式员工作为学徒培训中的师傅，师

① 关怀主编：《劳动法学》，法律出版社1996年版，第343页。

傅和学徒之间要签订师徒合同。①

自20世纪80年代以来，随着劳动用工制度的变化和我国职业教育的发展，企业自行招收学徒的培训方式逐渐式微。1992年，劳动部下发的《贯彻〈国务院关于大力发展职业技术教育的决定〉的通知》中提出要改革学徒培训，除了传统工艺和少数特殊工种继续实行学徒培训外，其他工种的培训要逐步改为招定向培训生，在企业进行操作训练，在职业技术学校、就业训练中心等培训机构进行专业技术理论学习和基本功训练。由于劳动合同制度的实行，企业与所招收的学徒之间同样要签订劳动合同，由此，学徒同样应当被视为企业的正式员工，并不因为“学徒地位”而有不同。②

在现代学徒制的制度设计中，学徒培训由企业承担主要职责，实行的是企业和学校的联合培养模式，将企业招工和职业学校招生统一，即“招工即招生、入企即入校、企校双师联合培养”，赋予学徒企业员工和职业学校学生的双重身份，在学徒与企业、学校与企业之间签订合同。现代学徒制度设计中的学徒地位既不同于传统学徒，特别是不同于计划经济时期对学徒的法律定位，也与经济体制改革后劳动合同制度下的学

① 参见国务院《关于国营、公私合营、合作经营、个体经营的企业和事业单位的学徒的学习期限和生活补贴的暂行规定》；国家劳动总局《关于加强和改进学徒培训工作的意见》。

② 最高人民法院《关于审理劳动争议案件适用法律若干问题的解释（二）》中仅将“个体工匠与帮工、学徒之间的纠纷”排除在劳动争议之外，并没有否定学徒的劳动者地位，也不意味着否定了企业与学徒之间的劳动关系。在司法案例中，企业和学徒之间的劳动关系认定与普通劳动者和企业之间的劳动关系认定标准一样，并不因学徒的身份有所区别。例如，在《北京金谷兴业汽车修理部业主刘某俊诉王某国劳动争议纠纷案》中，法院认为，“王某国到金谷修理部做学徒，一方面王某国为金谷修理部提供了劳动，另一方面金谷修理部为王某国提供了管吃管住等待遇，双方虽未签订劳动合同，但形成了实际上的劳动关系”。载中国司法案例网。

徒地位有区别。学徒的双重身份，是我国建立现代学徒制的核心内容之一。① 在现代学徒制下，学徒与企业之间通过“招工”形成了劳动关系；同时又通过学校招生，学徒与职业学校之间建立了学生和学校之间的教育管理关系；但是与普通职业学校学生毕业后就业不同，其是以“学徒培训”方式被招录，在进入学校成为学生的同时，具有企业员工的身份。现代学徒制由企业、学徒和职业学校之间的三个法律关系所构成：企业和学徒之间的劳动关系；职业学校和学徒之间的教育管理关系；企业和职业学校联合培养学徒的合作关系。从我国现行的法律规定内容分析，调整劳动关系的劳动法和调整教育（包括职业教育）管理关系的教育法都没有对这种新型的学徒培训方式作出明确规定，对于各个主体权利义务分配和权益保护存在不足。

（三）学徒的双重身份与法律调整

劳动法对学徒培训的关注在社会化大生产之后。因此，在劳动法视野中的学徒培训从一开始就涉及三方主体之间的两个法律关系：一是企业和学徒之间的关系；二是师傅（企业的正式员工）和学徒（徒弟）之间的关系。对于企业和学徒之间的关系，关注点为学徒是否具有劳动者地位，是否与企业之间形成劳动关系，从而产生劳动法是否适用、如何适用的问题。

1. 学徒的“学生”身份与劳动法的适用

现代学徒制的学徒与传统上由企业自行招收的学徒不同，现代学徒制的学徒不仅是企业招收的劳动者，与企业建立劳动关系，同时也是职业学校的在校学生。如何调整这种“联合培养”下的学徒与企业之间的法律关系，是劳动法亟须解决的问题。

劳动者身份的取得不仅意味着“劳动者与用人单位建立了劳动关

---

① 林宇：《落实双重身份 完善政策保障 加强现代学徒制试点工作动态管理》，载《中国职业技术教育》2017 年第 1 期。

系”，同时也是“启动劳动法律保护机制的钥匙”①。这也就是说，取得劳动者身份，与用人单位建立劳动关系，受到劳动法的调整；反之，则在劳动法的适用范围之外。学徒与企业关系的定位，首先遇到的就是学徒同时兼具的“学生身份”对其劳动者身份的影响。如前所述，在校学生并没有完全被排除在劳动关系之外，在特定情形下，其可以作为劳动者与用人单位建立劳动关系，但是职业学校学生与企业之间形成的此种“劳动关系”与学徒和企业形成的“劳动关系”不同，学徒并非“兼职”从事劳动，而是在成为职业学校学生的同时与企业签订劳动合同。作为职业学校学生的学徒，其与企业建立劳动关系是现代学徒制度本身的设计，学徒学生身份的取得基于企业和职业学校之间的合作关系，学徒的学徒身份和学生身份同时产生、同时存在。因此，从现行法律出发，显然无法通过这种对学生与企业之间能够形成劳动关系的解释，来处理现代学徒和企业之间的“劳动关系”。

学徒在企业从事劳动与职业学校学生的“顶岗实习”类似，都是为了完成学习（培训）任务在企业委派的师傅的带领下从事劳动。现行的法律规定认为，职业学校在校学生的实习是职业学校的实践性教学活动，因此，学生与企业之间的实习关系并不属于劳动关系的范畴，职业学校、企业（实习单位）和学生三方通过签订实习协议明确各方的权利义务和责任。② 对于职业学校的实习学生而言，虽然“劳动”过程有企业和职业学校的参与，但是在实习前，学生与企业之间没有任何关系，企业此时仅仅作为职业学校学生的实习单位出现，虽然企业和职业学校之间也有协议，但是该协议是企业作为职业学校在校学生实习单位的协议，并非企业和职业学校联合培养学徒的合作协议或企业委托职业学校培训学

---

① 周长征：《劳动法中的人——兼论“劳动者”原型的选择对劳动立法实施的影响》，载《现代法学》2012 年第 1 期。

② 《职业学校学生实习管理规定》在有关实习学生权利保护的条文中参照了《劳动法》的内容。

徒的“委托培训协议”。学徒虽然具有学生身份，但是其与企业之间签订了劳动合同，其在企业从事劳动不仅仅是“学生实习”，也是企业对学徒进行培训的途径和手段，如果将学徒与企业之间的关系等同于职业学校学生与企业的“实习关系”，显然有违现代学徒制设立的初衷。

2. 学徒和企业员工的差异：企业职业培训义务的履行

按照招生与招工一体化的制度设计，学徒不仅是职业学校的学生，同时也是企业的员工。虽然学徒与企业之间形成劳动关系，但显然，学徒与企业的普通员工地位并不完全一致，或者说，企业在招收学徒的时候即清楚其对学徒具有职业培训义务，学徒是其员工，同时是合作学校的学生。企业对学徒的培训与企业对普通员工的培训同样存在差异。现代学徒制的建立是基于政府推进的劳动者职业培训方式。企业虽然有培训劳动者的义务，但是该义务主要针对内部员工，法律并没有要求企业有培训新生劳动力的义务。作为追求利润的企业，其有着招用具有一定职业技能水平的劳动者的偏好。

劳动者享有接受职业培训的权利，具有劳动者身份的学徒当然也不例外。劳动者接受职业培训权利，是指劳动者享有的在准备就业和就业过程中，接受专门的职业技能教育的权利。劳动者接受职业培训的权利是公民受教育权的组成部分。虽然法律规定，企业有培训劳动者的义务，但企业并不是唯一的职业培训主体，劳动者接受职业培训权利的实现首先是政府的职责。①《职业教育法》规定，职业教育是国家教育事业的重要组成部分，政府（国家）负有促进职业教育发展和保护劳动者职业教育权利的职责。现代学徒培训制度是政府完成其对劳动者教育职责的途径，在政府主导下，通过企业和包括职业学校在内的培训机构的参与，保证劳动者接受职业培训权利的实现。

---

① 无论是从保护公民的受教育权角度，还是从促进就业、提高劳动者的就业能力角度，政府都具有不可推卸的责任。在《劳动法》《就业促进法》等相关法律中，已经明确了政府（国家）的职业培训职责。

从企业的角度分析，提高本企业员工的劳动技能，有利于企业的自身发展，因此，企业并不必然排斥履行职业培训义务，但是企业对员工的培训更多的是从企业发展角度的考虑，作为追求利润的企业，其更倾向于招用具有一定职业技能水平的劳动者。《劳动法》规定了包括企业在内的用人单位的职业培训义务，并且这一培训义务在《劳动合同法》和《就业促进法》中得到了进一步体现，但是这一法定义务并不必然包括在现代学徒制下企业招收并培训学徒的义务。企业对学徒进行的职业培训与企业对普通劳动者进行的职业培训不同。企业在招收学徒的时候就清楚地认识到，学徒是为学习职业技能而来，其不仅是本企业的“员工”，同时也是职业学校的学生。因此，企业对学徒的培训并不完全是企业履行其职业培训义务的内容，法律并没有明确规定企业必须培训新生劳动力的义务。按照现代学徒制的制度设计，企业招用现代学徒应当是企业分担政府职业教育促进就业职责的一个途径，类似于政府购买的社会服务。① 或者说，企业在政府的政策鼓励下招收学徒，并与其签订学徒培训合同，此时，企业基于合同的约定履行对学徒的培训义务，双方的权利义务来源于合同的约定，而不是基于学徒的“企业员工”身份。因此，企业对学徒的培训不同于企业对普通员工的培训，运用现行法律中关于企业与劳动者之间权利义务的规定调整企业和学徒之间的关系并不完全恰当。

---

① 政府购买社会服务，是指通过发挥市场机制作用，把政府直接向社会公众提供的一部分公共服务事项，按照一定的方式和程序，交由具备条件的社会力量承担，并由政府根据服务数量和质量向其支付费用。（参见国务院办公厅《关于政府向社会力量购买服务的指导意见》）对于公民的职业教育，属于政府的公共服务。政府通过提供财政补贴和其他经济鼓励措施，引导企业招收学徒，从而完成对青年劳动力的职业教育，从这一点分析，企业招收学徒相当于政府向企业购买了“职业教育”这一社会公共服务。

（四）学徒和企业之间关系性质的选择

1. 学徒与企业之间的关系：非劳动关系的可能性与合理性

对学徒与企业之间关系的定性可以有两种选择：一是确定为劳动关系，这也是我国现行学徒制法律规定中对学徒与企业之间关系的定性；① 二是确定为非劳动关系，即学徒与企业之间的关系虽然与劳动关系类似，但是并不属于劳动法所调整的劳动关系。如此，学徒与企业之间关系的性质确定就转化为学徒与企业之间是否形成劳动关系的问题。承认学徒与企业之间的关系是劳动法调整的劳动关系，学徒的权利受到《劳动法》的保护，企业给予学徒的待遇和企业员工的待遇等同。但是如果不考虑企业招用学徒与招用非学徒的普通员工之间的差异，很可能打击企业对学徒培训的积极性，甚至使这一培训模式无法更好地在社会上推行。而“非劳动关系”的性质使企业对学徒不再承担劳动法上的义务，学徒与企业之间的关系被强调主体地位平等的民法所调整，从而使学徒处于更加弱势的地位。循着这样一种非此即彼的思路来考察学徒与企业之间的关系并不能得到令人满意的答案。学徒具有劳动者身份，并不意味着学徒和企业之间就一定建立劳动关系；即使学徒与企业之间并不形成劳动关系，学徒仍然应当受到劳动法的调整。作为权利体系，劳动者权利中的基本权利应该为更为广泛的“劳动者群体”享有，而不应当仅仅局限于与企业形成劳动关系的劳动者。② 在国际劳工组织看来，“认为国际劳工标准仅为拥有明确劳动关系的正规经济部门的工人提供保护的看法是错误的，大部分国际劳工标准适用对象是工人（workers），而非法律上定义

---

① 2018 年人力资源社会保障部、财政部联合发布的《关于全面推行企业新型学徒制的意见》规定，学徒培训以与企业签订 1 年以上劳动合同的技能岗位新招用和转岗等人员为培训对象。

② 参见谢增毅：《我国劳动关系法律调整模式的转变》，载《中国社会科学》2017 年第 2 期。

范围更窄的雇员（employees）”①，现代学徒制下的学徒兼具学习者（learners）和工人（workers）的身份，应当受到相应国际劳工标准的保护。在英国和德国的法律中，都承认现代学徒的“劳动者”地位，但是并没有将雇主和学徒之间的关系定性为“劳动关系”，学徒的权利在一定程度上受到劳动法的保护，但与雇员又存在差别。②

按照我国现代学徒制的制度设计，学徒培训的对象为与企业签订1年以上劳动合同的技能岗位新招用和转岗等人员，这些人员本身与企业签订了劳动合同，是企业的员工；但同时，企业应当与学徒签订培养协议，明确培训目标、培训内容与期限、质量考核标准等内容。这也就是说，学徒和企业之间存在两个合同关系：劳动合同关系和学徒培养协议。由此也可以发现，在现有制度安排下，学徒和企业之间虽然存在劳动关系，签订劳动合同，但是这种劳动合同关系与非学徒的劳动者和企业之间的劳动合同关系应该存在差别。我国现代学徒制中的学徒与企业之间的关系可以定位为一种“准劳动关系”性质的“现代学徒培训关系”。作为“准劳动关系”，学徒的权益在一定程度上受到劳动法的保护；作为“学徒培训关系”，在法律适用上，虽然可以“参照”劳动合同，但是学徒与企业之间的关系在本质上不同于劳动合同，法律应当对其另行作出规定。

现代学徒制下，学徒具有劳动者的法律地位，其权益应当受到劳动法的保护；在培训过程中，学徒受到企业的管理，提供劳动，劳动成果归企业所有，符合成立劳动关系的基本特征，但是这种关系的形成仅仅是学徒在企业进行职业技能学习的载体。在根本上，现代学徒制的设立，

① 转引自班小辉著：《非典型劳动者权益保护研究》，法律出版社2016年版，第156—157页。

② 参见［英］史蒂芬·哈迪著，陈融译：《英国劳动法与劳资关系》，商务印书馆2012年版，第100页；［德］曼弗雷德·魏斯、马琳·施米特著，倪斐译：《德国劳动法与劳资关系》，商务印书馆2012年版，第71页。

是企业对政府（国家）职业教育职责的一种分担。现代学徒制虽然以传统的企业学徒培训为基础，但是其与企业自愿招收学徒进行培训有着本质的区别。作为提高劳动者职业技能、降低失业率的职业教育途径和就业促进措施，政府应当成为现代学徒制培训的组织者和实施者。在现代学徒制中，企业是政府职业培训职责的实际承担者。对于劳动者而言，其成为学徒，首要目的在于获得劳动技能，而不是获取一份工作，或者说获得工作仅仅是学徒培训的一个附带结果。在整体上，“准劳动关系”的学徒培训关系仍然适用劳动法；在具体的适用规则和适用范围上，需要法律作出明确规定。①

2. 现代学徒制下学徒培训关系的法律调整

从实行现代学徒制国家的立法经验来看，很多国家的法律均对现代学徒的权益保护作出了特别规定，一般包括要求学徒与雇主（企业）之间签订培训合同（apprenticeship contract）；承认学徒“具有特殊的劳动者地位”，既是“学习者”（learner）也是工人（workers）；劳动法中关于职业安全和卫生的劳动标准适用于学徒；学徒期限内，在学徒符合合同的学习要求的情况下，雇主不能单方提前解除合同，培训期结束后（培训合同期限届满），学徒和雇主均享有是否签订劳动合同的选择权等内容。②

（1）学徒的职业培训权和自由择业权。

成为学徒的基本和首要目的是学习职业技能，从这个前提出发，学徒培训合同本身是为在该企业获得职业培训的协议。根据合同的约定，学徒有获得职业培训的权利，相应的，企业应当负担起培训学徒的义务。法律应当对企业的培训者资格和培训标准作出规定，以保证学徒培训的

① 例如，在德国，雇主与学徒签订培训合同。该合同在本质上与劳动合同不同，但是在没有其他法律规定的情况下，适用劳动合同的法律规则和原则。

② Hilary Steedman, Overview of apprenticeship systems and issues: ILO contribution to the G20 task force on employment, November 2012.

效果。

为避免企业通过学徒培训长期使用“廉价”劳动力，损害学徒的权益，法律应当对学徒期限作出规定，保护学徒的自由择业权。在德国，学徒期结束后，“学徒可以留在受训企业工作，也可以离开该企业另谋职业，还可以参加高等教育机构的入学考试，进一步接受高等教育。”① 根据我国现代学徒制的制度设计，现代学徒培训合同期限（学徒期限）应当与职业学校的学制一致。在合同期限届满时，学徒和企业之间可以选择是否签订劳动合同。劳动合同应当建立在双方自愿的基础上，特别是企业不能擅自变相延长原来学徒合同的期限，或者强迫已经学习期满的学徒与本企业签订劳动合同，让学徒继续在本企业从事劳动。

（2）学徒的劳动报酬权。

由于学徒的“学习者”身份使得其劳动报酬“更像是一种津贴和企业对其劳动的补偿”②。但是，学徒在企业的培训过程中创造了劳动成果，该劳动成果为企业所享有，学徒应当有权获得劳动报酬。法律应当对学徒劳动报酬的最低标准作出规定，这种法定最低标准的确立不仅是对学徒劳动报酬的保护，也避免企业将学徒当做廉价的劳动力使用。③ 我国法律中的最低工资标准，适用于与用人单位形成劳动关系的劳动者，在法定工作时间或劳动合同约定的工作时间内，劳动者在提供了正常劳动的前提下，用人单位应当依法支付最低劳动报酬；从学徒的“劳动者”身份分析，其获得不低于当地最低工资标准的劳动报酬具有一定的合理

---

① 黄蘋、辜川毅：《德国现代学徒制的改革经验及对我国的启示》，载《云南行政学院学报》2016 年第 3 期。

② 李俊：《德国职业培训市场的分析——兼谈对我国现代学徒制建设的启示》，载《德国研究》2015 年第 4 期。

③ Key Elements of Quality Apprenticeships, G20 Task Force on Employment, September 27, 2012.

性，[①] 但是学徒同时具有"学生"身份，在其脱产学习期间是否仍然按照此种标准支付劳动报酬需要斟酌，本书认为，学徒的劳动报酬取得结合培训方案的具体情况确定更具有合理性。

（3）学徒的职业安全权和职业伤害待遇。

企业依法对劳动者负有劳动安全保护的义务，对学徒也不例外；对于在年龄上处于未成年工范围的学徒，未成年工保护的特殊规定同样对其适用。在英国，雇佣保护立法一般都适用于学徒，使用学徒的雇主，要在学徒合同持续期间为学徒提供工作中的安全保障。2006 年，英国上诉法院在 Flett v. Metheson 一案中肯定了在学徒培训合同期间雇主雇用学徒，负有提供工作和保障学徒职业安全的义务。[②] 德国《职业教育法》中也规定，在学徒期间，雇主确保学徒的身心不受损害。

对于职业学校学生在企业实习过程中发生的职业伤害，我国目前是通过商业责任保险来进行赔偿。学徒兼具职业学校学生和劳动者两种身份，其在企业从事劳动，不同于职业学校的实习，其直接与企业发生了"现代学徒培训关系"，不能简单按照职业学校学生实习中职业伤害的处理方式来处理学徒的职业伤害。从我国法律规定分析，工伤认定的前提条件是劳动者和企业之间存在劳动关系。如前所述，如果将"现代培训关系"定位为"准劳动关系"，学徒享受工伤保险待遇也将遇到法律障碍。本书认为，学徒在企业劳动过程中发生职业伤害与企业员工发生职业伤害本身并没有实质差异，只要符合《工伤保险条例》所规定的情形，应当享受工伤保险待遇，但是与企业员工不同，学徒的工伤保险待遇应

---

① 《企业新型学徒制试点工作方案》即要求企业根据现代学徒的实际工作贡献支付不低于当地最低工资标准的学徒基本工资。

② Stephen Hardy, Labour law in Great Britain, fifth edition, Wolters Kluwer, 2012, PP98-99.

当全部由工伤保险基金承担。①

二、劳务派遣用工模式下的劳动关系的法律调整

在《劳动合同法》起草过程中，劳务派遣是具有争议的一个重要内容，首要的争议是：是否要将劳务派遣写入《劳动合同法》。由于劳务派遣用工方式的乱象，支持写入的一方占有优势。在决定《劳动合同法》对劳务派遣应当给予规范之后，接下来的问题就是如何规范，是宽还是严。经过反复的修改，在征求各方意见的基础上，正式颁布的《劳动合同法》对劳务派遣作出了专门规定。但是劳务派遣作为一种用工方式，与用人单位直接招用人员不同，劳动合同仅仅是劳务派遣法律关系的一个组成部分，因此，《劳动合同法》对此规定是不足够的。在《劳动合同法》实施后的5年间，劳务派遣不仅没有像预想的那样得到规范，反而出现了越来越多的问题，对劳务派遣的法律规定进行修改成为了《劳动合同法》修订的主要议题，2012年《劳动合同法修正案》出台，对劳务派遣相关条文进行了大量修改，但是修订后的《劳动合同法》仍然保留了对劳务派遣进行规定的格局。作为补充，2013年人力资源和社会保障部先后颁布了《劳务派遣行政许可实施办法》和《劳务派遣暂行规定》，侧重从行政管理的角度对劳务派遣进行规定，从长远来看，全面完整的规范劳务派遣最好的做法，应当是对劳务派遣进行专门立法。

① 《工伤保险条例》规定，劳动者所享受的工伤保险待遇分别由企业和工伤保险基金承担，由于学徒与企业之间没有形成劳动关系，因此，企业负担的工伤待遇部分，学徒并不享有，如因工伤引起的劳动关系变化的各项待遇。学徒的工伤保险费应当由国家财政承担，具体途径可以通过对企业招收学徒的补贴支付或对工伤保险基金的财政支付。

（一）法律规定：在宽与严之间徘徊①

1. 从《劳动合同法（草案）》到《劳动合同法》

回顾《劳动合同法》的立法过程，可以更好地解读社会各界对劳务派遣的态度，从而厘清立法者态度的变化。经过很长时间的起草，《劳动合同法（草案）》于 2005 年 12 月第一次交由第十届全国人大常委会第十九次会议审议。该草案基于“为了解决在劳动力派遣用工形式下，实际用人单位不直接与劳动者订立劳动合同，派遣单位与接受单位借机相互推诿对劳动者的义务的问题”，对劳务派遣②规定了 4 条内容，内容包括劳动力派遣用工模式下劳动合同的条款，劳动合同期满后，用工单位和被派遣劳动者之间关系的定性处理，劳务派遣单位和用工单位的义务与法律责任。

2006 年 3 月全国人大常委会审议后的《劳动合同法（草案）》向社会公布，是为《劳动合同法（草案）》（征求意见稿）。在这一稿中，涉及劳务派遣的条文分散在劳动合同订立、劳动合同的解除和终止、法律责任等章节之中，仍然只有 4 个条文：在保留了《劳动合同法（草案）》规定内容的基础上，增加了劳务派遣单位的注册资本和备用金的要求。③同时第 12 条第 2 款、第 3 款规定：“劳动力派遣单位与劳动者订立的以劳动力派遣形式用工的劳动合同，除应当载明本法第十一条规定的事项

---

①　参见周宝妹著：《劳动就业法》，高等教育出版社 2017 年版，第 217—221 页。

②　参见田成平：《关于〈中华人民共和国劳动合同法（草案）〉的说明——2005 年 12 月 24 日在第十届全国人民代表大会常务委员会第十九次会议上》。在当时的草案中，劳务派遣还被称为“劳动力派遣”，相应的劳务派遣单位被称为“劳动力派遣单位”；用工单位被称为“接受单位”。

③　《劳动合同法（草案）》（征求意见稿）第 12 条第 1 款规定，以劳动力派遣形式用工的用人单位，注册资本不得少于 50 万元，并应当在省、自治区、直辖市人民政府劳动保障主管部门指定的银行账户中以每一名被派遣的劳动者不少于 5000 元为标准存入备用金。

外，还应当载明被派遣的劳动者的接受单位以及派遣期限、工作岗位等情况。劳动力派遣单位有责任督促接受单位执行国家劳动标准和劳动条件。劳动力派遣单位应当与接受单位订立劳动力派遣协议，约定对被派遣的劳动者的义务的分担方式，并将劳动力派遣协议的内容告知被派遣的劳动者。”《劳动合同法（草案）》（征求意见稿）中没有明确劳务派遣的适用范围，仅在第 40 条中规定，劳动者被派遣到接受单位工作满 1 年，接受单位继续使用该劳动者的，劳动力派遣单位与劳动者订立的劳动合同终止，由接受单位与劳动者订立劳动合同。接受单位不再使用该劳动者的，该劳动者所在岗位不得以劳动力派遣方式使用其他劳动者。在规定了劳务派遣单位行政责任的同时，规定了“劳动者权益在被派遣的工作岗位受到损害的，由劳动力派遣单位和接受单位承担连带赔偿责任”。

在继续征求了社会各界意见之后，立法者又对草案进行了修改，2006 年 12 月《劳动合同法（草案）》第二次提交全国人大常委会审议（以下简称《二审稿》）。在这次审议的草案中，劳务派遣被专门规定在第五章“特别规定”的第二节，名称也从劳动力派遣变为劳务派遣。与《劳动合同法（草案）》（征求意见稿）相比，《二审稿》发生了较大变化，基本具备了颁布后《劳动合同法》对劳务派遣规定的雏形。涉及劳务派遣的法律条文数量从 4 条增加到 12 条，显示出立法者不仅坚定了《劳动合同法》要对劳务派遣规范的决心，并且明确传达了对劳务派遣进行严格限制的信息。但是在具体规定上却又显示出立法者在宽严之间举棋不定。《二审稿》保留了对劳务派遣单位注册资本金的最低要求，但是取消了备用金制度的限制。① 明确劳务派遣单位为用人单位，并规定劳务派遣单位应当与被派遣劳动者订立2年以上的固定期限劳动合同，按月支付劳动报酬，在无工作期间不得低于当地最低工资标准支付劳动报酬。禁止连续短期派遣、再派遣和自我派遣。明确劳务派遣的适用范围为“临时性、辅助性或者替代性的工作岗位”。将劳务派遣单位与用工单位对劳动者的义务由协议约定的方式变为法定，② 并明确了被派遣劳动者的同工同酬、组织工会和依法解除劳动合同的权利。

修改后的《二审稿》于2007年4月第三次提交全国人大常委会审议（以下简称《三审稿》）。《三审稿》与《二审稿》相比，对劳务派遣规定的变化不大，依然保持了专门规定的方式，在法律条文数量和内容上没有实质性的变化，只是将表述更为严谨化。2007年6月，全国人大常委会对《劳动合同法（草案）》进行四审，在这一稿中，劳务派遣的适用范围规定为“一般在临时性、辅助性或者替代性的工作岗位上实施”。从条文内容分析，立法者的观点是，《劳动合同法》不仅要规定劳务派遣，并且还要尽量规定详细；对劳务派遣要给出限制，但是又考虑到实际情况比《劳动合同法（草案）》（征求意见稿）有所放松。在正式颁布的《劳动合同法》中劳务派遣的变化不大，值得注意的是删除了劳务

---

① 有意见认为，“备用金抬高了劳务派遣单位的门槛，但与保护劳动者权益并无直接关系，而且会产生将备用金转嫁到劳动者或者用工单位等问题，建议删去草案关于备用金的规定。”参见全国人大法律委员会副主任委员胡光宝：《全国人民代表大会法律委员会关于〈中华人民共和国劳动合同法（草案）〉修改情况的汇报——2006年12月24日在第十届全国人民代表大会常务委员会第二十五次会议上》。

② 《二审稿》第61条第1款规定：“接受以劳务派遣形式用工的单位应当履行下列义务：（一）执行国家劳动标准，提供相应的劳动条件和劳动保护；（二）告知被派遣劳动者的工作要求和劳动报酬；（三）支付加班费、绩效奖金，提供与工作岗位相关的福利待遇；（四）对在岗被派遣劳动者进行工作岗位所必需的培训；（五）连续用工的，实行正常的工资调整机制。”

派遣适用的“具体工作岗位由国务院劳动行政部门规定”的内容。

2. 从《劳动合同法》颁布到《劳动合同法》的修订

尽管《劳动合同法》希望通过对劳务派遣的严格规范，遏制我国劳务派遣的非法态势，但是事与愿违，2008 年《劳动合同法》实施后，劳务派遣的数量不仅没有减少，反而大量增加。① 根据全国总工会的调查，在《劳动合同法》实施后的 5 年中，劳务派遣不仅没有减少，反而有愈演愈烈之势，② 超范围派遣、超期派遣、劳动就业歧视等违法派遣情形大量存在，“劳务派遣用工制度的滥用不仅损害了劳动者的合法权益，也对常规的用工方式和劳动合同制度造成较大冲击。这些问题如不尽快解决，必然给和谐劳动关系和社会稳定带来负面影响”。“劳务派遣用工存在的突出问题主要有：一是劳务派遣单位过多过滥，经营不规范；二是许多用工单位长期大量使用被派遣劳动者，有的用工单位甚至把劳务派遣作为用工主渠道；三是被派遣劳动者的合法权益得不到有效保障，同工不同酬、不同保障待遇的问题比较突出，参与企业民主管理和参加工会组织等权利得不到很好落实，一些被派遣劳动者长期没有归属感，心理落差较大。”③

---

① 根据全国总工会测算，全国被派遣劳动者人数 2011 年达到约 3700 万人。而 2006 年根据全国总工会调查估算为 2500 万人。全总劳务派遣问题课题组：《当前我国劳务派遣用工现状调查》，载《中国劳动》2012 年第 5 期。

② 在国民经济行业的 20 个门类中，有 16 个存在使用劳务派遣工现象，其中有 11 个门类中超过 20% 的被调查企业使用劳务派遣工。在属于第三产业的金融业，水利、环境和公共设施管理业，信息传输、计算机服务和软件业，分别有高达 68.3%、66.7% 和 60.0% 的企业使用劳务派遣工，劳务派遣工占职工比例分别为 11.1%、6.4%、17.9%。参见全总劳务派遣问题课题组：《当前我国劳务派遣用工现状调查》，载《中国劳动》2012 年第 5 期。

③ 参见全国人大财政经济委员会副主任委员乌日图：《关于〈中华人民共和国劳动合同法修正案（草案）〉的说明——2012 年 6 月 26 日在第十一届全国人民代表大会常务委员会第二十七次会议上》。

2012 年 12 月全国人大常委会《关于修改〈中华人民共和国劳动合同法〉的决定》通过，对《劳动合同法》中涉及劳务派遣的条文进行了修改，主要集中在以下方面：（1）严格了劳务派遣单位设立的条件，不仅提高注册资本，还对经营场所、设施、管理制度等其他条件作出了规定，增加了行政许可的要求。①（2）对同工同酬作出了更为细致的规定，明确“用工单位应当按照同工同酬原则，对被派遣劳动者与本单位同类岗位的劳动者实行相同的劳动报酬分配办法”②。（3）明确了劳动合同用工是我国的企业基本用工形式，劳务派遣用工是补充形式，删除了临时性、辅助性或者替代性工作岗位之前的“一般”措辞，变更为“只能在临时性、辅助性或者替代性的工作岗位上实施”。并将“三性”进一步明确为“临时性工作岗位是指存续时间不超过六个月的岗位；辅助性工作岗位是指为主营业务岗位提供服务的非主营业务岗位；替代性工作岗位是指用工单位的劳动者因脱产学习、休假等原因无法工作的一定期间内，可以由其他劳动者替代工作的岗位。”并规定了限制劳务派遣用工的数

① 2012 年《劳动合同法》第 57 条规定：“经营劳务派遣业务应当具备下列条件：（一）注册资本不得少于人民币二百万元；（二）有与开展业务相适应的固定的经营场所和设施；（三）有符合法律、行政法规规定的劳务派遣管理制度；（四）法律、行政法规规定的其他条件。经营劳务派遣业务，应当向劳动行政部门依法申请行政许可；经许可的，依法办理相应的公司登记。未经许可，任何单位和个人不得经营劳务派遣业务。”

② 2012 年《劳动合同法》第 63 条规定：“被派遣劳动者享有与用工单位的劳动者同工同酬的权利。用工单位应当按照同工同酬原则，对被派遣劳动者与本单位同类岗位的劳动者实行相同的劳动报酬分配办法。用工单位无同类岗位劳动者的，参照用工单位所在地相同或者相近岗位劳动者的劳动报酬确定。劳务派遣单位与被派遣劳动者订立的劳动合同和与用工单位订立的劳务派遣协议，载明或者约定的向被派遣劳动者支付的劳动报酬应当符合前款规定。”

量，加大了违法的处罚力度。①

（二）许可制：政府的管理

1. 行政许可制的建立

2012年修订的《劳动合同法》第57条第2款规定："经营劳务派遣业务，应当向劳动行政部门依法申请行政许可；经许可的，依法办理相应的公司登记。未经许可，任何单位和个人不得经营劳务派遣业务。"2013年人力资源和社会保障部发布《劳务派遣行政许可实施办法》，对劳务派遣的行政许可制度作出了详细规定。

根据《劳务派遣行政许可实施办法》的规定，人力资源社会保障部负责对全国的劳务派遣行政许可工作进行监督指导。县级以上地方人力资源社会保障行政部门按照省、自治区、直辖市人力资源社会保障行政部门确定的许可管辖分工，负责实施本行政区域内劳务派遣行政许可工作以及相关的监督检查。经营劳务派遣业务，应当向所在地有许可管辖权的人力资源社会保障行政部门依法申请行政许可。未经许可，任何单位和个人不得经营劳务派遣业务。

（1）行政许可的申请和批准。

根据《劳动合同法》和《劳务派遣行政许可实施办法》的规定，申请经营劳务派遣业务应当具备以下条件：①注册资本不得少于人民币200万元；②有与开展业务相适应的固定的经营场所和设施；③有符合法律、行政法规规定的劳务派遣管理制度；④法律、行政法规规定的其他条件。

---

① 《劳动合同法》第92条规定："违反本法规定，未经许可，擅自经营劳务派遣业务的，由劳动行政部门责令停止违法行为，没收违法所得，并处违法所得一倍以上五倍以下的罚款；没有违法所得的，可以处五万元以下的罚款。劳务派遣单位、用工单位违反本法有关劳务派遣规定的，由劳动行政部门责令限期改正；逾期不改正的，以每人五千元以上一万元以下的标准处以罚款，对劳务派遣单位，吊销其劳务派遣业务经营许可证。用工单位给被派遣劳动者造成损害的，劳务派遣单位与用工单位承担连带赔偿责任。"

申请经营劳务派遣业务的申请人，应当依法向许可机关提交申请材料。① 在申请人提交了申请材料之后，许可机关首先对申请材料进行审核，在材料齐全正确的情况下，② 许可机关对申请人提出的申请决定受理的，应当出具受理决定书；决定不予受理的，应当出具不予受理决定书，说明不予受理的理由，并告知申请人享有依法申请行政复议或者提起行政诉讼的权利。许可机关决定受理申请的，应当对申请人提交的申请材料进行审查。根据法定条件和程序，需要对申请材料的实质内容进行核实的，许可机关应当指派 2 名以上工作人员进行核查。许可机关应当自受理之日起 20 个工作日内作出是否准予行政许可的决定。20 个工作日内不能作出决定的，经本行政机关负责人批准，可以延长 10 个工作日，并应当将延长期限的理由告知申请人。申请人的申请符合法定条件的，许可机关应当依法作出准予行政许可的书面决定，并自作出决定之日起 5 个工作日内通知申请人领取劳务派遣经营许可证。

---

① 根据《劳务派遣行政许可实施办法》第 8 条的规定，符合条件的申请经营劳务派遣业务的申请人应当依法提交以下申请材料：（1）劳务派遣经营许可申请书；（2）营业执照或者企业名称预先核准通知书；（3）公司章程以及验资机构出具的验资报告或者财务审计报告；（4）经营场所的使用证明以及与开展业务相适应的办公设施设备、信息管理系统等清单；（5）法定代表人的身份证明；（6）劳务派遣管理制度，包括劳动合同、劳动报酬、社会保险、工作时间、休息休假、劳动纪律等与劳动者切身利益相关的规章制度文本；拟与用工单位签订的劳务派遣协议样本。

② 《劳务派遣行政许可实施办法》第 9 条规定，许可机关收到申请材料后，应当根据下列情况分别作出处理：（1）申请材料存在可以当场更正的错误的，应当允许申请人当场更正；（2）申请材料不齐全或者不符合法定形式的，应当当场或者在 5 个工作日内一次告知申请人需要补正的全部内容，逾期不告知的，自收到申请材料之日起即为受理；（3）申请材料齐全、符合法定形式，或者申请人按照要求提交了全部补正申请材料的，应当受理行政许可申请。

（2）许可机关的监督检查。

在申领了劳务派遣经营许可证并经营劳务派遣业务之后，劳务派遣单位应当于每年3月31日前向许可机关提交上一年度劳务派遣经营情况报告，如实报告下列事项：①经营情况以及上年度财务审计报告；②被派遣劳动者人数以及订立劳动合同、参加工会的情况；③向被派遣劳动者支付劳动报酬的情况；④被派遣劳动者参加社会保险、缴纳社会保险费的情况；⑤被派遣劳动者派往的用工单位、派遣数量、派遣期限、用工岗位的情况；⑥与用工单位订立的劳务派遣协议情况以及用工单位履行法定义务的情况；⑦设立子公司、分公司等情况。劳务派遣单位设立的子公司或者分公司，应当向办理许可或者备案手续的人力资源社会保障行政部门提交上一年度劳务派遣经营情况报告。许可机关应当对劳务派遣单位提交的年度经营情况报告进行核验，依法对劳务派遣单位进行监督，并将核验结果和监督情况载入企业信用记录。

有下列情形之一的，许可机关或者其上级行政机关，可以撤销劳务派遣行政许可：①许可机关工作人员滥用职权、玩忽职守，给不符合条件的申请人发放劳务派遣经营许可证的；②超越法定职权发放劳务派遣经营许可证的；③违反法定程序发放劳务派遣经营许可证的；④依法可以撤销行政许可的其他情形。

有下列情形之一的，许可机关应当依法办理劳务派遣行政许可注销手续：①劳务派遣经营许可证有效期届满，劳务派遣单位未申请延续的，或者延续申请未被批准的；②劳务派遣单位依法终止的；③劳务派遣行政许可依法被撤销，或者劳务派遣经营许可证依法被吊销的；④法律、法规规定的应当注销行政许可的其他情形。

（3）法律责任。

《劳务派遣行政许可实施办法》对涉及劳务派遣的法律责任作出了规定，包括许可机关及其工作人员的法律责任、劳务派遣单位的法律责任及其他单位和个人违法的法律责任，具体包括：①对于许可机关及其工作人员违法发放劳务派遣经营许可证或监管不力的，由其上级行政机关或者监察机关责令改正，对直接负责的主管人员和其他直接责任人员依法给予处分；构成犯罪的，依法追究刑事责任。许可机关违法实施行政许可，给当事人的合法权益造成损害的，应当依照《中华人民共和国国家赔偿法》的规定给予赔偿。②劳务派遣单位违法派遣用工或违法取得劳务派遣经营许可证的，由人力资源社会保障行政部门分别处于责令限期改正、罚款或吊销劳务派遣经营许可证。③任何单位或个人未经许可擅自经营劳务派遣业务的，由人力资源社会保障行政部门责令停止违法行为，没收违法所得和罚款。

2. 行政许可制的完善

经营劳务派遣业务是否要经过行政许可的问题，早在《劳动合同法》的起草过程中就有过争论。在 2007 年通过的《劳动合同法》中没有对许可制度作出规定，立法者给出的解释是“从目前我国的实际情况看，行政管理体制正在改革，减少行政许可是行政管理体制改革的一项基本内容，行政许可法对设立行政许可也规定了基本的原则。对劳务派遣公司的设立实行行政许可并不能解决劳务派遣中存在的问题，劳务派遣这种形式就有可能产生对劳动者保护缺位的问题，法律应主要是解决劳务派遣中三方关系的问题，设立前置许可对于规范劳务派遣治标不治本，实践中劳动保障部门也难以对其展开有效的监管，同时又会引发其他的问题。”① 对于《劳动合同法》没有采用行政许可制，很多学者给出了批评。有学者认为，在对劳务派遣的规范上，《劳动合同法》基本是不成功的，在监管问题上“取消了行政许可制度”，因此，“直接导致了劳务派遣的大发展”，“在派遣单位的设立方面，劳动合同法仅规定派遣单位依据《公司法》设立，只需到工商部门办理执照，而无须经过劳动主管部门的审批。对于劳务派遣单位的发起人资格、公司的设立程序，本法未作规范。在失去审批制这样一个有效监管的手段后，只剩下备案制的方

① 《中华人民共和国劳动合同法》起草小组编写：《中华人民共和国劳动合同法释义》，中国市场出版社 2007 年版，第 181—182 页。

法了。这样的话，对劳务派遣简直就是一种放任自流。”① 减少行政许可应当是对不必要的行政许可的减少和取消，而不是取消行政许可，对该设立行政许可的事项还是应当设立。保护劳动者的合法权益，是劳动保障行政部门的主要职责，在劳务派遣公司设立之初就给予必要的审查和监管是必要的，从规范管理的角度，对于劳务派遣单位实行许可证制度具有合理性。2012 年修订后的《劳动合同法》重新采纳了许可制，就严格规范劳务派遣单位的设立，进而使劳务派遣用工方式依法存在具有积极意义，但是也必须警惕行政许可制可能带来的消极影响。

劳务派遣单位的行政许可制为国际劳工标准所确定。1997 年国际劳工组织通过的《私营职业介绍所公约》中对包括经营劳务派遣业务在内的所有私营职业介绍所明确规定：“成员国须根据发放执照或证书制度，确定管理私营职业介绍所操作的条件。”在我国的立法实践中，职业中介机构的设立是需要行政许可的。② 反对行政许可的意见中，最主要的理由是担心行政许可可能带来的权力寻租等消极影响。例如，有学者认为，设立行政许可制度的不足“更为关键的是管制难免会带来寻租、腐败等种种成本，增加执法的风险。劳务派遣实际上是市场主体基于趋利避害的一种市场选择，政府通过设置行政许可来干预市场行为，不一定有好效果。而且，搞行政许可提高市场准入门槛，但同时也可能排斥更多本来可以正常参与市场竞争的其他市场主体，还有可能造成某几家大型劳务派遣公司‘一股独大’，这样无论对劳动者争取自身利益还是对劳务派

① 乔健：《弹性安全与劳务派遣法律规制的困境》，载《中国工人》2010 年第 5 期。

② 《就业促进法》第 40 条规定，设立职业中介机构，应当依法申请行政许可，未经依法许可和登记的机构，不得从事职业中介活动。《人力资源市场暂行条例》第 18 条第 3 款规定，经营性人力资源服务机构从事劳务派遣业务的，执行国家有关劳务派遣的规定。

遣市场的良性发展，都是有害无利的。”① “加强强制性的行政管制，还体现为对设立劳务派遣机构增设事前的行政许可，并提高设立所需的标准。”而强化行政管制这一思维定势“在针对劳务派遣的立法中，劳动立法的思维定势掩盖了诸多悖理的实际情形。”②

如果将劳务派遣需要行政许可的命题变更为劳务派遣需要监管，就可能会获得更多的赞同，意见也会更为统一。既然对劳务派遣要进行监管能够形成共识，接下来的问题就是如何进行监管。行政许可无疑是一个可供选择的监管方式。行政许可作为事前的监管方式，对于避免劳务派遣“皮包”公司的出现具有重要意义，并且由于有许可的程序，使得潜在的劳务派遣单位的设立者对设立本身能够进行更充分的准备。就我国当前的劳务派遣规范而言，加强行政监管，设立行政许可制度有其正当理由。当然公权力的介入本身就存在公权力滥用的可能性。避免公权力的滥用不能简单归结为“公权力”不用。因此，目前需要解决的问题是如何加强劳务派遣许可机构的执法能力和对其的监督上。就这一点而言，目前的法律规定和劳动行政执法的现状都的确存在着不足。

2012 年修订后的《劳动合同法》规定，对于许可机关及其工作人员违法发放劳务派遣经营许可证或监管不力的，由其上级行政机关或者监察机关责令改正，对直接负责的主管人员和其他直接责任人员依法给予处分；构成犯罪的，依法追究刑事责任。许可机关违法实施行政许可，给当事人的合法权益造成损害的，应当依照《中华人民共和国国家赔偿法》的规定给予赔偿。以上规定中没有明确“当事人”的具体范围，特别是该范围是否包括被派遣劳动者并不清楚。

根据现行的法律规定，许可机关违法实施行政许可，给从事劳务派

① 刘慧勇：《劳务派遣的“治标”与“治本”——析 2012 年〈劳动合同法修正案〉的隐忧》，载《中国劳动关系学院学报》2013 年第 3 期。

② 董保华：《劳务派遣制度：从旧法到新法》，载《上海法治报》2013 年 5 月 15 日。

遣业务的公司发放了劳务派遣经营许可证，公司据此开展劳务派遣业务，招用被派遣劳动者，并将其派遣到用工单位从事劳动。但是派遣业务的开展是建立在公司不能依法取得行政许可的前提下，而劳务派遣公司是被派遣劳动者的用人单位，这一情况会影响到双方的劳动合同。行政许可是法律的强制性规定，由此会导致两者之间劳动合同关系无效。被派遣劳动者由此产生的损失，作为用人单位的劳务派遣公司应当给予劳动者赔偿。但是造成劳动者这一损失的不仅是用人单位，也与行政许可机关的过错有关，被派遣劳动者对此是否有权依法申请国家赔偿，法律需要给出回应。

（三）劳务派遣用工模式下劳动关系的特殊性

1. 劳务派遣单位和被派遣劳动者之间的法定劳动合同关系

劳务派遣用工模式下的劳动关系与传统意义上的劳动关系存在很大差别。传统的劳动关系中，劳动者与一个用人单位建立劳动关系，签订劳动合同，并在该用人单位的指挥下利用其提供的劳动场所和生产资料进行劳动，劳动成果归属该用人单位，劳动者根据自己的劳动成果从该用人单位领取工资报酬，并由该用人单位保护劳动者在劳动过程中的生命安全和身体健康。劳务派遣用工模式下存在着三方主体，即劳务派遣单位、用工单位和被派遣劳动者。被派遣劳动者与劳务派遣单位之间建立劳动关系，签订劳动合同，劳务派遣单位成为名义上的用人单位，但是被派遣劳动者并不在该劳务派遣单位从事劳动，而是被派遣到另一个用人单位，即用工单位从事劳动，出现了所谓的“有关系无劳动，有劳动无关系”的情况。根据《劳动合同法》的规定，劳务派遣单位与被派遣劳动者之间形成劳动合同关系，劳务派遣单位是法律规定的用人单位，用工单位成为实际指挥被派遣劳动者从事劳动的单位，法律对传统劳动法律关系中用人单位的权利和义务在劳务派遣单位和用工单位之间进行了分配。

劳务派遣单位和被派遣劳动者之间的劳动合同关系是法定化的劳动

合同关系，该劳动合同关系与传统的劳动合同关系比较，缺少实际意义上劳动合同的内容。根据《劳动合同法》的规定，劳务派遣单位与被派遣劳动者订立的劳动合同中不仅“应当载明本法第十七条规定的事项”(即劳动合同的必备条款)，还“应当载明被派遣劳动者的用工单位以及派遣期限、工作岗位等情况”。这项规定表明，该劳动合同所涉及的内容已经不完全是劳务派遣单位与被派遣劳动者两者之间的权利义务关系，还包括了用工单位的情况，用工单位是“实际的用人单位”，《劳动合同法》将劳动合同关系限定在劳务派遣单位和被派遣劳动者之间，明确了劳务派遣单位为被派遣劳动者的“法定用人单位”。因此，法律意义上的劳动合同关系存在于劳务派遣单位和被派遣劳动者之间，而实际上被派遣劳动者并不在该派遣单位劳动。劳务派遣单位与被派遣劳动者之间的劳动合同关系是一种被法定化的劳动合同关系，避免处理各种劳动力资源管理的成本支出和烦琐事务是用工单位寻求劳务派遣用工方式的重要内在驱动力，也是这种用工方式产生的重要原因，如果将劳动合同关系设立在用工单位与被派遣劳动者之间，显然在实际上是行不通的，在与被派遣劳动者产生关系的两个“用人单位”之间，劳务派遣单位成为“用人单位”无可替代的选择。法律将劳务派遣单位规定为被派遣劳动者的“用人单位”，但是劳务派遣单位这一用人单位又存在“先天缺陷”，由于被派遣劳动者并不在劳务派遣单位从事劳动，劳务派遣单位并不具备全部用人单位的特征，“用人单位”的权利其无法全部享有，“用人单位”的义务亦无法全部实际履行。由于被派遣劳动者实际在用工单位从事劳动，用工单位具有实际的“用工权”，被派遣劳动者实际处于用工单位的直接管理之下，在用工单位提供的劳动环境中从事劳动，并根据劳动情况取得劳动报酬，核心层面上的“劳动合同”内容其实是在用工单位与被派遣劳动者之间完成的，因此，用工单位在很多情况下分担了用人单位（劳务派遣公司）的权利和义务，这一部分权利和义务主要来源于法律规定。

2. 用人单位权利义务的分配

用人单位，是指具有用工资格，享有用工权利，履行用工义务的社会组织。对于劳务派遣单位是否用人单位，不同国家的立法有不同的观点，但是大部分将其作为用人单位进行规定。“不论是新的还是略早一些的立法，都将雇主（提供方）认定为雇用劳动者的个人或企业，将使用方认定为使用所提供劳动力服务的个人——尽管在一些国家中有所不同。”① 在德国，“依德国劳工派遣法立法者之意思，派遣劳工与派遣人间之劳动契约应系不定期契约。劳工在此劳动关系范围之内，负有为随时可能不断更换之第三方工作，且服从其指示而工作的义务”②。既然承认劳务派遣单位与被派遣劳动者之间存在劳动契约关系，那么，劳务派遣单位也就具有了用人单位的法律地位。按照《劳动合同法》的规定，劳务派遣单位具有用人单位的地位，劳务派遣单位和被派遣劳动者签订劳动合同。但是作为劳务派遣单位的用人单位与传统的用人单位又存在着差别。“虽然派遣机构与派遣劳工之间所签订的派遣契约与传统的劳动契约极为相似，但两者之间仍有不同。在传统的劳动契约中，劳工给付劳务之对象系与其签订劳动契约之事业单位，但在‘派遣契约’中，劳工给付劳务的对象并非与其签订派遣契约之派遣机构，而是另一事业单位（即要派机构）。”③ “派遣单位为名义雇主、招工雇主，用工单位为实际雇主、用工雇主。一个完整的劳动关系也相应分为两个不完整而又相互联系的层次，劳动者与派遣单位之间有劳动合同而无劳动，这是形式上的劳动关系，其内容中没有劳动力与生产资料的结合，为人力资源管理（非生产性）的劳动权利义务；劳动者与用工单位之间无劳动合同而

① 《2006年国际劳工大会 第95届会议——报告五（1）——雇佣关系》。

② 黄程贯：《德国劳工派遣关系之法律结构》，载台湾《政大法学评论》1998年第60期。

③ 郑津津：《派遣劳动之法律关系与相关法律问题之研究》，载台湾《中正大学法学集刊》1999年第2期。

有劳动关系，这是实质上的劳动关系，以劳动力与生产资料的结合，亦即劳动过程管理（生产性）的劳动权利义务为内容。”①

传统的用人单位的职能在劳务派遣法律关系中被劳务派遣单位和用工单位所分担，这种分担可以是法律作出规定，也可以由劳务派遣单位和用工单位在劳务派遣协议中进行约定，当然这种约定不能违反法律的规定和增加被派遣劳动者的实际负担为限。《劳动合同法》对劳务派遣单位和用工单位的义务进行了分配。根据该法规定，劳务派遣单位作为用人单位需要履行的法律义务有：（1）按时足额支付劳动报酬。劳务派遣单位应当向被派遣劳动者按月支付劳动报酬，被派遣劳动者在无工作期间，劳务派遣单位应当按照所在地人民政府规定的最低工资标准，向其按月支付报酬。劳务派遣单位不得克扣用工单位按照劳务派遣协议支付给被派遣劳动者的劳动报酬。（2）告知义务。劳务派遣单位应当将劳务派遣协议的内容告知被派遣劳动者。（3）劳务派遣单位不得向被派遣劳动者收取费用。用工单位的法定义务包括：（1）执行国家劳动标准，提供相应的劳动条件和劳动保护；（2）告知被派遣劳动者的工作要求和劳动报酬；（3）支付加班费、绩效奖金，提供与工作岗位相关的福利待遇；（4）对在岗被派遣劳动者进行工作岗位所必需的培训；（5）连续用工的，实行正常的工资调整机制；（6）不得向被派遣劳动者收取费用；（7）不得将被派遣劳动者再派遣到其他用人单位。从以上法律规定内容来看，传统意义上用人单位的义务大部分被分配给了用工单位。根据权利义务相适应原则，虽然法律并没有明确用人单位的权利在劳务派遣单位和用工单位之间的分配，但是在派遣协议中，协议双方可以进行约定。《劳动合同法》也并不能够对劳务派遣作出更为详细的规定，在现行情况下，包括权利义务的具体分配等大量内容可能需要双方进行协商，在派遣协议中进行约定。

---

① 王全兴著：《劳动法（第四版）》，法律出版社 2017 年版，第 234 页。

3. 劳务派遣中的连带赔偿责任解析

根据《侵权责任法》的规定，在劳务派遣期间，被派遣的工作人员因执行工作任务造成他人损害的，由接受劳务派遣的用工单位承担侵权责任；劳务派遣单位有过错的，承担相应的补充责任。《侵权责任法》中这一法律责任的规定是对于劳务派遣法律关系之外的受害人的侵权责任。有关被派遣劳动者权益遭受损害时，劳务派遣单位和用工单位之间的责任划分，《侵权责任法》并没有涉及。对于被派遣劳动者而言，如果其合法权益被侵犯，作为法定的用人单位，劳务派遣单位应当承担法律责任，但是被派遣劳动者是在用工单位的直接指挥之下进行劳动，劳动者是否有权请求劳务派遣单位和用工单位承当连带责任？在民法中，共同行为人承担连带责任是共同侵权行为的法律后果，这种侵权连带责任，是指受害人有权向共同侵权人或共同危险行为人中的任何一个人或数个人请求赔偿全部损失，而任何一个共同侵权人或共同危险行为人都有义务向受害人负全部赔偿责任；共同加害人中的一人或数人已全部赔偿了受害人的损失，则免除其他共同加害人向受害人应负的赔偿责任。① 在劳务派遣法律关系内部同样有可能发生共同侵权行为。劳务派遣领域的共同侵权行为，是指劳动派遣中任意两个主体对另一主体发生的共同侵权行为，包括劳务派遣和用工单位对被派遣劳动者的共同侵权行为、劳务派遣单位和被派遣劳动者对用工单位的共同侵权行为和用工单位和被派遣劳动者对用工单位的共同侵权行为。既然有共同侵权行为的存在，在劳务派遣领域也就有发生连带责任的可能性。但是被派遣劳动者的权益被侵犯是否为劳务派遣单位和用工单位的共同侵权行为造成，则需要进一步分析。劳务派遣单位和被派遣劳动者之间签订劳动合同，在两者之间的关系中，被派遣劳动者权益被侵犯，由此产生的法律责任更多的体现为劳务派遣单位的违约责任；用工单位和被派遣劳动者之间没有合同关

① 王利明、杨立新、王轶、程啸著：《民法学（第四版）》，法律出版社 2015 年版，第 813—814 页。

系，两者之间用工关系建立在劳务派遣单位和被派遣劳动者之间的劳动合同关系和劳务派遣单位和用工单位之间的派遣协议这两个合同的基础之上，以及法律的直接规定，用工单位给被派遣劳动者造成损害，是侵权责任。根据《侵权责任法》的规定，并非只有共同侵权行为才承担连带责任，除了共同侵权行为之外，法律规定应当承担连带责任的，也应当承担连带责任，而《侵权责任法》所规定的法定连带责任中并不包括劳务派遣单位和用工单位对被派遣劳动者的法定连带责任。①

劳务派遣单位和用工单位的连带赔偿责任分别在《劳动合同法》和《劳动合同法实施条例》中作出了规定。2007 年《劳动合同法》第 92 条规定，“劳务派遣单位违反本法规定……给被派遣劳动者造成损害的，劳务派遣单位与用工单位承担连带赔偿责任。”《劳动合同法实施条例》第 35 条规定，“用工单位违反劳动合同法和本条例有关劳务派遣规定……给被派遣劳动者造成损害的，劳务派遣单位和用工单位承担连带赔偿责任。”仔细阅读这两条规定，会发现其都是“法定的连带责任”，即在法条中并不要求劳务派遣单位和用工单位有共同的侵权存在。显然这种规定与《侵权责任法》中对连带责任的规定和连带责任的法学理论截然不同，可以称其为“法定的连带责任”，即法律要求的连带责任，而不论是否有共同侵权。因此，根据 2007 年《劳动合同法》和《劳动合同法实施条例》的规定，劳务派遣单位给被派遣劳动者造成损害的，用工单位应当承担连带责任，被派遣劳动者可以依法直接向用工单位请求连带赔偿责任；反之，如果用工单位给被派遣劳动者造成损害的，被派遣劳动者

---

① 《侵权责任法》在共同侵权行为的连带责任之外规定的法定连带责任适用范围包括：（1）教唆、帮助人的连带责任；（2）共同危险行为人的连带责任；（3）网络服务者经提示而未采取必要措施的连带责任；（4）网络服务者明知侵权内容未采取必要措施的连带责任；（5）非法买卖拼装或者报废机动车的连带责任；（6）遗失、抛弃高度危险物的连带责任；（7）非法占有高度危险物的连带责任。

也可以要求派遣单位承担连带责任。

2012年《劳动合同法》将“劳务派遣单位违反本法规定”，“给被派遣劳动者造成损害的，劳务派遣单位与用工单位承担连带赔偿责任”修改为“用工单位给被派遣劳动者造成损害的，劳务派遣单位与用工单位承担连带赔偿责任”，即与《劳动合同法实施条例》的规定相同。从现行法律规定来看，在用工单位造成损害的情形下，作为用人单位的劳务派遣单位并不能置身事外。① 虽然损害是用工单位造成的，但是劳务派遣单位是法定用人单位，要求二者承担连带赔偿责任具有合理性。根据现行规定，劳务派遣单位给被派遣劳动者造成损害，则被派遣劳动者应当依照劳动合同向作为用人单位的劳务派遣单位追究法律责任，此时用工单位并不承担连带责任。

《劳动合同法》中规定的连带赔偿责任是“用工单位给被派遣劳动者造成损害的”，劳务派遣单位和用工单位对被派遣劳动者承担连带赔偿责任，该赔偿责任由法律直接规定，而并没有以劳务派遣单位和用工单位存在共同侵权行为为条件。既然是用工单位给被派遣劳动者造成损害，那么，侵权人为用工单位，从侵权责任法的理论出发，不存在劳务派遣单位和用工单位的共同侵权，则劳务派遣单位和用工单位之间不存在承担连带责任的法理基础。此时要求劳务派遣单位与用工单位承担连带赔偿责任的依据何在？劳务派遣是由劳务派遣单位招用劳动者，并把劳动者派到用工单位从事劳动的一种灵活用工方式。根据我国《劳动合同法》的规定，劳务派遣单位为用人单位，其与劳动者之间形成劳动关系，签

① 《劳动争议调解仲裁法》中规定，“劳务派遣单位或者用工单位与劳动者发生劳动争议的，劳务派遣单位和用工单位为共同当事人”。虽然不能将诉讼法中的“共同当事人”和实体法中的“连带赔偿责任”画等号，而具有共同诉讼标的产生共同诉讼，才能产生诉讼的“共同当事人”。从共同诉讼的当事人对诉讼标的有共同的权利义务这一点分析，也可以发现两者之间存在连带责任的可能性。

订劳动合同；劳务派遣单位与用工单位之间签订劳务派遣协议，根据劳动合同和劳务派遣协议的约定，被派遣劳动者到用工单位从事工作，用工单位承担法定的义务。如果被派遣劳动者的权益受到损害，被派遣劳动者可以请求加害方承担法律责任。然而，加害一方可能是劳务派遣单位，也可能是用工单位，由于劳务派遣的社会实践中，在被派遣劳动者的权益受到损害的情形下，劳务派遣单位和用工单位之间经常相互推脱责任，导致被派遣劳动者维权困难，因此，《劳动合同法》将劳务派遣单位和被派遣劳动者的关系定性为劳动合同关系，劳务派遣单位是法定的用人单位。既然劳务派遣单位是法定的用人单位，其应当对被派遣劳动者承担用人单位的法律责任，即使是用工单位造成的损害，基于劳务派遣单位是法定用人单位的规定，被派遣劳动者也可以直接要求劳务派遣单位承担法律责任。因此，法律选择由劳务派遣单位与用工单位承担连带赔偿责任具有积极意义。① 在劳务派遣领域中设立连带赔偿责任制度，主要是为了避免劳务派遣单位和用工单位之间相互推诿导致被派遣劳动

① 有学者将其归结为法定的单方连带责任（参见石娟、黎建飞：《劳务派遣的雇主连带责任研究》，载《河南财经政法大学学报》2013 年第 6 期）。此处的单方连带责任不同于《侵权责任法》中的单向连带责任。单向连带责任是连带责任中的一个特殊类型，是指在连带责任中，被侵权人有权向承担侵权责任的责任人主张承担全部赔偿责任并由其向其他责任人追偿，不能向只承担相应的赔偿责任的责任人主张承担全部责任并向其他连带责任人追偿的特殊连带责任形态。简言之，单向连带责任就是在连带责任人中，有的责任人承担连带责任，有的责任人只承担按份责任的特殊连带责任形式。单向连带责任中的连带责任人就全部赔偿责任承担责任，如果被侵权人起诉其承担全部责任，连带责任人有义务承担全部赔偿责任，其中不属于他的份额的部分，为中间责任。单向连带责任中的按份责任人只承担按照份额确定的最终责任，不承担中间责任。承担了中间责任的连带责任人有权向没有承担最终责任的责任人（包括连带责任人和按份责任人）进行追偿，实现最终责任的分担（参见王利明、杨立新、王轶、程啸著：《民法学（第四版）》，法律出版社 2015 年版，第 816 页；杨立新著：《侵权责任法（第三版）》，法律出版社 2018 年版，第 116—117 页）。

者的权益受到损害，并且在受到损害后无法顺利便捷地追究加害人的法律责任，从便利于被派遣劳动者维护其合法权益的角度出发，被派遣劳动者可以自己选择，要求劳务派遣单位或用工单位或两者共同承担法律责任。但是这种规定明显超出了现有的连带责任理论和《侵权责任法》对连带责任规定的范畴，属于一种创新性的规定。这种创新性的制度安排虽然不能为传统民法理论所解释，但是确实是劳动领域特殊性的表现和要求。

第三章　社会保险制度对劳动关系的影响：现行制度的反思与完善建议

我国现行的社会保险制度分为劳动者的社会保险和城乡居民社会保险两部分，本章主要研究劳动者的社会保险。

无论是从法域还是从部门法的角度，劳动法和社会保障法通常被认为是社会法的核心内容。虽然两者“均以维护社会利益为目标，以人权为基础，具有共同的制度理念和制度目标”和“促进社会发展与进步，保障每一个社会成员有尊严地劳动和生活”为共同任务，① 但是二者存在着明显的不同。劳动法调整的是劳动者和用人单位之间的劳动关系，社会保障法则关注的是国家对包括劳动者在内的全体社会成员生活的经济和物质保障。劳动关系建立并存在于劳动者和用人单位之间，社会保险作为社会保障制度的组成部分，体现的是国家（政府）对公民生存权的制度保证。按照我国对于劳动者社会保险制度的设计，劳动者的社会保险权利实现与劳动者和用人单位之间的劳动关系紧密联系，因此，劳动法和社会保障法在有关劳动者社会保险内容上产生了重合，从各自的角度发挥作用，同时也基于我国劳动者社会保险制度的设计，社会保险在一定程度上影响了劳动关系的认定。

---

① 《劳动与社会保障法学》编写组编：《劳动与社会保障法学（第二版）》，高等教育出版社 2018 年版，第 1 页。

就我国现行的法律框架而言，劳动者劳动关系的建立和存续直接影响着劳动者社会保险待遇的取得，劳动关系与劳动者的社会保险关系在一定程度上紧密相连：劳动者和用人单位之间建立了劳动关系，则劳动者被纳入社会保险制度的覆盖范围，在符合法定条件时，享受相应的社会保险待遇；反之，如果劳动者没有和用人单位之间形成劳动关系，则无法享受社会保险待遇。建立劳动关系之后，用人单位依法向社会保险费征收机构收纳社会保险费，① 因此，在劳动关系的判断标准上，用人单位的社会保险缴费记录就成为判断用人单位和劳动者之间是否存在劳

---

① 《社会保险法》规定，劳动者的社会保险分为养老保险、医疗保险、失业保险、工伤保险和生育保险五个项目。用人单位应依法为本单位劳动者缴纳社会保险费，劳动者个人依法缴纳养老保险费、医疗保险费和工伤保险费；劳动者依法应缴纳的社会保险费由用人单位代扣代缴。根据《社会保险费征缴暂行条例》的规定，社会保险费可以由税务机关征收，也可以由劳动保障行政部门按照国务院规定设立的社会保险经办机构征收。2018 年 3 月，中共中央印发的《深化党和国家机构改革方案》规定，改革国税地税征管体制，为提高社会保险资金征管效率，将基本养老保险费、基本医疗保险费、失业保险费等各项社会保险费交由税务部门统一征收。2018 年 7 月，中共中央办公厅、国务院办公厅印发的《国税地税征管体制改革方案》明确，从 2019 年 1 月 1 日起，将基本养老保险费、基本医疗保险费、失业保险费、工伤保险费、生育保险费等各项社会保险费交由税务部门统一征收。由此，社会保险费征收由税务机关负责，而其他社会保险事务的经办仍然由社会保险经办机构负责。

动关系的一个指标。① 劳动关系和社会保险关系之间相互强化、相互印证的立法表现，在一定程度上也影响了司法实践中对于劳动关系是否存在的判断：基于是否涉及社会保险待遇，对于劳动关系是否存在得出不

---

① 2005 年，劳动和社会保障部《关于确立劳动关系有关事项的通知》中规定，缴纳各项社会保险费的记录是认定双方存在劳动关系时可参照的凭证之一。在司法实践中，有法院也将用人单位缴纳社会保险费的记录作为证明用人单位与劳动者之间存在劳动关系的证据之一。例如，2017 年 11 月天津市高级人民法院印发的《天津法院劳动争议案件审理指南》中，将“用人单位为劳动者缴纳社会保险费”作为认定劳动关系的一个基本要素。2015 年 9 月，深圳市中级人民法院《关于审理劳动争议案件的裁判指引》规定，劳动争议中，当事人对是否存在劳动关系发生争议时，主张劳动关系成立的一方应当提交的证据材料中也包括提供社会保险等。在用人单位未与劳动者签订劳动合同时，缴纳各项社会保险费的记录也成为认定双方存在劳动关系的凭证。2009 年 4 月，浙江省高级人民法院民一庭《关于审理劳动争议案件若干问题的意见（试行）》第 28 条规定，用人单位未与劳动者签订劳动合同的，人民法院认定双方是否存在劳动关系时，可审查工资支付凭证或记录，缴纳各项社会保险费的记录等。2013 年《上海市高级人民法院劳动争议案件审理要件指南（一）》第 5 条亦规定了类似内容。但是在某些情形下，法院也并不必然将社会保险缴费作为劳动关系存在的证据。例如，2017 年 4 月，北京市高级人民法院、北京市劳动人事争议仲裁委员会《关于审理劳动争议案件法律适用问题的解答》中认为，在劳动者与用人单位因劳动合同是否为违法解除发生争议，劳动者要求继续履行劳动合同的情况下，原单位提交了其他单位为劳动者缴纳社会保险的凭证，并以此主张劳动者与新单位之间已经形成劳动关系时，不能仅以社会保险缴纳记录作为认定劳动者与新单位形成劳动关系的依据。但此时举证责任转移，由劳动者证明其与新用人单位之间不是劳动关系。若劳动者不能提出反证，则依据其与新用人单位之间的社保缴费记录确认劳动者与原用人单位“劳动合同确实无法继续履行”。新用人单位不是案件当事人的，劳动者与新用人单位之间的社保缴费记录仅为“劳动合同确实无法继续履行”的裁判理由，不应径行裁判劳动者与新用人单位之间是否形成劳动关系。

同的结论。①

一、劳动者社会保障权利的制度保证

（一）社会保障与社会保险的含义和关系

从社会保障产生和发展的历史来看，工业化及与之相伴随的都市化、社会化及市场化动摇了传统家庭保障的社会经济基础，在生产社会化的条件下，需要建立社会化的生存保障机制保障社会成员的生活。当社会成员发现单纯依靠个人和家庭的力量无法抵御新的社会风险，适应社会发展的需求时，便将目光投向个人和家庭之外，国家和政府由于其权威性和稳定性成为社会成员的优先选择，国家和政府是最可依靠的。国家在其自身发展的过程中，社会职能逐步成为国家的重要职能，国家也希望通过保障国民的生活得到国家内部的稳定和发展。在国家参与社会保障之后，人们不断地将自己的各种愿望传递给国家，国家越来越多地担负起社会保障的责任，不仅是对社会保障体系的设计，以及社会保障的立法和管理，还包括对社会保障待遇的提供，而后者逐渐成为国家在社会保障制度中的重要内容，甚至在很多时候，当谈论到社会保障的时候，人们首先想到的就是国家给予国民的金钱和物质待遇。一国的社会保障制度可能由包括社会保险在内的不同计划、项目组成，在这些不同计划、项目的组合中有时社会保险占有重要的地位，有时却是对全体公民提供的以国家财政为资金基础的保障项目占主导地位。有些情形下，社会保障与社会保险概念也可能混用，如当讨论社会保障基金的时候，通常是指社会保险基金。

国际劳工组织将社会保障定义为“社会通过一系列的公共措施对其成员提供的保护，以防止他们由于疾病、妊娠、工伤、失业、残疾、老

① 参见王文珍、李文静：《平台经济发展对我国劳动关系的影响》，载《中国劳动》2017 年第 1 期。

年及死亡而导致的收入中断或大大降低而遭受经济和社会困窘，对社会成员提供的医疗照顾，及对有儿童的家庭提供的补贴。”① 在我国，通常情况下，社会保障被理解为包括社会保险制度在内的为遭受社会风险的个人提供物质帮助的社会制度的总和，社会保险是社会保障的一个组成部分。我国的社会保障制度主要包括社会保险、社会救助、社会福利和优抚安置四项基本内容。作为社会保障制度中历史悠久的一个项目，社会救助是社会保障制度最基础、最容易理解、最没有歧义的内容。贫困，或者说人的基本生存权利受到了经济原因的威胁，国家给予帮助已经为社会所接受。社会保障在狭义的理解上也基本同社会救助同义，即对贫困者提供物质帮助的制度。作为现代社会保障制度的立法缘起，英国《济贫法》就是一部社会救助的法律。作为社会保障的组成部分，社会福利制度，是指由国家（政府）或社会根据法律的规定，为提高社会全体成员的生活质量和水平而向其提供的资金、社会服务和社会公共设施的

① 转引自尚晓援：《“社会福利”与“社会保障”再认识》，载《中国社会科学》2001 年第 3 期。

一种社会保障制度。① 社会优抚作为社会保障制度的一个项目，其特点

---

① 根据社会上对社会福利的普遍理解，归纳起来社会福利有四种不同的解释：

第一，从最广泛的意义上来理解，社会福利是社会保障的同义语，是指作为社会成员，人们不仅能够在生活困难的时候从国家和社会获得各种物质帮助、社会服务以渡过难关，同时包括国家和社会为提高全体社会成员的物质生活和精神生活的水平、质量而提供的资金、服务及各种社会公共设施。“社会福利是指国家和社会为改善和提高全体社会成员的物质、精神生活而采取的措施和提供的设施及服务，包括人们的衣、食、住、行、乐、环境、教育等，涉及物质和精神生活的各个方面。”（覃有土、樊启荣编著：《社会保障法》，法律出版社 1997 年版，第 357 页）“社会福利泛指国家和社会对全体社会成员生命过程中在生活、卫生、环境、住房、教育、就业等方面的需要所提供的全面的公共服务。”（蒋月著：《社会保障法概论》，法律出版社 1999 年版，第 242 页）推行“从摇篮到坟墓”的社会保障措施，号称福利国家的西欧、北欧各国所讲的社会福利就是以这种解释来定义社会福利的。

第二，从广义上来讲，社会福利，是指对社会弱势群体提供的物质帮助和为提高社会成员生活条件而实行的各种社会物质帮助制度。“社会福利是指以国家为主，为帮助全体社会成员改善生活条件，提高自身素质，为社会一些脆弱群体实施补贴而实行的制度、采取的措施和举办的事业的统称。它是在劳动报酬之外或基本生活保障之外的资助和服务。”（岳颂东著：《呼唤新的社会保障》，中国社会科学出版社 1997 年版，第 226 页）“社会福利是为解决已经出现的社会问题及减少社会病态和预防社会问题恶化，所采取的和发展的社会保险和社会救助事业。”（蒋月著：《社会保障法概论》，法律出版社 1999 年版，第 242 页）

第三，社会福利作为一种较高层次上的社会保障，是在社会成员的基本生活需求已经满足后，为保障和提高社会成员的生活质量而采取的各种社会资金帮助、社会服务和为实现这种资金帮助、社会服务而建立的社会公共设施。“社会福利，是国家和社会根据有关法律规定，保障全体社会成员在享受宪法赋予的基本生存权利的基础上，随着社会经济的不断发展而逐步提高生活水平、增进居民劳动报酬和基本生活保障之外给付和服务的一种社会制度。”（林毓铭著：《转型期社会保障体制大变革》，中国财政经济出版社 1998 年版，第 202 页）

第四，社会福利与社会救助的含义相似，是指“专为弱者提供的保障和服务。”我国民政部门就是从这个角度加以定义的。“我国的社会福利可定义为：‘政府和社区组织为满足各类社会弱者及遇到一定困难的社区成员之基本物质、文化需求所提供或组织实施的带有福利性的社会服务与保障。’”（白益华、吴忠泽主编：《社会福利》，中国社会出版社 1996 年版，第 1 页）传统上西方国家把社会福利分为“补救型”和“制度型”两种。“补救型”的社会福利将社会福利看成是一种在常规的社会机制不能正常运转或者不能满足一部分社会成员某些较为特殊的社会需求时而采取的应急措施。因此，社会福利的目标被定为“为社会弱者服务”。“制度型”社会福利将社会福利看成是一个社会所必需的重要的社会职责和社会功能，主张以制度化的社会福利体系积极地为全体社会成员和社会群体服务，使每一个社会成员和社会群体都获得发展的机会。（王思斌、唐钧等主编：《中国社会福利》，中华书局 1998 年版，第 4 页）

主要体现在享受该项待遇的人群范围是军人及其家属。与社会救助、社会福利和社会优抚等社会保障项目相比，社会保险的一个显著特征是通过缴费形成的社会保险基金，而不是直接由政府财政向社会成员提供经济收入和物质帮助的社会保障项目。

（二）作为基本人权的社会保障权利和劳动者的社会保险权利

生存权是基本的人权，社会保障法律制度的产生是对生存权保障的制度保证。《世界人权宣言》中把有权享受社会保障作为每个社会成员的基本权利加以规定，①《经济、社会及文化权利国际公约》确认，按照《世界人权宣言》，只有在创造了使人可以享有其经济、社会及文化权利，正如享有其公民和政治权利一样条件的情况下，才能实现自由人类享有免于恐惧和匮乏的自由的理想。该公约第 9 条规定，该公约缔约各国承认人人有权享受社会保障，包括社会保险。第 11 条规定，该公约缔约各国承认人人有权为他自己和家庭获得相当的生活水准，包括足够的食物、衣著和住房，并能不断改进生活条件。我国《宪法》第 45 条明确规定，中华人民共和国公民在年老、疾病或者丧失劳动能力的情况下，有从国家和社会获得物质帮助的权利。国家发展为公民享受这些权利所需要的社会保险、社会救济和医疗卫生事业。

作为一项基本人权的社会保障，是生存权的延伸，对于一国而言，社会保障是该国全体社会成员的权利。当然，全体社会成员享有平等的社会保障权利并不等同于全体社会成员被纳入统一的社会保障制度并享受同等的社会保障待遇。社会保障权利的实现依赖于具体的社会保障制度建立。对于劳动者而言，一方面，劳动者作为社会成员的组成部分，当然享有这一权利；另一方面，社会保障权利并不独为劳动者所享有，

① 《世界人权宣言》第 22 条规定，每个人，作为社会的一员，有权享受社会保障，并有权享受他的个人尊严和人格的自由发展所必需的经济、社会和文化方面各种权利的实现，这种实现是通过国家努力和国际合作并依照各国的组织和资源情况。

特别是社会保障权利并不必然附着在劳动关系之上。

我国主要通过社会保险制度的建立和完善保障劳动者社会保障权利的实现。我国社会保险制度的建立和发展与经济体制改革、企业改革紧密相关。20 世纪 80 年代，面对企业用工制度的改革和劳动合同制的推行，以城镇户籍为主的职工和用人单位之间存在劳动关系为社会背景的职工社会保险制度开始建立，职工养老、医疗、工伤、失业和生育等社会保险项目的建立和完善，搭建起了劳动关系下职工的社会保险法律体系。从历史角度分析，我国社会保险制度的建立与劳动关系紧密相连，社会保险制度建立之初就是对劳动者在遭受劳动风险时给予物质帮助。“社会保险是与劳动风险相对应的概念。劳动者以劳动为谋生手段，当其完全或部分丧失劳动能力，暂时或永久丧失劳动机会，而完全不能劳动、不能正常劳动或暂时终止劳动的情形下，就面临失去主要生活来源的危险，此即劳动风险。为了确保劳动者的生存和劳动力的再生产，国家和社会对因丧失劳动能力和劳动机会而不能劳动或暂时终止劳动的劳动者，采取的通过给予一定物质帮助，使其至少能维持基本生活需要的制度就是社会保险制度。”①

二、基于劳动关系设计的社会保险制度之不足：以网络从业者社会保险待遇的趋利选择为例

倾向于将新型的就业模式下的劳动者与用人单位之间的关系确定为劳动关系的观点，在一定程度上受到劳动者社会保险待遇的影响。根据现行法律规定，劳动者是否和用人单位建立劳动关系成为能否享受社会

① 王全兴著：《劳动法（第四版）》，法律出版社 2017 年版，第 416 页。

保险待遇的前提。① 由于我国相关法律政策中将劳动关系与社会保险关系紧密相连，甚至将用人单位缴纳社会保险费作为劳动关系是否存在的一个判断标准，这种在实践中劳动关系和社会保险关系之间相互强化的思路在一定程度上也影响了互联网平台用工情形下对劳动关系的判断和理解。有学者通过对平台从业人员诉求确认劳动关系的案件总结分析后得出来这样的结论：但凡单纯诉求确认劳动关系的案件，裁判结果通常支持非劳动关系的主张；倘若案件涉及工伤认定和赔偿，裁判结果往往认定存在劳动关系。② 显然，这种现实情况中因考虑社会保险待遇而倾向性地将网络平台从业者和用人单位之间的关系定性为劳动关系，是我国现行法律规定中对社会保险待遇因是否存在劳动关系而有所差异的实践反馈，从对网络平台从业者的权利保护角度，是在我国现有劳动和社会保险法律框架下的一种趋优选择。

劳动者与用人单位之间存在劳动关系是劳动者社会保险法律体系建立的基础条件，随着社会经济的发展，这一法律体系不断进行调整和完善，如为应对农民进城务工出现了针对农民工的社会保险政策，对非全日制用工等灵活用工形式下劳动者的社会保险进行专门规定，等等。随着经济体制改革的不断深化，城乡一体化的建设推进，社会保险的覆盖范围逐步从“劳动者”走向“全民”，并在 2010 年写入《中华人民共和国社会保险法》（以下简称《社会保险法》）。根据《社会保险法》的规定，在法律规定层面，我国社会保险实现了“制度上的全覆盖”。城乡居民社会保险制度的建立使得在劳动关系不存在的前提下，公民仍然被城

---

① 根据《社会保险法》及相关法律法规的规定，劳动者和用人单位之间建立了劳动关系，则劳动者纳入社会保险制度的覆盖范围，在符合条件的前提下，享受相应的社会保险待遇；反之，如果劳动者没有和用人单位之间形成劳动关系，则无法享受社会保险待遇。

② 王文珍、李文静：《平台经济发展对我国劳动关系的影响》，载《中国劳动》2017 年第 1 期。

乡居民社会保险制度所覆盖，能够享受城乡居民社会保险待遇，但是在制度设计上，城乡居民社会保险待遇远远低于劳动者社会保险待遇，这种待遇上的落差在一定程度上解释了为什么在实现了社会保险“制度性全覆盖”的前提下，仍然倾向于通过“劳动关系”的建立解决平台从业者的“社会保险待遇”问题。① 但是为了让从业者获得劳动者社会保险待遇，甚至是为了让受害第三人获得用人单位的赔偿而在用人单位和加害者（从业者）个人之间建立劳动关系，在逻辑上是倒果为因。

三、用人单位的缴费义务和劳动者社会保险待遇的取得

虽然劳动者和用人单位建立劳动关系是劳动者依法享受社会保险待遇的前提，但是劳动关系和社会保险关系是两种不同的法律关系。劳动

---

① 根据《社会保险法》的规定，我国社会保险分为两种：一种是劳动者（职工）社会保险制度，划分为养老保险、医疗保险、失业保险、生育保险和工伤保险五个项目；另一种是城乡居民社会保险制度，主要包括养老保险和医疗保险两个项目。由此，对于作为社会成员的个体而言，社会保险待遇，特别是养老保险待遇和医疗保险待遇脱离劳动关系具有现实的法律支持。城乡居民社会保险制度的建立使得在劳动关系不存在的前提下，公民可以被城乡居民社会保险制度所覆盖。在具体内容上，劳动者社会保险制度和城乡居民社会保险制度两者之间的差异，突出表现在以下三个方面：

（1）城乡居民社会保险是“自愿参加”，意味着城乡居民可以选择是否参加，如果不参加（缴费），当然也就无法被纳入覆盖范围，无法享受相应的社会保险待遇；而劳动者社会保险是强制性的，劳动者和用人单位在建立劳动关系之后均应当参加。（2）在社会保险待遇的资金来源上，劳动者社会保险由劳动者和用人单位缴纳社会保险费形成社会保险基金，满足社会保险待遇的支付。虽然《社会保险法》规定了城乡居民应当依法缴纳社会保险费，但是其缴费并没有形成基金，其待遇支付主要来源于政府通过税收及其他财政收入。（3）两者的待遇水平不同，虽然城乡居民社会保险待遇的标准比照了劳动者社会保险制度的规定（如领取养老保险金的年龄标准确定），但实际上劳动者社会保险待遇水平要远高于城乡居民的社会保险待遇。

关系发生和存在于劳动者与用人单位之间，而社会保险关系则是发生在社会保险经办机构、用人单位和劳动者三个主体之间：劳动者和用人单位建立劳动关系之后，用人单位要依法在社会保险经办机构为本单位劳动者办理社会保险事宜，缴纳社会保险费；社会保险经办机构负责办理包括社会保险登记和待遇在内的各项社会保险事务。因缴费，社会保险经办机构与用人单位之间形成征缴关系；因待遇支付，社会保险经办机构则与劳动者之间建立关系。社会保险经办机构在一定程度上具有行政属性，其与劳动者之间的待遇发放关系是一种类似于行政机关和行政相对人之间的行政关系，但又不同于行政管理关系。①

社会保险是国家通过法律规定在社会范围内对社会风险的分散，用人单位对本单位职工的社会保险义务包括两个方面：一是为本单位劳动者办理社会保险的手续，使其进入到社会保险的覆盖范围，从而有资格享受社会保险待遇；二是依法为本单位劳动者缴纳社会保险费。在用人单位依法办理社会保险手续并缴纳社会保险费后，社会保险待遇取得层面的关系存在于劳动者和社会保险经办机构之间，当劳动者符合相应条件时，社会保险经办机构依法向劳动者提供相应的社会保险待遇。社会保险制度的建立在一定程度上体现了国家对劳动关系的干预和影响，用人单位缴纳社会保险费的义务并不仅仅是对劳动者的私法义务，或者说不仅仅是劳动关系内的义务，这一义务同时具有公法的性质。如果用人单位没有按时足额缴纳社会保险费，其应当承担哪些法律责任？在用人单位没有依法缴纳社会保险费的情况下，劳动者是否有权取得社会保险待遇？以上这些问题均需要法律予以明确。根据劳动者和用人单位之间建立的劳动关系，缴纳社会保险费是劳动合同的必备条款，用人单位违反该义务，则构成违约，应当依法承担违约责任。根据我国现行法律规定，劳动者有权要求用人单位补缴社会保险费，在无法补缴并给劳动者

① 根据现行法律规定，因社会保险待遇支付产生的争议属于行政争议，需要通过行政争议的处理途径解决。

造成损害时，用人单位要赔偿劳动者的损失；作为公法的义务，用人单位的社会保险缴费在一定程度上类似于“缴税”义务，用人单位未依法缴纳社会保险费，社会保险费征收机构依法有权征缴并对用人单位进行处罚。由于法律已经赋予了社会保险费征收机构强制征缴的权力，因此，社会保险经办机构不能以用人单位没有缴费为理由拒绝向劳动者提供社会保险待遇。

四、社会保险和劳动关系分离的可能性和可行性：以医疗保险为例

（一）区分不同人群的现行医疗保障制度的弊端

劳动者基本医疗保险制度、城乡居民基本医疗保险制度和国家公务员公费医疗制度共同构成了我国现行“全民医保”的法律制度框架。各个不同的制度覆盖不同的人群并有着不同的法律规定。

劳动者基本医疗保险制度是经济体制改革后的产物。1980 年开始，伴随着经济体制改革、企业改革和劳动用工制度改革的进程，劳动者医疗保险制度的改革也逐步进行。1993 年 10 月，劳动部印发《关于职工医疗保险制度改革试点意见的通知》，奠定了我国劳动者医疗保险的基本格局。1998 年 12 月，国务院发布《关于建立城镇职工基本医疗保险制度的决定》，对我国城镇职工基本医疗保险制度进行完善。至此，原来计划经济时期的“企业医疗保险（国家医疗保险）”被“城镇职工医疗保险”代替，我国城镇职工的社会医疗保险法律制度的基本框架是：设立医疗保险基金和个人账户、设立医疗保险定点医院、基本药品报销实行目录制、劳动者个人需要缴纳医疗保险费，并自付一定比例的医疗费用。但是以劳动关系为基础的劳动者医疗保险仅覆盖了劳动者群体，具有很大的局限性。随着企业改革和劳动者医疗保险制度的建立，计划经济时期的劳动者直系亲属的医疗保障逐步走向了消亡。按照改革后的医疗保险制度的相关规定，医疗保险的覆盖范围是与用人单位建立了劳动关系的

“劳动者”。不能享受劳动者医疗保险制度的其他社会成员的医疗待遇没有任何社会保障体制承接，造成了很多社会问题。因此，建立城镇居民医疗保险制度逐步提上了我国社会保险法律制度完善的日程。2007 年 7 月，国务院发布《关于开展城镇居民基本医疗保险试点的指导意见》，对城镇非从业居民的医疗保险制度开始试点。在试点建立之初，城镇居民医疗保险待遇借鉴了劳动者医疗保险的做法，实行定点医院、用药目录制、个人承担部分医疗费用等做法。2007 年 10 月，劳动和社会保障部、国家发展和改革委员会、财政部、卫生部、国家食品药品监督管理局、国家中医药管理局联合发布的《关于城镇居民基本医疗保险医疗服务管理的意见》中明确指出，城镇居民医疗保险要“参照城镇职工基本医疗保险医疗服务管理的有关规定，结合城镇居民的特点，完善基本医疗保险医疗服务管理的相关政策”。在农村，计划经济时期的农业生产合作社的建立和发展使具有互助性质的“农村合作医疗制度”有了存在的土壤。但是随着农村家庭联产承包责任制的推进，农村合作医疗所依托的农村集体经济逐渐走向衰退，广大农民在通过家庭联产承包责任制走上富裕之路的同时，由于没有有效的医疗保障制度为依托，因病返贫的现象也逐渐显现。1990 年 6 月，卫生部、农业部、国家计委、国家教委和人事部向国务院递交了《关于改革和加强农村医疗卫生工作的请示》。① 该文件指出，在农村要“稳定推行合作医疗保健制度，为实现‘人人享有卫生保健’提供社会保障。”2003 年 1 月，国务院办公厅转发了卫生部、财政部、农业部制定的《关于建立新型农村合作医疗制度的意见》。该意见勾画出了我国新型农村合作医疗制度的整体框架。新型农村合作医疗制度实行个人缴费、集体扶持和政府资助相结合的筹资机制。与城镇居民医疗保险制度类似，新农村合作医疗保险的待遇同样参照了劳动者医疗保险的内容，实行医疗机构定点、药品目录制和个人负担一定医疗费用的基本制度。

---

① 1991 年 1 月，国务院批转了该文件，要求各地参照执行。

劳动者基本医疗保险制度、城镇居民医疗保险制度、新型农村合作医疗制度和公务员公费医疗制度虽然具有共同性，如都实行定点医疗机构和药品目录制，个人都需要支付一定比例的医疗费用，但是差异性也很明显，如保险型的医疗保障制度需要个人缴费（职工基本医疗保险、城镇居民基本医疗保险、新型农村合作医疗），公费医疗制度不需要个人缴费。在保险型的医疗保障制度内，职工基本医疗保险是强制性的，而城镇居民医疗保险和新型农村合作医疗参保人是自愿性参加。目前的这种按照是否形成劳动关系、是否为公务员身份与户籍等不同标准分人群设立的医疗保障具体制度本身可能会产生某些人没有被保障，而有些人可能会同时享受多重医疗保障待遇的问题，① 自愿性的医疗保险制度设计也因为“自愿”而非“强制”的要求使得某些人没有参加到保险中。这种理论上实现的“全民医保”在实践中大打折扣，各项具体医疗保障制度之间的差异为人员的流动造成了障碍，不同的人群被限制在了自己所处的医疗保险制度之内。当劳动者与企业不再存在劳动关系，其可能被抛出我国现行的职工医疗保险的覆盖范围，而其是否能够进入其他医疗保险制度保护范围并不是一件十分确定的事，即使进入到城镇居民医疗保险制度或新农村合作医疗制度的覆盖范围之中，后两者的医疗费用支付水平也远远低于前者。

人都会生病，也都应当得到基本的医疗照顾，不因为其户籍、居住地、性别、年龄、是否有工作等有所区分，是医疗保险待遇公平原则的体现。全民医疗保险制度应当以保障公民平等的基本医疗保障权利为原则，在医疗费用的负担上，不因是否存在劳动关系而有所区分。因此，从长远计，我国的医疗保险制度应当统一，打破按人群区分的制度设计理念，使不同人群的医疗保险制度成为全民统一的医疗保险制度。从我国现行制度分析，统一的路径也在逐步显现。从 2016 年开始，城镇居民

① 比如，农民工可在其户籍所在地参加新型农村合作医疗；在工作地，因为劳动关系的建立被职工医疗保险所覆盖。

基本医疗保险和农村新型合作医疗制度统一为城乡居民基本医疗保险制度，[①] 统一缴费水平和保障待遇。而城镇居民基本医疗待遇和农村新型合作医疗制度在建立时均仿照了城镇职工医疗保险制度的内容，如医疗机构的定点目录制、诊疗项目和药品目录、个人负担比例，等等。与此同时，公费医疗制度也在进行改革，改革的参照物仍然是劳动者的医疗保险制度，如个人负担一定比例的医疗费用支出。这些共性均为建立统一的医疗保障制度奠定了现实基础。

（二）医疗期与劳动者的收入保障

目前的劳动者医疗保险待遇主要体现在“医疗本身”，重点关注医疗保险基金如何筹集、医疗费用如何支付。[②] 但是对于劳动者，医疗保险待遇不能仅仅停留在医疗费用的支付层面。劳动者是与用人单位存在劳动关系的自然人，基于此点，劳动者的医疗保险待遇应当包括两个主要方面：一是医疗费用的支付；二是因病减少的收入的弥补，即因病无法从事正常的工作，劳动者的劳动报酬会相应受到影响，在此期间如何保证其基本生活需要。

---

① 国务院《关于整合城乡居民基本医疗保险制度的意见》规定，整合城镇居民基本医疗保险和新型农村合作医疗两项制度，建立统一的城乡居民基本医疗保险制度，覆盖除职工基本医疗保险应参保人员以外的其他所有城乡居民。农民工和灵活就业人员依法参加职工基本医疗保险，有困难的可按照当地规定参加城乡居民医保。

② 《社会保险法》第28条规定：“符合基本医疗保险药品目录、诊疗项目、医疗服务设施标准以及急诊、抢救的医疗费用，按照国家规定从基本医疗保险基金中支付。”第30条规定：“下列医疗费用不纳入基本医疗保险基金支付范围：（一）应当从工伤保险基金中支付的；（二）应当由第三人负担的；（三）应当由公共卫生负担的；（四）在境外就医的。医疗费用依法应当由第三人负担，第三人不支付或者无法确定第三人的，由基本医疗保险基金先行支付。基本医疗保险基金先行支付后，有权向第三人追偿。”

1. 医疗期和病假工资

根据劳动者身体健康情况，劳动者因患病或在日常生活中负伤会在一定的时间无法正常劳动，法律赋予劳动者离开工作岗位的权利，企业有义务准许劳动者离开工作岗位，并保留劳动关系。劳动者因患病而离开工作岗位，在法律中被称为“医疗期”。就医疗期长度而言，首先应当明确劳动者因病离开工作岗位是劳动者的权利，但是也应当认识到，如果医疗期的长度过长，对企业的经营也是一种损害，在两方利益权衡之下，法律应当确定一个合理长度的医疗期。1994 年劳动部印发的《企业职工患病或非因工负伤医疗期规定》规定，企业职工因患病或非因工负伤，需要停止工作医疗时，根据本人实际参加工作年限和在本单位工作年限，给予 3 个月到 24 个月的医疗期。1995 年劳动部印发的《关于贯彻〈企业职工患病或非因工负伤医疗期规定〉的通知》规定，对某些患特殊疾病（如癌症、精神病、瘫痪等）的职工，在 24 个月内尚不能痊愈的，经企业和劳动主管部门批准，可以适当延长医疗期。

医疗期待遇，是指劳动者在医疗期内的经济待遇。此种经济待遇由谁支付取决于劳动者遇到的疾病这一社会风险如何在社会范围内进行分散的制度设计。劳动者医疗期间的经济待遇可以通过由企业支付病假工资保障，也可以通过由医疗保险基金支付疾病津贴而免除企业支付工资的义务。按照《企业职工患病或非因工负伤医疗期规定》的规定，我国目前实行的是病假工资制度。病假工资是一种特殊情况下的工资，这种特殊情况就是劳动者因病没有提供正常劳动。劳动者的工资报酬是劳动者提供了正常劳动的前提下，用人单位按照国家的法律规定和其与劳动者之间签订的劳动合同的约定而支付的货币报酬。1995 年劳动部《关于贯彻执行〈中华人民共和国劳动法〉若干问题的意见》中要求，在职工患病或非因工负伤治疗期间，企业应当按照有关规定支付其病假工资或疾病救济费，支付病假工资或疾病救济费的标准可以低于当地最低工资标准，但不能低于最低工资标准的 80%。

根据以上法律规定，在劳动者患病的医疗期间，企业支付病假工资是其法定义务。但是，此时劳动者并没有向企业提供劳动，法律的规定是否合理？从根本意义上说，工资是劳动者提供劳动后所取得的对价。劳动者在提供了劳动后取得工资，是劳动者的一项权利，企业在接受了劳动者提供的劳动成果后，应当向劳动者支付工资，即企业承担“工资支付义务”。劳动者获得工资的前提条件是劳动者按照合同的约定提供了劳动，无劳动则无报酬。既然工资是劳动者的劳动所得，劳动者没有提供相应的劳动，则没有工资。当然，将工资仅仅理解为“劳工给付劳务的对价”并不十分确切，或者说，无法将一些即使劳动者没有提供劳动仍然获得工资的情形包括在内。在一定条件下，劳动者即使未提供劳动给付，其仍然有权取得工作收入。“从法律演进的角度来看，工资续付义务可以说是民法中‘对价等值’原则的修正。根据民法契约原理‘对价等值’原则，‘劳务之提供’与‘工资给付’为契约之两项‘主给付’。两者有对价关系，立于对等地位，受雇人无劳务之给付，雇主即无工资给付义务可言，此乃双务契约之效力……但在劳动契约中有关例假、休假、特别休假、请假等情形，即发生劳动者未提供劳务给付，但雇主仍需给付工资之情形并成为原则，只有在一定条件下才有例外之适用。”①此即“工资续付”原则，虽然工资首先是作为劳动给付的对价，但是在劳动者没有提供劳动的某些情况下，用人单位仍然需要给付劳动者工资。但是由此并不能得出结论：“工资续付”原则适用于医疗期。

劳动者因患病或负伤在一段时间内离开工作岗位和企业支付病假工资之间并没有必然的联系。国际劳工标准中也没有规定雇主在劳动者患病医疗期间有支付工资的义务，在国际劳工组织 1949 年《保护工资公约》中将工资限定为由一位雇主对一位受雇者“为其已完成和将要完成的工作或已提供或将要提供的服务”而支付的“报酬或收入”。显然，如果没有完成工作或服务，则没有报酬或收入的支付。在国际劳工组织

① 黄越钦著：《劳动法新论》，中国政法大学出版社 2003 年版，第 91—92 页。

1952年《社会保障最低标准公约》中要求成员国为劳动者在接受医疗时支付"医疗津贴"，其覆盖范围是"因病态造成的不能工作以及根据国家法律或条例规定的停发工资"，也间接承认了劳动者在患病或负伤的医疗期间用人单位并没有义务支付工资。从他国的立法例中也可以看出，医疗期间，劳动者收入的保障并不完全是企业（雇主）的义务。在德国，根据《工资继续支付法》的规定，雇主有义务向雇员提供6个星期的病假工资，之后，雇员将获得由法定医疗保险基金支付的最长期限为78星期的疾病津贴；对于雇主雇佣人数不超过30人的小公司，可以依法从法定医疗保险基金获得所支付病假工资80%的补助。① 意大利的病假工资支付则是由集体协议确定，而不是法律的规定。根据集体协议，由雇主在一定的期限内支付基本工资。② 从历史考察，我国病假工资的规定带着计划经济的烙印。虽然1951年通过的《劳动保险条例》规定了劳动者的社会保险制度，③ 但是在整个计划经济时代，劳动者的社会保险更多的体现为"国家保险"，劳动者因疾病引起的风险主要由国家承担。计划经济时期长期形成的疾病保险待遇包括：（1）医疗费用的社会保险基金由企业负担（实际转嫁给国家）；（2）劳动者根据工作时间的长短享受不同的医疗期；（3）在医疗期间从用人单位领取病假工资。伴随着我国经济体制改革，企业形式发生了变化，各种非国有企业出现，使劳动用工制度也发生了重大变化。如果说病假工资在计划经济时期由"国家的代理人"——企业承担尚有合理基础的话，那么，在市场经济条件下，要求企业支付病假工资的合理性需要重新审视。

---

① ［德］沃尔夫冈·多伊普勒著，王倩译：《德国劳动法（第11版）》，上海人民出版社2016年版，第245—247页。

② ［意］T. 特雷乌著，刘艺工、刘吉明译：《意大利劳动法与劳资关系》，商务印书馆2012年版，第100—102页。

③ 1951年《劳动保险条例》规定的社会保险制度是由工会组织和管理的劳动保险制度，与经济体制改革后的劳动者社会保险制度本质上不同。

2. 医疗期和医疗津贴

劳动者因病没有提供劳动，造成工资收入损失。这种损失由谁来支付，是将劳动者的这种社会风险在社会范围内进行分散的一种制度设计。制度设计中可以选择由企业继续支付工资（病假工资），也可以选择由疾病保险基金支付疾病津贴而免除企业支付工资的义务。对于劳动者而言，两种选择并无优劣之分，无论是病假工资还是疾病津贴，都是为了避免劳动者在患病情况下工资收入减少而给其和其抚养的家庭成员生活陷入困境的一种保障。但是，同样不可否认的是，在病假期间，劳动者并没有为企业提供劳动，并且没有提供劳动的原因是其私人原因，此时保障其基本生活需要的经济支付，社会保障制度应该发挥作用，而不是全部要求企业去承担。从现行法律规定中企业支付病假工资的规定可以看出，立法者也认识到在医疗期间劳动者并没有向企业提供劳动，因此，将病假工资的支付标准降低，可以低于当地最低工资标准，但是同时法律又规定“不能低于最低工资标准的80%”。此时立法者的选择是承认了劳动者没有提供劳动，用人单位并不需要支付工资；但是又要保障劳动者的经济来源，将劳动者面临的这一风险转嫁给企业。根据法律规定，劳动者可以享有的医疗期长达24个月，在特殊情形下，还可能更长，① 在如此长的时间内，劳动者没有提供劳动而企业又必须依法支付病假工资，特别是对一些中小企业而言，可能会导致企业经营成本负担过重。

劳动者因疾病造成收入减损的风险并不应该完全由企业承担，医疗保险基金应当对这一风险进行分散，因此，可以在医疗保险基金的支出

① 1995年劳动部发布的《关于贯彻〈企业职工患病或非因工负伤医疗期规定〉的通知》中规定，对某些患特殊疾病（如癌症、精神病、瘫痪等）的职工，在24个月内尚不能痊愈的，经企业和当地劳动部门批准，可以适当延长医疗期。

项目中增加疾病津贴一项，以弥补劳动者的收入损失。[①] 诚然，理论上，在劳动者伤病期间，企业不再支付病假工资，改由医疗保险基金支付疾病津贴是一种选择，但如果是在很短的时间内，如劳动者因伤病仅在一两天内未提供劳动，让医疗保险基金支付疾病津贴，则会大量增加社会保险的运行成本，[②] 因此，将劳动者在患病期间收入减损的风险承担在企业支付的病假工资和医疗保险基金支付的疾病津贴之间进行分配，在短期内（如3个月或6个月之内）由企业支付病假工资，在这一期限之外，由医疗保险基金支付疾病津贴，既避免完全由企业承担给企业造成巨大的成本负担，也体现社会保险制度本身的功能和价值是一个可供选择的途径。

当疾病津贴作为劳动者医疗期间收入减损的社会保险机制存在时，疾病津贴发放亦应当有时间限制，即劳动者患病后劳动关系存续期间是疾病津贴发放的时间段。在领取时间届满后，对于完全丧失劳动能力的劳动者，《社会保险法》中已经有了基本养老保险基金支付的病残津贴的制度设计；对于没有完全丧失劳动能力的劳动者，由于其仍具有劳动能力，仍可就业，因此，疾病津贴也不应再发放。但是需要承认，这些劳动者的劳动能力已经打了折扣，在劳动力市场上的竞争能力明显下降，处于更加劣势地位，因此，从促进就业的角度，国家应当给予企业某些经济优惠，鼓励其与部分丧失劳动能力的劳动者建立劳动关系。

---

① 根据《社会保险法》第17条的规定，参加基本养老保险的个人，在未达到法定退休年龄时因病或者非因工致残完全丧失劳动能力的，可以领取病残津贴。所需资金从基本养老保险基金中支付。此项规定部分解决了劳动者的疾病待遇问题，但适用范围有限，仅限于“完全丧失劳动能力”的情形，对于仍有劳动能力但需要长时间治疗休养的情形，《社会保险法》没有涉及。

② 参见郭明政：《企业社会给付的任务与界限》，载《社会保障研究》2007年第2期。

（三）劳动者患病对劳动关系的影响

企业拥有经营管理的权利，其中包括管理本企业劳动者的劳动活动，在劳动合同的存续期间，企业有权对劳动合同的内容进行变更，也有权与劳动者解除劳动合同，对此，法律给予了肯定。当然为避免用人单位权利的滥用，以上权利的行使需要在法律允许的范围内进行。作为具备定分止争、划分主体权利义务作用的法律，需要平衡劳动者和用人单位之间的利益。为了维持稳定的劳动关系，保护劳动者的利益，《劳动合同法》对劳动合同变更和劳动合同解除都进行了明确的规定。根据现行的法律规定，劳动者患病本身并不是构成劳动合同发生变化的原因，特别是劳动者患病不能构成企业单方解除劳动合同的理由。但是，在劳动者患病的情形下，也的确可能会对劳动合同产生影响，特别是劳动者患大病或重病的情形下，由于长期不能提供正常劳动，导致岗位空缺，企业需要进行劳动关系的调整。

《劳动合同法》对于劳动合同的变更仅规定了协商变更的情形，即用人单位与劳动者协商一致，可以变更劳动合同约定的内容。如果基于劳动者患病，企业想要调整该劳动者工作岗位，涉及劳动合同内容的变更，则必须和劳动者进行协商，而不能单方面变更。《企业职工患病或非因工负伤医疗期规定》规定，企业职工非因工致残和经医生或医疗机构认定患有难以治疗的疾病，在医疗期内医疗终结，不能从事原工作，也不能从事企业另行安排的工作的，应当由劳动鉴定委员会参照工伤与职业病致残程度鉴定标准进行劳动能力的鉴定。被鉴定为一至四级的，应当退出劳动岗位，终止劳动关系，办理退休、退职手续，享受退休、退职待遇。根据《社会保险法》的规定，这里的“退休、退职待遇”，应当是指从基本养老保险基金中支付的病残津贴。

在医疗期内，企业依法有义务维持其与劳动者之间的劳动合同关系，但并不意味着在此期间企业不能与劳动者解除劳动合同。虽然《企业职工患病或非因工负伤医疗期规定》中将医疗期规定为“企业职工因患病或非因工负伤停止工作治病休息不得解除劳动合同的时限”，如果据此得出劳动者在医疗期内企业不得与其解除劳动合同这一结论，与《劳动法》的规定相悖。《劳动法》只是规定了在劳动者患病或者负伤的医疗期内，企业不得解除劳动合同的情形，而并非此时企业失去劳动合同的合同解除权，在特定情形下，企业仍然有权与在医疗期内的劳动者解除劳动合同。《劳动合同法》延续了《劳动法》的思路，将企业不得与医疗期内的劳动者解除劳动合同的情形进行了限制，或者说企业只能在法定情形下才能与在医疗期内的劳动者解除劳动合同。劳动合同解除后，劳动者依法享受失业保险待遇，在领取失业保险金期间，参加职工基本医疗保险，享受基本医疗保险待遇。在医疗期间，劳动合同的终止也受到限制，对于固定期限劳动合同，在合同期满而医疗期尚未到期时，劳动合同应当续延至医疗期限届满。

就法律规定本身而言，企业有权依法解除与医疗期满的劳动者之间的劳动合同，但是站在劳动者角度，特别是对那些患有大病或重病，经过劳动能力鉴定失去部分劳动能力的劳动者而言，在经历疾病打击的同时又面临失业的打击，企业此种做法的确显得不够人性化；从企业文化的角度，也的确有可讨论之处。但是，对于以追逐利润为要务的企业而言，在法律没有明确规定的前提下，要求企业维持与患病劳动者之间的劳动合同，要求其承担社会责任，是高于法律的道德层次的义务要求，而不是其法律义务。① 过分夸大企业的社会责任，将某些本应由社会保

---

① 虽然《公司法》中有公司“承担社会责任”的规定，但这一社会责任如何成为公司的法定义务仍然需要相应法律的明确，而不意味着公司的所有社会责任都因此成为公司的法定义务。虽然在研究中对企业社会责任的内涵和外延远没有达成统一的观点，但是在企业社会责任提出的最初阶段，就对劳动者权益保护给予了关注：企业应自觉地承担起社会责任，公司的经营者应当对职工、消费者和社会公众具有社会责任感。参见刘俊海著：《公司的社会责任》，法律出版社1999年版，第43页。

障制度承担的责任交由企业承担，则不仅加大了企业的负担，在根本上也无助于劳动者权益的保护。

无论是希望企业支付病假工资还是希望劳动者在患病期间的劳动关系保留，根本上体现出的是我国社会保障法律制度的缺位。当劳动者患病，特别是患大病或重病时，不仅面对医疗费用的巨大压力，还可能暂时或长久失去经济来源，因此，希望这样的风险能够分散，此时企业就成为一个分散风险的选择项。如前所述，要求企业来承担这种风险，带有明显的计划经济色彩，特别是在我国已经建立劳动者社会保险制度的前提下，对企业如此要求并不完全合理。社会保障制度，特别是针对劳动者的社会保险制度的建立就是为了在社会范围内分散劳动者在劳动关系存续期间所遇到的社会风险。对企业而言，其参加社会保险，为本单位劳动者缴纳了社会保险费，劳动者遇到的社会风险应当由劳动者社会保险制度承接。

（四）医疗保险中增加护理待遇的可能性与必要性

患病者需要休息，在疾病严重的情况下，也需要护理。当他人的看护成为必需的时候，谁来护理则成为一个需要解决的问题。首先选择的是家人，如果这个家庭成员也有工作的话，则需要向用人单位请假，在此将其称为护理假，即因家人生病需要看护，劳动者需要离开工作岗位的时间。是否给予此假期、该假期的时间长短等内容在我国没有相应的法律依据。

目前如果有家人生病，需要在职的劳动者照顾，用人单位对于请假的劳动者一般会按照请事假对待。事假通常表现为劳动者因个人原因离开工作岗位的时间。一个自然人不仅是劳动者，也是家庭和社会成员，其不仅向用人单位提供劳动，也需要承担家庭和社会义务。家庭作为社会的细胞，每个家庭成员都需要为家庭生活付出。在根本上，社会的和谐是千千万万家庭和谐的整体，只有家庭和谐，才能有社会的和谐，因此，社会法律制度的建立应当维护家庭的和谐。在家庭生活中，夫妻双方都可能就业，而家庭中的老人和孩子需要照顾，夫妻双方也需要相互辅助，此时如果家庭中有人生病，需要护理，在职的夫妻双方都面临无法正常工作的问题。法律应当承认劳动者的这种家庭义务和社会义务。但是在此期间，劳动者没有提供正常劳动，用人单位是否还有给付工资的义务呢？即使法律规定在此期间用人单位向劳动者支付工资，那么，此时的工资给付标准与劳动者正常情况下的工资也应当有所区别，同时也不同于劳动者本人医疗期间的病假工资。如果法律规定，用人单位在此情况下不支付工资，那么，此时的经济损失如何填补？是否应当有社会保险项目给予关注？本书认为，如果让用人单位支付“事假工资”，显然有让企业承担过多的社会责任之嫌。虽然企业社会责任应当提倡，但是并不意味着由此将企业变成提供社会保障的机构。即使选择由企业负担病假工资而不是由社会保障基金提供疾病津贴，也并不意味着应当选择由企业负担“护理假工资”，由社会保险基金提供护理津贴应当是一个更好的选择。与用人单位相关的内容是在合理期间内允许劳动者因护理家人的原因离开工作岗位，暂时不提供劳动，而不影响企业与劳动者之间的劳动关系，这个合理期间可以和医疗期相联系。

五、个案公平与制度设计：劳动关系与工伤待遇的获得

在社会保险项目中，工伤保险与劳动关系的联系最为紧密。工伤保险制度的建立不仅是保护劳动者权利的需要，也是对用人单位责任风险的分散，从而也有利于保障用人单位的利益。通常情形下，用人单位与劳动者之间存在劳动关系是遭受工作中的事故伤害或患职业病后，劳动者享受工伤待遇的前提。因此，工伤认定的一个预设前提是用人单位和劳动者之间存在劳动关系，劳动者依法享受工伤待遇则是伤害被认定为工伤的必然结果。就工伤的本质而言，工伤应当是在劳动过程中（工作中）的伤害，包括急性伤害（事故）和慢性伤害（职业病）。实践中出现的在工作中受到伤害却不能认定为工伤的原因往往归结为劳动者和用人单位之间没有劳动关系存在。

（一）现行法律规定

《工伤保险条例》中通过列举的方式规定了工伤的情形，并未明确要求工伤必须发生在劳动关系之下，但是具体条文中使用了“用人单位”“职工”等表示双方之间存在劳动关系的概念，特别是在工伤认定申请的材料中要求提供劳动关系的证明材料，工伤认定行政机关在认定工伤之前需要先对劳动关系作出判断。①《劳动法》第 70 条规定，国家发展社会保险事业，建立社会保险制度，设立社会保险基金，使劳动者在年老、患病、工伤、失业、生育等情况下获得帮助和补偿；第 2 条将该法的适用范围限定在“中华人民共和国境内的企业、个体经济组织和与之形成劳动关系的劳动者”，在这一前提下规定劳动者在因工伤残或者患职业病的情形下依法享受社会保险待遇。《工伤保险条例》第 2 条则在列举了用人单位的组织形式后，明确这些用人单位为本单位的全部“职工”缴纳工伤保险费，从而这些“职工”享有依法享受工伤保险待遇的权利。《社会保险法》第 2 条虽然将社会保险制度保障的范围规定为“公民”，但在“工伤保险”一章中，将“公民”缩减为“职工”，规定职工应当参加工伤保险，由用人单位缴纳工伤保险费。根据以上法律规定，劳动者和用人单位之间存在劳动关系并缴纳工伤保险费是工伤发生后劳动者享受工伤保险待遇的条件，没有劳动关系，则劳动者无法享受工伤保险待遇，对于没有劳动关系下发生的伤害，有关法律规定中使用的是“事故伤害或者患职业病”的用语，并没有直接使用“工伤”的概念。对于没有劳动关系的受害人的损害赔偿，《工伤保险条例》明确了两种情况：（1）非法单位的赔偿责任：由无营业执照或者未经依法登记、备案的单位以及被依法吊销营业执照或者撤销登记、备案的单位向伤残职工或者死亡职工的近亲属给予一次性赔偿；（2）用人单位非法使用童工的赔偿责任：

① 2009 年最高人民法院行政审判庭《关于劳动行政部门在工伤认定程序中是否具有劳动关系确认权请示的答复》中也对劳动行政部门在工伤认定程序中的劳动关系认定权力给予了肯定。

用人单位使用童工造成童工伤残、死亡的，由该单位向童工或者童工的近亲属给予一次性赔偿。根据法律的规定，该两种情况下单位的赔偿标准不得低于《工伤保险条例》中规定的工伤保险待遇。由此可见，法律规定中并没有将劳动关系下发生的伤害直接定性为工伤，虽然对于待遇标准而言，不存在实质上的差异，但是从支付的主体和“赔偿”概念的使用分析，显然此时的赔偿也不等同于工伤保险待遇。

（二）司法实践中工伤认定对劳动关系的超越

1. 退休人员的劳动关系和工伤认定

退休，是指达到法定退休年龄①的劳动者退出劳动领域。《劳动法》中并没有规定达到退休年龄的劳动者必须退休，《劳动合同法》中将劳动者开始依法享受基本养老保险待遇作为劳动合同终止的原因之一进行规定。② 在现实生活中，人们往往将退休年龄理解为强制性的，并且也是这样执行的。简单通过年龄区分劳动关系和劳务关系，对于劳动者而言，存在着公平与否的问题。如果劳动者达到退休年龄被原用人单位返聘，其实际工作情况没有发生任何变化，但是两者之间关系仅仅因为劳动者

---

① 《劳动法》中并没有明确劳动者退出劳动领域的年龄规定，目前的退休年龄是根据 1978 年 5 月第五届全国人民代表大会常务委员会第二次会议原则批准的国务院《关于工人退休、退职的暂行办法》确定的。该办法将我国劳动者的法定退休年龄规定为一般情况下男年满 60 周岁，女年满 50 周岁，连续工龄满 10 年的。另外，还规定了三种可以提前退休的情况：（1）从事井下、高空、高温、特别繁重体力劳动或者其他有害身体健康的工作，男年满 55 周岁、女年满 45 周岁，连续工龄满 10 年的。（2）男年满 50 周岁，女年满 45 周岁，连续工龄满 10 年，由医院证明，并经劳动鉴定委员会确认，完全丧失劳动能力的。（3）因工致残，由医院证明，并经劳动鉴定委员会确认，完全丧失劳动能力的。

② 根据《劳动合同法实施条例》第 21 条的规定，劳动者达到法定退休年龄的，劳动合同终止。显然，劳动者开始依法享受基本养老保险待遇和达到法定退休年龄并不相同，两者之间可能存在时间差。《劳动合同法实施条例》和《劳动合同法》的不同规定也引发了法律适用问题和司法实践中的混乱。

的年龄而由劳动法调整的劳动关系转化成为了由民法调整的劳务关系。①退休人员与用人单位之间形成劳动关系还是民事雇佣性质的劳务关系，直接关系到退休人员在工作中受到伤害后的处理。如果将两者之间的关系定性为民事雇佣性质的劳务关系，那么退休人员在工作中受到的伤害则不能认定为工伤，转而需要由用人单位承担民事侵权赔偿责任。如果将两者之间的关系定性为劳动关系，则退休人员在工作中受到的伤害仍然是工伤，并有权利享受工伤待遇，但此时的工伤待遇由谁来负担则存疑。

早在2005年中共中央办公厅、国务院办公厅《转发〈中央组织部、中央宣传部、中央统战部、人事部、科技部、劳动保障部、解放军总政治部、中国科协关于进一步发挥离退休专业技术人员作用的意见〉的通知》中就规定，对于专业技术人员离退休后受聘工作中发生的职业伤害，要求聘用单位参照工伤保险待遇处理，在这一文件中，承认工作中的伤害为“职业伤害”，但是受到伤害的人员并不享受“工伤保险待遇”，而是“参照工伤保险待遇”由聘用单位负责。2007年最高人民法院行政审判庭《关于离退休人员与现工作单位之间是否构成劳动关系以及工作时间内受伤是否适用〈工伤保险条例〉问题的答复》中并没有正面回答离退休人员是否与现单位形成劳动关系，对于工伤待遇，认为“现工作单位已经为其缴纳了工伤保险费，其在受聘期间因工作受到事故伤害的，应当适用《工伤保险条例》的有关规定处理”，这一答复将《工伤保险条例》适用的条件限定为“缴纳了工伤保险费”；对于超过法定退休年龄的农民工的职业伤害，在最高人民法院2010年和2012年的答复中均认为超过法定退休年龄的农民工与用人单位形成了劳动关系，因此其职业

① 谢增毅：《退休年龄与劳动法的适用——兼论“退休”的法律意义》，载《比较法研究》2013年第3期。

伤害应当认定为工伤;[①] 2016年人力资源和社会保障部《关于执行〈工伤保险条例〉若干问题的意见（二）》中，也在一定范围内承认退休人员在工作中受到的伤害为“工伤”，但是仍然强调了“缴费”的前提。[②]以上法律文件各自有特定的适用范围，根据以上规定不仅不能得出我国现行法律规定已然将工伤的认定和工伤保险待遇的享受前提突破了“劳动关系”的结论，并且还出现了另外一个条件限制，即已经缴纳了工伤保险费。这也就是说，退休人员（包括达到退休年龄的农民工）享受工伤保险待遇必须依法已经由该用人单位缴纳了工伤保险费，但是在实践中，用人单位会遇到无法缴费的难题。

2. 农民工的工伤待遇问题

农民工，是指具有农业户籍在城镇中从事劳动的人群。用人单位招用农民工与招用城镇户籍的劳动者本质上并没有不同，原则上职工社会保险制度以“劳动关系”为前提，并没有区分劳动者的户籍，但是由于我国长期存在的“城乡二元体制”，这一职工社会保险制度隐含了“城镇户籍劳动者”的前提要件。虽然《劳动法》将“农业劳动者”排除在

① 2010年最高人民法院行政审判庭《关于超过法定退休年龄的进城务工农民因工伤亡的，应否适用〈工伤保险条例〉请示的答复》规定，用人单位聘用的超过法定退休年龄的务工农民，在工作时间内、因工作原因伤亡的，应当适用《工伤保险条例》的有关规定进行工伤认定。2012年最高人民法院《关于超过法定退休年龄的进城务工农民在工作时间内因工伤亡的，能否认定工伤的答复》中也认定为工伤。

② 2016年人力资源和社会保障部《关于执行〈工伤保险条例〉若干问题的意见（二）》规定，达到或超过法定退休年龄，但未办理退休手续或者未依法享受城镇职工基本养老保险待遇，继续在原用人单位工作期间受到事故伤害或患职业病的，用人单位依法承担工伤保险责任。用人单位招用已经达到、超过法定退休年龄或已经领取城镇职工基本养老保险待遇的人员，在用工期间因工作原因受到事故伤害或患职业病的，如招用单位已按项目参保等方式为其缴纳工伤保险费的，应适用《工伤保险条例》。

适用范围之外，但是“农业劳动者”并不等同于“农民工”。农民工与用人单位建立劳动关系，同样应当适用《劳动法》。[①] 面对农民工社会保险的现实问题，为保护农民工的社会保险权利，国家先后出台了一系列法律规定和政策，但是在相关法律政策中对农民工都“另行规定”，并没有与“职工社会保险制度”统一，这在一定程度上造成了农民工社会保险和城镇户籍劳动者之间的法律调整和政策规定上的差异，[②] 从而引发了一系列问题。

超龄农民工的工伤待遇问题在一定程度上是我国法律规定中相互矛盾和适用范围交叉的结果。在司法实践中，2007 年，最高人民法院行政审判庭在给重庆市高级人民法院《关于离退休人员与现工作单位之间是否构成劳动关系以及工作时间内受伤是否适用〈工伤保险条例〉问题的答复》中并没有明确答复是否构成劳动关系，而是认为“现工作单位已经为其缴纳了工伤保险费，其在受聘期间因工作受到事故伤害的，应当

---

① 劳动和社会保障部办公厅《关于农民工适用劳动法律有关问题的复函》中明确，“凡与用人单位建立劳动关系的农民工（包括农民轮换工），应当适用《劳动法》”。

② 2006 年国务院《关于解决农民工问题的若干意见》提出，“消除对农民进城务工的歧视性规定和体制性障碍”，农民工和城市职工“享有同等的权利和义务”的基本原则，在社会保障问题上，“优先解决工伤保险和大病医疗保障问题，逐步解决养老保障问题”。依法将农民工纳入工伤保险范围，重点解决农民工进城务工期间的住院医疗保障问题，有条件的地方，可直接将稳定就业的农民工纳入城镇职工基本医疗保险，农民工也可自愿参加原籍的新型农村合作医疗，探索适合农民工特点的养老保险办法。2004 年劳动和社会保障部《关于农民工参加工伤保险有关问题的通知》明确将农民工纳入工伤保险的覆盖范围。2006 年劳动和社会保障部《关于贯彻落实〈国务院关于解决农民工问题的若干意见〉的实施意见》规定，逐步将有劳动关系的农民工全部纳入工伤保险覆盖范围，按照“低费率、保大病”的原则。将农民工纳入医疗保险范围。按照低费率、广覆盖、可转移，并能与现行城乡养老保险制度相衔接的原则，探索适合农民工特点的养老保险办法。

适用《工伤保险条例》的有关规定处理。”而根据《工伤保险条例》的规定，参加工伤保险的前提是用人单位和劳动者之间有劳动关系，如果没有劳动关系，在实际上用人单位无法办理相应的缴费手续，会产生实施上的不可能。2010年，最高人民法院行政审判庭在给山东省高级人民法院的《关于超过法定退休年龄的进城务工农民因工伤亡的，应否适用〈工伤保险条例〉请示的答复》中则认为，因农民无所谓何时退休，因此，超过法定退休年龄的农民工因工伤亡应当被认定为工伤；① 同年，最高人民法院《关于审理劳动争议案件适用法律若干问题的解释（三）》中，又否定了用人单位和已经依法享受养老保险待遇的人员之间成立劳动关系，规定“用人单位与其招用的已经依法享受养老保险待遇或领取退休金的人员发生用工争议，向人民法院提起诉讼的，人民法院应当按劳务关系处理。”② 而在2012年最高人民法院给江苏省高级人民法院的《关于超过法定退休年龄的进城务工农民在工作时间内因工伤亡的，能够认定工伤的答复》中又重申了给山东省高级人民法院的答复

---

① 此种意见为山东省高级人民法院的倾向性意见。因最高人民法院原则同意该意见，亦可推导出最高人民法院也持同样的态度。但是这一答复意见以“农民无所谓退休”作为超龄农民工与用人单位之间存在劳动关系的理由也有需要商榷之处。根据法律规定，劳动者达到法定退休年龄劳动合同终止，劳动者应依法享受基本养老保险待遇。

② 有地方法院认为无论是否享受养老保险待遇，已过法定退休年龄的劳动者，初次到用人单位提供劳动的，其与用人单位之间的用工关系也按劳务关系处理（参见2015年安徽省高级人民法院《关于审理劳动争议案件若干问题的指导意见》第1条）。也有地方法院区分了不同情况，认为已经享受基本养老保险待遇或者退休金的人员与用人单位之间形成实际用工关系的，按照劳务关系处理。因用人单位原因致使已经达到法定退休年龄的劳动者尚未享受基本养老保险待遇或者尚未领取退休金，劳动者与原用人单位之间形成实际用工关系的，按照劳动关系处理（参见2017年天津市高级人民法院印发的《天津法院劳动争议案件审理指南》）。

意见，再次肯定超龄农民工的工伤认定问题。① 以上司法解释和最高人民法院的答复中的矛盾可以从一个侧面反映出劳动关系和工伤保险关系两者之间的纠葛与复杂性。最高人民法院答复中侧重的是“超过退休年龄”，认为农民“无所谓何时退休”；司法解释中强调“享受养老保险待遇”，认为享受养老保险待遇的人员不能与用人单位再建立劳动关系。暂且不讨论退休是否应当具有强制性的问题，仅从退休和养老保险待遇之间的关系考虑，有关“退休”和“养老保险待遇”的法律规定都有一个预设的前提，即劳动者应当是具有城镇户籍的标准劳动关系下的劳动者。而随着《社会保险法》的实施，在劳动者社会保险制度之外，全国范围内开始在农村建立农村社会保险制度，如此一来，具有农业户籍的农民工也可以在户籍所在地参加农村社会保险，享受农村养老保险待遇，在这样的社会背景下，如何定性超过法定退休年龄的农民工与用人单位之间的劳动关系和工伤保险待遇更为复杂，对于领取了城乡居民养老保险待遇的农民工而言，如果仍然认为其“无所谓何时退休”而认定其与用人单位之间存在劳动关系，相对于达到法定退休年龄的非农民工与用人

---

① 对于超龄劳动者的工伤认定和工伤待遇，各地的司法实践并不完全一致，如2014年4月浙江省高级人民法院民事审判第一庭、浙江省劳动人事争议仲裁院《关于审理劳动争议案件若干问题的解答（二）》中规定，劳动者超过法定退休年龄，仍接受单位聘用的，其与聘用单位之间构成劳务关系，劳动者因工伤亡或者患职业病而向聘用单位主张工伤保险待遇的，不予支持。但劳动者尚未享受基本养老保险待遇或者领取退休金，且聘用单位已为其缴纳工伤保险费的，其工伤保险待遇应予支持。而2014年5月北京市高级人民法院、北京市劳动争议仲裁委员会《关于劳动争议案件法律适用问题研讨会会议纪要（二）》中则认为，依法享受养老保险待遇的人员、领取退休金的人员、达到法定退休年龄的人员，其与原用人单位或者新用人单位之间的用工关系按劳务关系处理。上述人员可依据最高人民法院《关于审理人身损害赔偿案件适用法律若干问题的解释》第11条和最高人民法院《关于审理劳动争议案件适用法律若干问题的解释（三）》第7条的规定主张权利。

单位之间不存在劳动关系的定性则产生了新的不公平问题。

3. 建筑领域的难题

2013年人力资源和社会保障部《关于执行〈工伤保险条例〉若干问题的意见》第7条规定，具备用工主体资格的承包单位违反法律、法规规定，将承包业务转包、分包给不具备用工主体资格的组织或者自然人，该组织或者自然人招用的劳动者从事承包业务时因工伤亡的，由该具备用工主体资格的承包单位承担用人单位依法应承担的工伤保险责任。违法发包和转包在建筑领域更为常见，针对建筑领域的特殊情况，2014年12月人力资源社会保障部、住房城乡建设部、安全监管总局、全国总工会发布的《关于进一步做好建筑业工伤保险工作的意见》中要求对不能按用人单位参保、建筑项目使用的建筑业职工特别是农民工，按项目参加工伤保险。据此，按项目参加工伤保险的做法在一定程度上使得建筑领域的工伤保险与劳动关系可以分立存在，或者说此种情形下劳动关系并不再成为工伤保险的前提条件。2014年4月最高人民法院《关于审理工伤保险行政案件若干问题的规定》中将违法转包情形下的实际用工单位和个人挂靠情况下的被挂靠单位认定为承担工伤保险责任的单位,①但是以上法律文件中均没有承认这两类单位和劳动者之间建立了劳动关

① 最高人民法院《关于审理工伤保险行政案件若干问题的规定》第3条第1款规定，(1) 用工单位违反法律、法规规定将承包业务转包给不具备用工主体资格的组织或者自然人，该组织或者自然人聘用的职工从事承包业务时因工伤亡的，用工单位为承担工伤保险责任的单位；(2) 个人挂靠其他单位对外经营，其聘用的人员因工伤亡的，被挂靠单位为承担工伤保险责任的单位。

系，条文中仅表述为“承担工伤保险责任”①。2016年3月人力资源社会保障部发布的《关于执行〈工伤保险条例〉若干问题的意见（二）》中虽然进一步明确，“用人单位招用已经达到、超过法定退休年龄或已经领取城镇职工基本养老保险待遇的人员，在用工期间因工作原因受到事故伤害或患职业病的，如招用单位已按项目参保等方式为其缴纳工伤保险费的，应适用《工伤保险条例》。”但是也回避了此种情形下用人单位和该人员之间是否构成劳动关系的问题。

工伤待遇的享受能否超越、如何超越现行规定中劳动关系的范围需要从总体上进行考量。在劳动关系不明确的个案中，将受到事故伤害的受害人纳入工伤保险的覆盖范围更容易被理解和接受，而从制度的整体设计上考虑，则必然触及工伤保险与劳动关系之间的关系这一基本问题。如果将劳动关系确定为工伤保险的前提，那么，将劳动关系扩大解释甚至是模糊解释是否合理？如果将劳动关系这一工伤保险的前提略去，那么，“工伤”如何认定？工作中的伤害和劳动关系之间的关系如何处理？显然为追求个案中的正义，任意突破现行法律规定，毁损的是法律的权威。

（三）劳动关系作为工伤认定的前提条件：原则与例外

将劳动关系作为工伤认定的前提条件与工伤保险制度的设计互为因果。按照现行制度的设计，申请工伤认定的第一责任人是用人单位，并且劳动关系的证明材料（书面劳动合同或其他证据）是申请工伤认定的必备资料之一，这些规定本身已经将劳动关系这一工伤认定的前提条件

---

① 司法实践中有案例表明，建筑施工单位（建筑公司）将工程发包给无用工主体资格的自然人，当该自然人雇佣其他自然人从事具体施工劳动时，由于所雇佣的人员服从建筑施工单位管理，因此在建筑施工单位和受雇的劳动者之间建立劳动关系。参见《张某兵诉上海市松江区人力资源和社会保障局工伤认定行政上诉案》，此案为2014年最高人民法院发布的四起工伤保险行政纠纷典型案例之一。载中国法院网。

进行了固化。作为原则，劳动关系是工伤认定的前提条件已经得到了法律的确认，并且自身具有其合理性。① 工伤产生于机械化的社会大生产，工伤立法以机械化大生产和产业工人的特点为基础，因此工伤认定与劳动关系紧密相关。在我国，关于工伤的立法还有着计划经济时代全民所有制企业劳动关系的特殊历史背景。随着科学技术的发展，用工方式的变化，典型产业化工人的劳动关系立法设定很难适应当代劳动就业方式的发展，导致很多劳动者在工作中受到伤害却因为劳动关系不存在而无法享受工伤待遇。工伤不仅是劳动关系中的伤害，更是工作中的伤害。鉴于我国劳动法律中对劳动关系范围规定的局限性，应当通过法律的例外规定，将这些劳动者在工作过程中受到的伤害纳入到工伤范围中来。

如前所述，我国工伤保险基金支付工伤待遇需要满足两个条件：一是用人单位和劳动者之间形成劳动关系；二是用人单位依法缴纳工伤保险费。这样的制度设计导致“准劳动关系”情形下的用人单位即使想为劳动者缴费，或者劳动者本人想通过自己缴费从而进入工伤保险制度的保护范围存在障碍。工伤的本质在于工作中的伤害，随着用工方式的多样化、灵活用工的发展，传统的“劳动关系”设定已经无法满足“工伤”认定的要求。对于特殊的劳动者，可以通过设立新的缴费途径和方式解决。例如，对于职业学校的实习学生，发展职业教育是政府促进就业的法定责任的表现形式之一，企业等用人单位接收职业学校的学生实习，是对政府职业教育责任的分担，因此，应当由政府财政支付实习学生的工伤保险费。② 家政服务人员的工伤保险问题更为复杂，可以通过

---

① 工伤被社会广泛认识源于机械化的大生产时代的到来，对于工伤责任的承担从最初的“雇主责任”逐渐演化到工伤保险制度的建立，关注的都是“雇佣关系”（劳动关系）存在前提下的职业伤害。

② 本书认为，职业学校在校学生实习中的事故伤害应当作为工伤对待，而不是通过商业保险解决。更确切地说，商业保险可以作为工伤保险的补充，但不能替代工伤保险。

允许家政服务中介机构、家庭或家政服务人员缴费的方式将其纳入到工伤保险覆盖范围之中。①

工伤的本质是工作带给劳动者的伤害，这种伤害的可能性一直存在，不能完全消除。通过立法建立的工伤保险制度的目的之一是分散职业风险，这种风险的分散不仅对于保护劳动者具有重要意义，对于用人单位同样重要，因此，用人单位和劳动者之间存在劳动关系成为享受工伤保险待遇的前提条件。对于没有劳动关系而受到伤害的劳动者，其伤害并非得不到法律保障，只是无法享受社会保险中的工伤保险待遇。但是不可否认的是，工伤保险待遇与损害赔偿相比具有不可替代的优势。就工伤保险制度本身而言，一方面，社会经济的发展和科学技术的进步给劳动用工方式带来了巨大的变化，劳动法对“劳动关系”的界定应当随着时代的发展而发展；另一方面，从“工作中的伤害”这一工伤本质出发，对某些被排除在“劳动关系”之外的劳动者提供工伤保险待遇，适当扩大工伤保险的覆盖范围也应当成为工伤保险立法发展的方向。

（四）事业单位工作人员②的职业伤害

事业单位工作人员包括两个部分：一是参照《公务员法》管理的工作人员；二是与事业单位签订劳动合同的工作人员，也即编制内的工作人员和编制外的工作人员。与事业单位签订劳动合同的工作人员，依法享受工伤保险待遇并无疑义。对于参照《公务员法》管理的工作人员，

---

① 家政服务人员的情况相对复杂，如果家政服务公司与家政服务人员之间签订劳动合同，那么该公司作为用人单位依法有缴纳工伤保险费的义务；对于长期住家的家政服务人员可以由雇主（家庭）缴纳工伤保险费；从事临时家政服务的（如小时工）应当允许家政服务人员自己缴纳工伤保险费。当然具体的制度设计仍需深入研究，但是将其纳入工伤保险的覆盖范围应当是工伤保险制度完善的方向。

② 本部分讨论的事业单位工作人员为参照《公务员法》管理的工作人员，即与事业单位签订聘用合同的编制内工作人员。

《工伤保险条例》将其“因工作遭受事故伤害或者患职业病”的待遇规定为“由所在单位支付费用”①，从条文规定的逻辑来看，对于事业单位工作人员使用了“因工作遭受事故伤害或者患职业病”的表述，并没有使用“工伤”的概念，是否意味着不承认这种伤害为《工伤保险条例》中规定的工伤？同时，“单位支付费用”的规定，是否也意味着没有承认这些工作人员享受工伤保险待遇？《公务员法》中规定国家建立公务员保险制度，保障公务员在工伤等情形下获得帮助和补偿，参照《公务员法》管理的事业单位的工作人员自然也应当有权利在工伤情形下获得帮助和补偿。但是公务员的工伤保险制度尚没有在全国建立，事业单位工作人员的参照系存在缺失。那么，是否可以建立独立于公务员的事业单位工作人员的工伤保险制度呢？中共中央、国务院《关于分类推进事业单位改革的指导意见》中明确，“完善事业单位及其工作人员参加基本养老、基本医疗、失业、工伤等社会保险政策，逐步建立起独立于单位之外、资金来源多渠道、保障方式多层次、管理服务社会化的社会保险体系”。但是该意见中重点强调的是事业单位工作人员基本养老保险制度的建立

① 《工伤保险条例》第65条规定，“公务员和参照公务员法管理的事业单位、社会团体的工作人员因工作遭受事故伤害或者患职业病的，由所在单位支付费用”。

和完善，对工伤保险在内的其他社会保险项目并没有详细提及。① 《事业单位人事管理条例》虽然规定事业单位及其工作人员依法参加社会保险，工作人员依法享受社会保险待遇，但是迄今全国层面上仍然没有可依之法。② 在地方性法律规定中，有些将其纳入工伤保险，③ 有些则明确将

---

① 中共中央、国务院《关于分类推进事业单位改革的指导意见》第19条规定，推进社会保险制度改革。完善事业单位及其工作人员参加基本养老、基本医疗、失业、工伤等社会保险政策，逐步建立起独立于单位之外、资金来源多渠道、保障方式多层次、管理服务社会化的社会保险体系。事业单位工作人员基本养老保险实行社会统筹和个人账户相结合，养老保险费由单位和个人共同负担，个人缴费全部记入个人账户。养老保险基金单独建账，实行省级统筹，基本养老金实行社会化发放。实行“老人老办法、新人新制度、中人逐步过渡”，对改革前参加工作、改革后退休的人员，妥善保证其养老待遇水平平稳过渡、合理衔接，保持国家规定的待遇水平不降低。建立事业单位工作人员职业年金制度。统筹考虑企业、事业单位、机关离退休人员养老待遇水平。

② 国务院在2015年通过了《关于机关事业单位工作人员养老保险制度改革的决定》和《机关事业单位职业年金办法》，但是并没有对参照《公务员法》管理的事业单位工作人员的工伤保险作出规定。

③ 例如，《北京市国家机关和参照国家公务员法管理的事业单位、社会团体参加工伤保险办法》第1条明确规定：“为保障我市所属国家机关及参照公务员法管理的事业单位、社会团体工作人员因工作遭受事故伤害或患职业病获得医疗救治、经济补偿和职业康复的权利，根据国家有关法律法规，制定本办法。”该办法还规定，北京市行政区域内的“市级及各区县国家机关、参照公务员法管理的事业单位、社会团体及规范工资的事业单位、社会团体”应当参加北京市工伤保险费用社会统筹，从而将事业单位中参照《公务员法》管理的工作人员纳入到工伤保险覆盖面内。

这些人员排除在工伤保险范围之外。①

事业单位仍处于改革的过程中，目前有编制的事业单位工作人员实行聘用制，事业单位工作人员的行政任用关系转变为平等协商的聘用关系，事业单位与其工作人员在平等自愿、协商一致的基础上，签订聘用合同。② 虽然相关法律规定对聘用合同的具体规定参照了有关劳动合同规定的内容，但是并没有明确“聘用合同”是否具有劳动合同的性质。事业单位的法律定位转归为公益性之后，其不再具有行政机关的性质和地位，因此，事业单位的工作人员与事业单位之间的聘用关系应当是一种特殊的劳动关系，虽然与典型劳动关系存在某些差异，但是在实质上并没有不同，都是具有从属性的劳动关系。《劳动合同法（草案）》公开向社会征求意见时，各方面基本一致认为改革后的事业单位的人事聘用关系与《劳动法》调整的劳动关系在本质上是相同的，聘用制度与劳动合同制度并无本质的区别。③ 从而《劳动合同法》第96条规定：“事业单位与实行聘用制的工作人员订立、履行、变更、解除或者终止劳动

① 例如，2011年《广东省工伤保险条例》中虽然使用了“全部职工”的用语（该条例第2条规定，职工有依法享受工伤保险待遇的权利。本省行政区域内的企业、事业单位、社会团体、民办非企业单位、基金会、律师事务所、会计师事务所等组织和有雇工的个体工商户应当在生产经营所在地依法参加工伤保险，为本单位全部职工或者雇工缴纳工伤保险费），但是2012年广东省人力资源和社会保障厅、广东省民政厅、广东省财政厅《关于我省事业单位社会组织参加工伤保险有关问题的通知》中又特别规定，“有条件的地区也可以将公务员和参照公务员法管理的事业单位、社会团体的工作人员纳入工伤保险参保范围”，显然，《广东省工伤保险条例》中的“全部职工”并不包括以上人员，而以上人员是否享受工伤保险待遇则取决于其所在地区是否将其纳入到参保范围之内。

② 早在2002年，国务院办公厅转发的人事部《关于在事业单位试行人员聘用制度意见的通知》中就已经要求事业单位中参照《公务员法》管理的事业单位编制的工作人员开始与事业单位签订聘用合同，进行聘用制管理。

③ 《中华人民共和国劳动合同法》起草小组编写：《中华人民共和国劳动合同法释义》，中国市场出版社2007年版，第299页。

合同，法律、行政法规或者国务院另有规定的，依照其规定；未作规定的，依照本法有关规定执行。”因此，将事业单位工作人员的职业伤害认定为工伤从而享受工伤待遇应当是现行法律规定的应有之义。

（五）工伤待遇

工伤待遇，即因在工作中受到伤害而应当享受的待遇。在建立了工伤保险制度的背景下，工伤待遇往往表现为工伤保险待遇。对于劳动者而言，其在工作中受到伤害，理应得到工伤补偿，其第一责任人为用人单位，强制性的工伤保险制度的建立将传统上基于侵权所产生的赔偿责任向社会分散，通过缴费所形成的基金为受到伤害的劳动者提供补偿，不仅是对劳动者伤害的弥补，也是对用人单位经营风险的分散，“为了使工伤职工获得赔偿的权益免受其盈亏状况变化和破产的经营风险的影响，国家提出了强制保险的要求，即在立法上规定，用人单位必须以投办保险的方式和兼用投办保险和直接支付方式承担对工伤职工的全部赔偿责任”①。工伤保险制度的建立对劳动者和用人单位都产生了保障作用，对用人单位，减轻和分散了工伤赔偿责任的负担；对劳动者，工伤保险待遇的支付更具有稳定性。工伤待遇从区分劳动者是否有过错的损害赔偿

---

① 王全兴著：《劳动法（第四版）》，法律出版社 2017 年版，第 433 页。

转化为工伤保险基金支付工伤保险待遇。①

工伤保险在我国是一项强制性的社会保险项目，根据《社会保险法》《工伤保险条例》等法律、法规的规定，工伤保险费的缴纳是用人单位的法定义务，并且工伤保险费只由用人单位缴纳。在用人单位缴纳了工伤保险费之后，该单位的劳动者的工伤待遇主要由工伤保险基金支付。法律如此规定为工伤保险待遇的享受设定了一个“缴费”的前提。这一“缴费”前提的设定也在一定程度上加强了工伤认定中对“劳动关系”的重视，形成了用人单位和劳动者建立劳动关系——用人单位为本单位劳动者缴纳工伤保险费——工伤保险基金支付工伤保险待遇的关系链。工伤保险制度涉及三方主体之间的两种关系：一是用人单位与工伤保险经办机构之间的缴费关系；二是劳动者与工伤保险经办机构之间工伤待遇的支付关系。不按时足额缴纳工伤保险费是用人单位对法定义务的违反，对于该单位的劳动者而言，其享有的工伤保险待遇权利不应当由于用人单位的原因而消减，这也就是说，以上两种法律关系虽然在起源上存在联系，但仍是彼此分离的两种法律关系。作为强制性的社会保险项目，法律不仅规定参加工伤保险是用人单位的义务，也赋予了工伤保险

① 用人单位在缴纳工伤保险费后，劳动者的工伤保险待遇主要由工伤保险基金负担，用人单位只依法支付很少一部分工伤待遇（根据《社会保险法》的规定，工伤保险基金支付的工伤保险待遇包括：（1）治疗工伤的医疗费用和康复费用；（2）住院伙食补助费；（3）到统筹地区以外就医的交通食宿费；（4）安装配置伤残辅助器具所需费用；（5）生活不能自理的，经劳动能力鉴定委员会确认的生活护理费；（6）一次性伤残补助金和一至四级伤残职工按月领取的伤残津贴；（7）终止或者解除劳动合同时，应当享受的一次性医疗补助金；（8）因工死亡的，其遗属领取的丧葬补助金、供养亲属抚恤金和因工死亡补助金；（9）劳动能力鉴定费。用人单位承担的工伤保险待遇有：（1）治疗工伤期间的工资福利；（2）五级、六级伤残职工按月领取的伤残津贴；（3）终止或者解除劳动合同时，应当享受的一次性伤残就业补助金）。如果用人单位没有依法缴纳工伤保险费，则用人单位要依照工伤保险待遇的标准向劳动者支付全部工伤待遇。

经办机构对工伤保险费的征缴权力，用人单位不按时足额缴纳工伤保险费不仅是用人单位违法，也是工伤保险经办机构的失职。因此，即便在用人单位没有缴费的情况下，劳动者仍有权获得工伤保险基金提供的工伤保险待遇。

强制性的工伤保险制度将用人单位承担职业伤害后果的风险进行分散，用人单位通过履行缴费义务将风险责任的承担转嫁给了工伤保险经办机构，伤害的补偿由工伤保险基金负责。那么是否意味着，在缴费之后，用人单位不再承担任何责任？就我国现行制度设计来看，答案是否定的。① 如此设计很可能会引发消极后果：对于用人单位而言，工伤发生具有偶然性，其可以在整体上衡量，是在工伤发生后因没有缴费而依法承担所有的工伤待遇有利，还是依法缴费后仍然承担部分工伤待遇更有利。当用人单位认为前者更有利时，其可能会逃避缴费，从而降低工伤保险的参保率，工伤保险基金也会减少，不利于工伤保险待遇的支付，甚至可能动摇工伤保险制度存在的基础。

考察我国工伤保险制度的设计，工伤保险待遇可以分为两个部分：一是经济待遇，包括工伤医疗待遇、工伤伤残待遇和工亡待遇，所有这些待遇通过医疗费用支付和对劳动者的经济补偿（一次性或持续性）实现；二是劳动关系的维持，即用人单位不能因为发生了职业伤害解除与劳动者的劳动关系。对于前者，理应由工伤保险基金支付；对于后者，工伤保险基金无法承担，仍然需要用人单位负责。

六、住房公积金的法律定位

用人单位和劳动者建立劳动关系之后，用人单位依法有义务为劳动者缴纳社会保险费，与此同时，用人单位还需要为劳动者缴存住房公积

---

① 有学者将我国的这种工伤保险制度设计称为“不完全保险”或“半保险”。郑晓珊著：《工伤保险法体系——从理念到制度的重塑与回归》，清华大学出版社 2014 年版，第 289—291 页。

金，以上两者在社会实践中通常被简称为“五险一金”。但是与“五险”作为“社会保险项目”不同，住房公积金的法律定位并不明确，住房公积金在学者的研究中并不当然被归为“社会保险”的范畴，在实际的立法中也与社会保险相区别。通常情况下，劳动者的社会保险，是指《劳动法》《社会保险法》和相关法律规定中所规定的五个项目，在这五个项目中并不包括住房公积金。从社会保险的相关法律规定和规范性文件出台的背景和时间分析，其与企业体制改革，特别是企业的用工制度改革紧密相关，将计划经济体制下通过企业这一“中间人”实施的“国家保障”转化为“社会保障”，通过劳动者和用人单位缴费形成社会保险基金，再通过基金的支出实现对劳动者社会保险权益的保护。而住房公积金的建立虽然也与企业的用工制度改革相关，却还有着另一个住房制度改革的背景。

（一）住房公积金的性质

住房公积金制度起源于我国城镇住房制度改革。作为经济体制改革的组成部分，城镇住房制度改革的目的是“实现住房商品化、社会化”，从根本上改变城镇居民住房由用人单位分配的计划经济住房保障方式，转而实行商品住房和保障住房相结合的住房供应体系，对于用人单位的职工而言，住房从实物分配转化为“货币工资分配”①。从住房改革的一系列规范性文件的内容分析，城镇住房在供给上主要分为两个部分：商品住房和保障住房。商品住房的供给开启了我国的房地产市场；保障住房则通过“廉租房”等途径为城镇低收入群体和贫困群体提供住房保障。在这一住房改革大背景下，住房公积金与劳动者的劳动关系相关，类似

① 参见 1994 年 7 月国务院发布的《关于深化城镇住房制度改革的决定》。

于劳动者的“社会保险”①，它不同于“廉租房”等为城镇低收入群体和贫困群体提供的住房社会保障制度。

从住房公积金的具体制度规定分析，住房公积金与劳动者的社会保险虽然类似，但又存在区别。尽管与缴纳社会保险费一样，为本单位职工缴纳住房公积金同样是用人单位的法定义务，但是从制度设计本身来看，住房公积金并不属于我国现行的社会保险制度范围。从相关法律、规范性文件出台的时间分析，在制度的设计之初，社会保险的法律规定中就排除了住房公积金。《劳动法》中规定的劳动者的社会保险项目并没有住房的内容，2007 年《劳动合同法》中将“社会保险”作为劳动合同的必备条款，但显然这里的“社会保险”并不包括住房公积金；2010 年的《社会保险法》扩大了社会保险的覆盖范围，但是仍然维持了社会保险的“五个项目”内容格局，没有任何增加；与此相联系，住房公积金的立法一直独立存在和发展，在相关的法律规定和规范性文件中，住房公积金被规定为“住房储金”。根据《住房公积金管理条例》的规定，住房公积金由职工个人和用人单位共同缴纳，实行的是个人账户制。从相关法律规定的内容分析，住房公积金类似于《劳动法》中的“强制性

① 在最早提出建立住房公积金制度的国务院《关于深化城镇住房制度改革的决定》中“把住房实物福利分配的方式改变为以按劳分配为主的货币工资分配方式”的用语，在一定程度上使用人单位通过货币方式给予职工的“住房保障”有了工资的性质，但是在随后的住房公积金立法和住房改革的规范性文件中，特别是对劳动者工资的相关规定中，这一性质并没有得到进一步的体现。即使在计划经济时期，用人单位分房也是一种实物“福利”，而并不是工资的组成部分，在住房改革开始之前的关于工资总额的法律规定中，虽然将津贴和补贴作为工资的组成部分加以规定，但津贴和补贴的内容中并不涉及“住房福利”的内容（“按劳分配为主的货币工资分配方式”的表述中虽然提到“货币工资”但并不意味着将房屋这一实物折现为工资）。在 1994 年发布的《工资支付暂行规定》中对工资的规定也没有涉及“房屋”的内容。

储蓄”①。对于在职职工而言，其住房公积金缴纳为本人工资比例，也就是将本人工资的一部分强制储蓄作为购买住房的保障，但是从《劳动法》中所规定的“强制性储蓄”形式的社会保险项目的条文分析，其规定在基本社会保险和用人单位补充社会保险之后，作为一项“提倡性”的补充社会保险项目存在，而《劳动法》中所规定的劳动者的社会保险项目，并不包括“住房保障”在内。类似于劳动者社会保险中的用人单位缴费，用人单位也要为本单位的职工缴纳“住房公积金”，但是这一单位缴纳的“住房公积金”被计入职工的个人账户，并不形成具有互助性的“基金”，职工个人账户中个人和单位缴存的“住房公积金”均属于职工个人所有。② 虽然相关法律文件中认为住房公积金具有“互助性”特征，③但是“个人账户”的制度设计，并没有真正体现这种“互助性”。

（二）住房公积金争议的解决

1. 现实情况及问题所在

《劳动合同法》中并没有将“住房公积金”作为劳动合同的必备条款进行规定。住房公积金立法的独立存在，使其与劳动者的社会保险并列，由此用人单位的住房公积金缴费出现了一个尴尬的现象：作为用人单位的义务，《住房公积金管理条例》中规定用人单位应当依法为本单位的劳动者缴纳住房公积金，其与劳动关系紧密相连，与用人单位缴纳社

---

① 《劳动法》第 75 条第 2 款规定，国家提倡劳动者个人进行储蓄性保险。

② 1994 年财政部、国家住房制度改革领导小组、中国人民银行发布的《建立住房公积金制度的暂行规定》第 2 条规定：“住房公积金是一种长期性住房储金。在职工工作期间，职工个人和所在单位均应按职工个人工资和职工工资总额的一定比例逐月交纳，归职工个人所有，作为职工个人住房基金，专户储存、统一管理、专项使用。”在 1996 年国务院住房制度改革领导小组《关于加强住房公积金管理的意见》，2002 年国务院《关于进一步加强住房公积金管理的通知》中也分别明确了住房储金的性质。

③ 参见 1996 年国务院住房制度改革领导小组《关于加强住房公积金管理的意见》。

会保险费类似，其义务产生于劳动关系的建立并随着劳动关系的持续而存在。《劳动争议调解仲裁法》将“社会保险”争议纳入调整范围，进而使得劳动者和用人单位之间因社会保险产生的争议成为劳动争议的受案范围，而对不属于社会保险的“住房公积金”争议是否为“劳动争议”，则存在着不同的解释。在司法实践中，有法院认为劳动者与用人单位之间因住房公积金产生的争议不属于劳动争议，① 甚至有法院进一步明确不能直接通过诉讼途径解决，而应当“向住房公积金行政管理部门申请解决”②；但是也曾经有法院认为虽然住房公积金不属于劳动争议受案范围，但是如果双方当事人在劳动合同中有约定的除外，③ 从而有限地将住房公积金纳入到劳动争议受案范围之中。

根据住房公积金的相关法律规定，劳动者和用人单位之间关于住房公积金的争议主要体现为用人单位没有按时足额缴纳住房公积金，如果双方之间因缴费产生争议无法通过诉讼途径解决，那么这一纠纷该如何处理？根据《住房公积金管理条例》的规定，在用人单位不办理住房公积金缴存手续或不按时足额缴纳住房公积金时，住房公积金管理中心有权责令其限期办理或缴存，给予行政处罚，并可以申请人民法院强制执

① 参见 2015 年深圳市中级人民法院《关于审理劳动争议案件的裁判指引》第 2 条；2009 年北京市高级人民法院、北京市劳动争议仲裁委员会《关于劳动争议案件法律适用问题研讨会会议纪要》第 3 条；2009 年浙江省高级人民法院民一庭《关于审理劳动争议案件若干问题的意见》第 2 条；2009 年湖南省高级人民法院《关于审理劳动争议案件若干问题的指导意见》第 2 条；2004 年江苏省高级人民法院《关于审理劳动争议案件若干问题的意见》第 2 条；2008 年广东省高级人民法院、广东省劳动争议仲裁委员会《关于适用〈劳动争议调解仲裁法〉、〈劳动合同法〉若干问题的指导意见》第 3 条。

② 参见天津市高级人民法院印发的《天津法院劳动争议案件审理指南》。

③ 参见 2001 年广州市中级人民法院《关于审理劳动争议案件若干问题的意见综述》第 3 条；2002 年广东省高级人民法院《关于审理劳动争议案件若干问题的指导意见》第 2 条。

行，由此通过行政处罚的方式保障了劳动者的住房公积金权益，但是，这样的规定是否意味着劳动者不能提起诉讼而仅能向住房公积金管理机构投诉？如果纠纷没有得到很好的解决，是否意味着本来属于劳动者和用人单位之间的争议转化为劳动者和住房公积金管理机构之间的争议，从而进入行政争议的解决程序（行政复议或行政诉讼）？目前法律规定中语焉不详，使得这一纠纷的解决充满不确定性。同时，由于住房公积金的缴纳与劳动关系密切相关，当劳动者和用人单位之间的劳动争议进入仲裁或诉讼程序，是否意味着需要将仲裁或诉讼请求拆解，剔除住房公积金部分，特别是在涉及社会保险的案件中，用人单位既没有依法缴纳社会保险费，也没有依法缴纳住房公积金，有关社会保险缴费的部分可通过劳动争议途径解决，而缴纳住房公积金的诉求却被剔除在外，如此处理是否合理？

2. 缴纳住房公积金争议作为劳动争议的合理性和可行性

住房保障制度是社会保障制度的组成部分，是“居者有其屋”的制度体现，虽然住房公积金制度不同于“廉租房”等针对城镇低收入群体和贫困群体的社会救助性质的住房保障项目，在现行法律规定下也无法纳入社会保险项目之中，但是并不能否认其作为保障社会成员住房权利的一项社会保障制度的合理性。从劳动者社会保障权利保护的角度，国家通过建立住房公积金账户为劳动者提供住房保障，这一住房保障的具体权利理应得到法律的保护。虽然住房公积金单独立法，但是在缴费这一层面，其仍然是基于劳动关系的建立和存在而产生的用人单位的义务，因此，当用人单位未依法缴纳住房公积金时，其可以通过劳动争议的解决途径予以解决。虽然法律赋予住房公积金管理机构行政处罚权和请求法院强制执行的权利，但是并不能基于此否定劳动者的诉权，对于权益被侵犯的劳动者而言，其应当有权通过诉讼追究侵犯其权利一方的法律责任。当劳动者向住房公积金管理机构投诉，其转化为劳动者和住房公积金管理机构之间的纠纷，这一纠纷基于用人单位未依法缴纳住房公积金，但是将本属于劳动者和用人单位之间的争议不加区分地转化为劳动者和行政机构之间的纠纷也值得质疑。劳动者和住房公积金管理机构之间争议的产生基于投诉没有被合理处理，从而追究行政机构怠于行使权力的行政纠纷，这一纠纷的产生和处理，并不能必然否定劳动者和用人单位之间纠纷的存在。在社会实践中，用人单位依法缴纳“五险一金”的义务已经得到广泛认同，在争议处理途径上皆对此进行拆分，无助于劳动者和用人单位之间争议解决的便捷性诉求。

第四章　用人单位劳动规章制度的解析

《劳动合同法》中规定了制定劳动规章制度的民主程序，使得劳动规章制度与集体协商发生了联系，但是没有明确劳动规章制度是否为集体协商的议题，并成为集体合同的内容。与劳动合同需要用人单位和劳动者之间达成合意不同，制定劳动规章制度通常被认为是用人单位的单方权利，是用人单位自主管理、自主经营权利的重要内容，但是劳动规章制度的内容关系到劳动者的权利，由此则产生了用人单位劳动规章制度是否需要经过劳动者同意的论题。如果需要劳动者同意，那么其与劳动合同的差异是什么？如果不需要劳动者同意，那么如何限制用人单位滥用这一权利？在理论研究中，单独探讨用人单位劳动规章制度对劳动关系的作用的研究路径具有一定的局限性。理论研究应当与社会实践紧密联系，理论指导社会实践，但也应当反映社会现实需要。在社会实践中，用人单位劳动规章制度并不必然与劳动合同、集体合同明确分离。在劳动关系中，用人单位劳动规章制度通常和劳动合同、集体合同发生紧密联系，在集体谈判中可能会涉及用人单位劳动规章制度的内容，并将某些内容写入集体合同；劳动规章制度的内容可以成为劳动合同的条款或者劳动合同的附件。因此，对劳动规章制度的研究不能仅仅停留在单独探讨劳动规章制度自身的层面，从其与法律规定、劳动合同和集体合同的相互关系探讨更具有意义。

一、劳动规章制度的含义和性质

（一）劳动规章制度的含义

一般认为，劳动规章制度，是指用人单位依法制定并在本单位实施的组织劳动和进行劳动管理的规则。① 劳动规章制度也被称为劳动规则、工作规则等。相较而言，劳动规章制度使用更为广泛，但是这一概念容易引起歧义。在法律体系中，规章虽然效力层次较低，但是其仍为一级法律规定，由国务院各部门或地方政府制定。劳动规章则是用人单位制定的，其并不属于法律规定范畴。因此，为避免产生歧义，将其称为用人单位内部劳动规章制度更为准确。从用人单位内部劳动规章制度的外延分析，其是用人单位进行本单位劳动管理的所有规章制度的总和，包括劳动者岗位的设立和职责分工、奖惩机制、薪酬体系、劳动纪律等各项内容。

在我国早期的立法中，“劳动纪律”概念使用更为广泛，工作规则作为保证劳动者遵守劳动纪律的手段存在。在一些法律规定中，“劳动纪律”和“用人单位规章制度”两个概念同时使用，从法条内容来看，似乎是并列关系。例如，1950 年劳动部发布的《关于劳动争议解决程序的规定》中将关于“企业内部劳动纪律与工作规则事项”并列规定为该规定的适用范围之一；1953 年政务院发布的《关于加强高等学校与中等技术学校学生生产实习工作的决定》中规定对实习学生进行遵守工作制度与劳动纪律的教育，组织学习有关保密、保安、劳动保护及劳动纪律的规章制度。1954 年政务院发布的《国营企业内部劳动规则纲要》中明确将在厂矿企业中规定内部劳动规则作为保证和巩固劳动纪律的措施进行规定，将严格遵守内部劳动规则规定为劳动者的义务，并对包括录用、

① 《劳动与社会保障法学》编写组编：《劳动与社会保障法学（第二版）》，高等教育出版社 2018 年版，第 77 页。

调动和辞退、用人单位和劳动者的职责、工作时间、处分等内部规则内容的制定作出了明确规定。1982 年国务院发布的《企业职工奖惩条例》规定，企业职工必须遵守国家政策、法律、法令，遵守劳动纪律，遵守企业的各项规章制度。1983 年国务院颁布的《国营工业企业暂行条例》规定，职工必须遵守安全操作规程、劳动纪律和其他规章制度。直至《劳动法》的颁布施行，“劳动纪律”和“规章制度”两个概念在法律规定中并列出现的格局也没有根本改变，根据《劳动法》的规定，用人单位应当依法建立和完善规章制度，保障劳动者享有劳动权利和履行劳动义务；劳动者有遵守劳动纪律的义务。2007 年颁布的《劳动合同法》首次在法律层面使用了“劳动规章制度”的概念。① 根据该法第 4 条的规定，用人单位应当依法建立和完善劳动规章制度，保障劳动者享有劳动权利、履行劳动义务；并明确劳动纪律为用人单位规章制度的内容之一。在劳动合同的必备条款中删除了“劳动纪律”的内容，将“严重违反用人单位的规章制度”作为用人单位可以解除劳动合同的情形之一。由此，在理论研究和实务中“用人单位劳动规章制度”一词逐渐被广泛使用，在一定程度上替代了劳动纪律。

（二）劳动规章制度的性质

学者们在对用人单位内部规章制度的理论研究中形成了不同的学说观点。在日本，就业规则②是企业在听取劳动者意见的基础上，制定或变更统一的劳动条件和职场规律的文书。日本的劳动契约很少对具体的劳动条件进行详细规定，很多情况下，通过就业规则确定的内容被认为是劳动契约的内容。对于就业规则性质的研究中，主要理论学说有“契

① 《劳动法》中虽然使用了“用人单位规章制度”的概念，但从语义上分析，用人单位规章制度是用人单位劳动规章制度的上位概念，其包括但不等同于劳动规章制度。

② 在日本，就业规则的含义与我国劳动规章制度基本等同。文中涉及日本的相关内容时，如不特殊说明，均使用“就业规则”的概念。

约说”“法规说”“根据二分说”“集体合意说”等，尚未形成被学界普遍认可的通说。

“契约说”是根据近代法的个人自治原则，把就业规则（堪称是劳动契约的雏形）在订立劳动契约时，根据劳资双方明示或默示的合意，作为契约的内容来规范劳动契约关系。根据这种学说，就业规则本身只不过是事实上的规范，是雇主将所希望的契约的各种条件罗列起来的契约的雏形，根据劳动者的同意作为劳动契约的内容产生约束力。对“契约说”，有学者提出批评意见，指出由于劳资双方力量对比关系的悬殊，劳动者不得不承认雇主提出的条件，现实中劳动者对就业规则产生异议时，更多的是不得不默示同意，所以重视双方合意的结果只是贯彻了雇主单方面的意图，是一种虚伪的合意。

“法规说”认为，就业规则本身具有法律规范的性质，无须劳动者的同意即对劳动者具有约束力。该学说又有多种解释，其中从日本《劳动基准法》第 93 条对劳动者保护的目的出发，认为日本《劳动基准法》赋予了雇主通过制定具有法律规范效力的就业规则来保护劳动者的权利，这种“保护法授权说”是现在法规说中最有影响的学说。但反对意见认为，承认只由雇主一方制定的就业规则的法律规范的效力，是对个人自治原则和劳动条件对等决定原则的违反，并且该学说是以就业规则制定的劳动基准低于劳动契约的基准为前提的，作为最低基准其效力被认可，但如果劳动条件超过了最低基准，就没有了约束力。

“根据二分说”是把就业规则的法的约束力的关系分为两部分：一部分属于就业规则中决定工资、劳动时间等狭义劳动条件的规定，以劳资合意为根据，没有形成合意，就没有法律效力；另一部分属于就业规则中决定劳动行为的准则的部分，以雇主在劳动契约的履行中存在指挥命令权为根据，基于这种指挥命令权告知劳动者而发生效力。

“集体合意说”认为就业规则是劳动者集体意见的媒介，其促使劳资双方达成合意，成为就业规则的劳动条件条款的法律约束力的根据。固有的劳动契约内容中的劳动条件，必须是雇主征得职场劳动者集体同意而制定的就业规则，才具有法律规范的效力。该学说与日本《劳动基准法》第 90 条“劳动者的同意不作为就业规则的制定、变更的要件”的意旨相矛盾，与根据集体谈判来决定劳动条件的日本《劳动组合法》上的制度的整合性欠缺，因此受到质疑。

在司法实践中，最具有代表性的“秋北巴士事件”的判决中指出，“确定定型的劳动条件的就业规则，不仅具有作为一种社会规范的性质，如果确定的劳动条件是合理的，经营主体与劳动者之间的劳动条件通过就业规则成为事实上的习惯，其法的规范性被认可”，因此，“当该职场的劳动者不论其对就业规则的存在即内容等是否知悉，以及不论对此是否得到个人的同意，都当然地适用”。该判决，一方面，承认了就业规则的法的规范性；另一方面，其寻求的契约解释基准的根据是成为事实上的习惯，这是相互矛盾的。此后，在对以就业规则所定事项是否存在业务命令的服从义务为争点的判例中，日本最高裁判所认为，“就业规则对劳动者规定了在约定事项上应该服从雇主的业务命令，如果该规定内容是合理的，可以看成是具体的劳动契约的内容”。被认为适用有关保险契约等契约约定条款等约束力理论，即契约内容如果根据约定条款的成为事实上的习惯而成立，则约定条款以事前公示和内容的合理性为要件，无论利用这是否知悉都具有约束力。这种契约说被称为“定型契约说”，是目前具有代表性的见解。

总体而言，“法规说”是雇主作为一方当事人制定的就业规则，作为法律规范来发挥作用，结果脱离了劳动条件对等决定原则（日本《劳动基准法》第 2 条第 1 款）。“契约说”的就业规则，则是通过默示表示同意，加以介入，承认其具有完全约束力，从这一点来看与“法规说”没有大的差异。而“定型契约说”是以规定内容的合理性为要件，限制就业规则的约束力，以此实现劳资间的利益调整。这种合理性的审查，其成文法典依据是上面提到的劳动条件对等决定原则。就业规则的合理性，要按照每一个规定加以判断，但一般来说，要对劳资之间的各种利益进行比较衡量。作为雇主的利益包括生产经营的必要性以及企业设施管理保全的必要性等，作为劳动者的利益包括既得的劳动条件下的劳动利益、宪法和法令保障的权利、私生活以及行动的自由等。①

我国台湾地区学者的研究深受日本学说影响，早期多借鉴日本学说内容，主张“法规说”“契约说”“定型契约说”“根据二分说”，其含义与日本学说相似，后有学者提出“集体合意说”、“修正的法规范说”和“独立法源否认说”等新的学说观点。②“集体合意说”认为，“工作规则原则上虽应经个别劳工同意，但此种同意应可由劳工之集体意思的同意而取代”③；“修正的法规范说”认为，工厂法与劳动基准法关于工作规则的法律性质均采法规说，但是采法规说有可能过度伤害劳动者之权益，因此，实务采“合理劳动条件”“既得保护”“诚实信用原则”等来限制雇主的权限，“此种修正的法规范说的处理方式，不仅保留了雇主单方制定工作规则之权限（法规范说），也兼顾了劳动者之权益，实较为妥当”④。“独立法源否认说”认为，“工作规则本身并非独立于现今既已公认的劳动法法源之外另一法源”，“就工作规则拘束力的问题，当涉及单纯属雇主经营自由的反映时，基本上这既无法作为解决劳资双方争议的标准，因此也不发生有无拘束力的问题。当涉及当事人合意的对象时，

---

① 田思路、贾秀芬著：《日本劳动法研究》，中国社会科学出版社 2013 年版，第 7 页、第 126—129 页。

② 参见王能君：《工作规则不利益变更之法律效力》，载台湾劳动法学会编：《劳动法裁判选辑（四）》，台湾元照出版公司 2006 年版；台湾劳动法学会编：《劳动基准法释义——施行二十年之回顾与展望》，台湾新学林出版股份有限公司 2005 年版，第 340—344 页；黄越钦著：《劳动法新论》，中国政法大学出版社 2003 年版，第 138—140 页。

③ 黄程贯著：《劳动法》，台湾空中大学 1997 年出版，第 453—454 页。

④ 杨通轩：《工作规则法律性质之探讨》，载台湾劳动法学会编：《劳动法裁判选辑（三）》，台湾元照出版公司 2000 年版。

原则应认其为定型化约款（定型化契约），应得劳方同意才对之有拘束力”①。

相对于日本和我国台湾地区的理论研究，我国大陆劳动法学者对于劳动规章制度的研究关注较晚，早期的研究多集中于对劳动纪律内容的探讨，特别是《企业职工奖惩条例》的颁布和实施，大量的研究都与该条例的理解、解释相关，随着《劳动合同法》中劳动规章制度概念的使用，在理论研究中，从劳动纪律的研究逐步扩展到劳动规章制度，特别是2008年该条例失效后，如何建立和完善适应市场经济用工模式的劳动规章制度逐步为劳动法学者所关注。在借鉴了日本和我国台湾地区的学说观点的基础上，结合大陆的立法和司法实践，我国大陆学者对用人单位劳动规章制度性质也从不同角度进行解析，但迄今并没有形成主流认识。

用人单位劳动规章制度的有效性必然以合法为前提，理论上对用人单位性质的探讨所形成的各种学说的核心内容也正是为用人单位制定劳动规章制度的有效性提供理论基础和合理解释。从我国劳动用工制度的历史发展和相关法律规定的历史脉络分析，我国用人单位，特别是企业的劳动规章制度有着自身的特点。在计划经济时期，劳动规章制度体现的是用人单位对本单位劳动者的行政管理权力，国家计划用工背景下用人单位和劳动者之间并不需要签订劳动合同，因此，劳动规章制度的制定也就不存在劳动关系双方协商的社会基础，并且包括企业在内的用人单位对劳动者的管理也没有局限在“劳动关系”范围之内，劳动者在劳

① 林更盛：《对工作规则法律性质的几点初步想法》，载台湾《月旦法学杂志》2002年第91期。

动关系之外的行为活动同样受用人单位的管理。① 随着经济体制改革和企业改革的深入发展，劳动用工制度发生了深刻的变革，劳动合同制的全面推行，打破了固定工制度下用人单位对劳动者的管理模式，企业的去行政化和作为市场经济主体地位的确立使企业对劳动者的管理逐步摆脱行政化的模式，市场经济条件下劳动关系管理制度得以建立和发展，相应的适应市场经济发展需要的劳动规章制度才有了存在的必要性和可能性。《劳动法》首次在法律层面对用人单位内部管理制度进行了规定，用人单位应当依法建立和完善规章制度，保障劳动者享有劳动权利和履行劳动义务。但是《劳动法》的相关条文内容比较简单，既没有明确此规章制度的内涵和外延，也没有对此规章制度的制定提出明确的标准和条件要求。2001 年，最高人民法院发布的《关于审理劳动争议案件适用法律若干问题的解释》在确定规章制度的法律效力时增加了民主程序的内容，规定用人单位根据《劳动法》第 4 条的规定，通过民主程序制定的规章制度，不违反国家法律、行政法规及政策规定，并已向劳动者公示的，可以作为人民法院审理劳动争议案件的依据，由此在司法中给予了用人单位规章制度的“准法律”效力。但对于如何理解“民主程序”并没有在这一司法解释中明确。按照最高人民法院对“民主程序”的解释，民主程序，是指“经过职工代表大会或者其他民主程序通过，未设职工代表大会制度的用人单位，由股东大会、董事会等权力机构或者依相应的民主程序通过制定”。将“民主程序”解释为职代会等职工参与

① 1982 年《企业职工奖惩条例》中大量的条文内容都体现出了行政管理的色彩，如关于记功、记大功、警告、记过、记大过、留用察看、开除等奖惩形式的规定充分体现出了行政性质；奖励情形中关于保护公共财产，同坏人、坏事作斗争，维护社会治安的规定；惩罚情形中关于聚众闹事、打架斗殴、影响社会秩序、违法乱纪等的规定，显然都超出了“劳动关系”的范畴。

企业管理等民主形式。① 在此阶段，作为市场主体的企业逐步确立自身的管理制度，但《企业职工奖惩条例》仍然有效并发挥作用，虽然企业的去行政化已经使得该条例中的很多条文内容的实施失去了现实的社会基础，但是其仍然对企业管理本单位劳动者有着巨大的影响。例如，很多企业仍然采用罚款这一惩戒方式对违反本单位劳动规章制度的劳动者进行处罚。《劳动合同法》第一次在法律层面对用人单位制定劳动规章制度等程序作出规定。从《劳动合同法》相关条文内容分析，立法者对于用人单位劳动规章制度性质的定位并没有采用“契约说”的观点，而是认为制定劳动规章制度是用人单位的权利，并不需要同劳动者协商并得到劳动者的同意；但是该法又规定了劳动规章制度制定的民主程序。与上述最高人民法院对“民主程序”的解释不同，《劳动合同法》虽然规定“用人单位在制定、修改或者决定有关劳动报酬、工作时间、休息休假、劳动安全卫生、保险福利、职工培训、劳动纪律以及劳动定额管理等直接涉及劳动者切身利益的规章制度或者重大事项时，应当经职工代表大会或者全体职工讨论”，但是法条中“提出方案和意见，与工会或者职工代表平等协商确定”的用语使得劳动规章制度的制定程序与签订集体合同类似，似乎体现了“集体合意说”的观点，劳动规章制度的制定成为了集体协商的内容，并最终写入集体合同。② 但是通常情况下，用人单位劳动规章制度的制定仍然区别于集体合同。用人单位劳动规章制度具有独立性，并没有完全作为集体协商的内容，在司法实践中仍然突出强调职工代表大会或职工大会等形式的“民主程序”，而并不必须经过集体协商程序，究其原因，或许与我国集体协商和集体合同大多流于形

---

① 最高人民法院民事审判第一庭编著：《最高人民法院劳动争议司法解释的理解与适用》，人民法院出版社 2015 年版，第 151—153 页。

② 根据 2004 年劳动和社会保障部发布的《集体合同规定》的规定，集体协商双方可就劳动条件和奖惩内容进行协商并签订集体合同或专项集体合同。

式有关。① 对于劳动规章制度程序要求中的民主程序的含义和效力，在司法实践中有观点认为，经过职工代表大会或者全体职工讨论协商，与用人单位工会平等协商或者与用人单位职工代表平等协商均可。② 更有观点认为，民主程序的存在欠缺，并不必然使得劳动规章制度无效，如深圳市中级人民法院《关于审理劳动争议案件的裁判指引》中明确规定，用人单位在《劳动合同法》实施前制定的规章制度，虽未经过《劳动合同法》第4条第2款规定的民主程序，但内容未违反法律、行政法规及政策规定，并已向劳动者公示或告知的，可以作为用人单位用工管理的依据。《劳动合同法》实施后，用人单位制定、修改直接涉及劳动者切身利益的规章制度或重大事项时，未经过《劳动合同法》第4条第2款规定的民主程序的，原则上不能作为用人单位用工管理的依据。但规章制度或重大事项的内容未违反法律、行政法规及政策规定，不存在明显不合理的情形，并已向劳动者公示或告知的，劳动者没有异议的，可以作为用人单位用工管理的依据。这里“劳动者没有异议”的规定，则表明在特定情况下，用人单位内部劳动规章制度仍需要劳动者同意，从而在一定程度上体现出“契约说”的观点。而对于“平等协商确定”的程序要求，该指引则认为，《劳动合同法》第4条第2款规定的“平等协商确定”主要是指程序上的要求，如果平等协商无法达成一致，最后决定权在用人单位。这也就是说，虽然有平等协商的要求，但并非以平等协商

---

① 2006年最高人民法院《关于审理劳动争议案件适用法律若干问题的解释（二）》中对于用人单位规章制度与集体合同内容不一致时合同效力优先的规定，也从一个层面证明了用人单位规章制度独立存在于集体合同之外。

② 参见2017年天津市高级人民法院发布的《天津法院劳动争议案件审理指南》第23条的规定，即对于《劳动合同法》第4条第2款规定的规章制度，用人单位制定时经过以下程序之一的，可以认定为已经经过民主议定程序：（1）经过职工代表大会或者全体职工讨论协商；（2）与用人单位工会平等协商；（3）与用人单位职工代表平等协商。

双方达成合意为条件，用人单位仍然有单方决定权。① 由此可以发现，在法律规定和司法实践中，都没有用一种学说定位用人单位内部劳动规章制度的性质。

二、劳动规章制度在劳动关系中的地位和作用：兼论其与劳动合同、集体合同的关系

（一）现行法律规定

对用人单位劳动规章制度性质的理论考察，其目的主要在于确定用人单位的劳动规章制度对劳动者产生效力的法理依据；立法者对不同学说观点的偏向和采用，决定了劳动规章制度的合法性要求。现行法律规定的劳动规章制度合法条件主要体现为程序性条件，对劳动规章制度的内容，法律虽然规定了合法的原则性要求，但并没有具体阐释。

现行法律规定中有关劳动规章制度主要包括以下内容：一是用人单位有权依法制定内部劳动规章制度，“依法制定”包括内容和程序上的合法要求，对于内容，法律并没有明确具体要求或标准；对于程序，法律规定了民主程序和公示，民主程序强调的是劳动规章制度的确立需要得到劳动者集体的合意，公示程序则要求内部劳动规章制度向本单位劳动者公示，其目的在于让劳动者知悉，但公示本身并没有“需要劳动者同意”的含义。二是依法制定并公示的用人单位劳动规章制度对劳动者具有拘束力，劳动者有遵守的义务，合法的劳动规章制度具有“准法律”的效力，可以成为法院审理劳动争议的依据。三是严重违反用人单位内部劳动规章制度是用人单位可以单方解除劳动合同的一个情形，即在劳动者严重违反用人单位内部劳动规章制度的情形下，用人单位可以依法解除与劳动者之间的劳动合同，并不需支付经济补偿金，这一解除劳动

---

① 参见 2015 年深圳市中级人民法院《关于审理劳动争议案件的裁判指引》第 72 条、第 73 条。

合同的规定，也可以视为对劳动者严重违反用人单位劳动规章制度的惩罚措施。① 四是用人单位制定的内部劳动规章制度与集体合同或者劳动合同约定的内容不一致时，劳动者请求优先适用合同约定的，人民法院应予支持，即在用人单位劳动规章制度和劳动合同、集体合同的法律效力上，在一定条件下，合同效力优先。②

（二）劳动规章制度变更对劳动关系的影响

1. 劳动规章制度变更的法定条件

从劳动者的角度，劳动规章制度的变更可以分为有利变更和不利变更，虽然任何变更都会涉及劳动关系的变化，但是通常对于劳动者的有利变更并不会引发争议，而对于劳动者的不利变更，则需要讨论这种变更对劳动者发生效力的条件。理论研究中对劳动规章制度性质不同的解读，也导致对于劳动规章制度如何进行变更存在着不同的观点。由于劳动规章制度中包括劳动者的劳动条件等内容，因此，劳动规章制度的变更通常会对劳动者和用人单位之间的劳动关系产生影响。

在日本，根据《劳动基准法》的规定，如果个别劳动契约确定的劳动条件没有达到就业确定的基准，则没有达到的部分属于无效，即就业规则确定的基准与个别劳动契约相比具有优先的法律效力，但就业规则的法律效力低于集体协议。对于就业规则的变更，“契约说”认为，劳动者被不利益变更所约束必须征得劳动者的同意。“法规说”也认为，就业规则的变更只有在未来真正实现劳动者保护法的原理时才被认可，变更

---

① 在《企业职工奖惩条例》失效后，惩罚性解雇也成为唯一有明确法律依据的惩罚措施。

② 在司法实践中，有观点认为，用人单位在与劳动者签订的书面劳动合同中，已明确告知劳动者存在某种特定规章制度，该特定规章制度属于劳动合同内容，人民法院应根据《劳动合同法》关于劳动合同效力的规定审查其效力。参见2015年安徽省高级人民法院《关于审理劳动争议案件若干问题的指导意见》第5条。

前的就业规则是劳动契约的化身，决定了劳动契约的内容，因此，不利益变更必须得到劳动者同意。近年来，“契约说”产生了新的理论发展趋向，即从劳动关系持续的性质出发，在合理的范围内，通过合理的方法变更就业规则，劳动者可以给予雇主默示的承诺；或者就业规则如果规定了雇主可以变更就业规则，则认为这种变更得到了劳动者的事前同意。在司法实践中，日本最高裁判所在“秋北巴士事件”判决中，对不利益变更的效力提出的判决基准，根据新的就业规则的制定或变更，剥夺了既得的权利，由一方课以劳动者不利益的劳动条件，原则上不被允许。但从劳动条件集合的处理，特别是把统一的决定作为前提的就业规则的性质出发，如果该规则条款是合理的，则对每一个劳动者来说，以不同意为理由而拒绝适用是不被允许的。如果不利益变更没有合理性，则劳动者不被约束，合理性的判断要素包括：（1）就业规则的变更给劳动者带来不利益的程度；（2）雇主变更就业规则的必要性；（3）变更后的就业规则的内容的平衡性；（4）代替的补偿措施及其他相关劳动条件的改善状况；（5）与工会和职工的谈判过程；（6）社会与之相关的同等事项的状况（社会的妥当性），等等。2007 年日本《劳动契约法》规定，雇主未与劳动者合意，不能通过变更就业规则来变更对劳动者不利益的作为劳动契约内容的劳动条件，但例外情况除外。雇主根据变更就业规则来变更就业条件时，要通知劳动者变更后的就业规则，并且，就业规则的变更，要与劳动者受到不利益的程度、劳动条件变更的必要性、变更后就业规则的适当性、与工会等交涉的状况以及其他就业规则变更的有关事项（就业规则变更的相关手续）相对照为合理时，作为劳动契约内容的劳动条件，由该变更的就业规则确定。①

我国台湾地区关于工作规则不利益变更的法律效力学说，可归纳如下：（1）以“法规说”为前提，雇主可自由将工作规则予以不利益变

① 田思路、贾秀芬著：《日本劳动法研究》，中国社会科学出版社 2013 年版，第 7 页、第 129—131 页、第 394—395 页。

更，对于反对变更之劳工亦有拘束力；（2）以“法规说”为前提，雇主可自由将工作规则予以不利益变更，对于反对变更之劳工亦有拘束力，但是适用既得权保障之法理来保障劳工；（3）以“法规说”为前提，雇主可自由将工作规则予以变更，但是在不利益变更时，需劳工之同意始可，否则不能拘束劳工，既得权之保障、诚信原则必须适用于此。（4）以“根据二分说”为前提，关于劳动条件部分之变更，使用权利滥用、诚信原则和既得权保障等法理，同时参考“契约说”的旨趣来限制其效力；（5）以“定型契约说”为前提，雇主可自由将工作规则予以不利益变更，但是对于劳工不能主张新工作规则当然有效；（6）以“定型契约说”为前提，导入日本的“合理性变更法理”。① 在司法实践中，“契约说”立场的判例居主流地位，1996年台北地方法院首次采用“合理性变更法理”进行判决。法院认为，“工作规则原系雇主为统一劳动条件及服务规律订定，而依现今社会之情形观之，劳工与雇主间之劳动条件依雇主所订之工作规则所规定之内容而定，已成为劳工与雇主间均有合意之一种事实上习惯，工作规则即因而有拘束劳工与雇主双方之效力，而不论劳工是否知悉工作规则之存在及其内容，或是否予以同意，均当然适用工作规则。在此种情形，工作规则之于雇佣契约，即如同运送业或保险业所订定之一般契约条款之于运送契约保险契约，除非当事人有反对的意思表示外，当然成为雇佣契约内容之一部”。就不利益变更内容，法院认为，“保护劳工之利益及兼顾雇主经营管理上之必要，雇主单方不利益变更工作规则时，原则上不能拘束表示反对之劳工；但如雇主所为之不利益变更，其变更具有合理性时，例外地亦能拘束表示反对之劳工”。上述判旨后来得到我国台湾地区高等法院判决支持。此后，采“定型契约说”下级法院判决以及“合理性变更法理”之下级法院判决似有成为主流之势。判决旨趣都是“工作规则的内容如果具有合理性，即可拘束

① 以上学说观点转引自台湾劳动法学会编：《劳动基准法释义——施行二十年之回顾与展望》，台湾新学林出版股份有限公司2005年版，第344页。

劳工”，而且“工会的同意”“是否与劳动者集团有协议过”也被当做合理性判断的辅助标准。①

考察劳动规章制度变更的效力，其与劳动合同、集体合同之间的关系是不能回避的问题。在我国立法中，劳动规章制度的制定是用人单位的权利，虽然法律规定了劳动规章制度产生法律效力需要经过民主程序和公示程序，但是劳动规章制度的制定并不需要与劳动者个人进行协商并取得其同意，即劳动规章制度并不是劳动者个人和用人单位协商确定。制定的程序应当适用于变更情形，因此，劳动规章制度的变更仍然应该通过民主程序，这一点在法律规定中已经得到确认。《劳动合同法》中“用人单位在制定、修改或者决定”劳动规章制度时“与工会或者职工代表平等协商确定”的程序要求，可以理解为，虽然用人单位制定、修改劳动规章制度是其权利，但是其权利的实现需要经过集体协商确定，因此，这一单方权利，转化为集体协商和签订集体合同的权利。从法律规定分析，无论是制定劳动规章制度还是进行修改，均应当履行民主程序。如果劳动规章制度成为集体协商的内容，并进而通过协商签订集体合同，那么，劳动规章制度变更的程序也可以在集体协商中确定并最终写入集体合同，此时劳动规章制度变更的程序应当根据双方之间签订的集体合同履行。集体合同对于劳动规章制度的约定是劳动者组织（工会）代表劳动者作出的意思表示，在集体合同的适用范围内，集体合同的约定对全体劳动者具有法律效力，因此，此时的劳动规章制度变更并不需要得到劳动者个人的同意。② 但是在社会实践中，通过集体协商程序修

① 王能君：《工作规则不利益变更之法律效力》，载台湾劳动法学会编：《劳动法裁判选辑（四）》，台湾元照出版公司 2006 年版。

② 在司法实践中，“劳动者要求对用人单位的规章制度予以纠正的，不作劳动争议处理”的观点也在一个侧面表明了用人单位劳动规章制度并不是劳动者个人和用人单位之间协商的内容。参见 2015 年深圳市中级人民法院《关于审理劳动争议案件的裁判指引》第 10 条。

改劳动规章制度的条件可能并不总能被满足，用人单位可能并没有建立工会，即使建立工会，由于工会代表同时作为本单位职工，其代表本单位劳动者进行协商权利的行使可能大打折扣，集体协商和集体合同在一定程度上流于形式。考虑到这一实际情况，劳动者个人的态度则成为一个必然要考虑的条件。

当劳动规章制度作为劳动合同条款或劳动合同的附件时，劳动规章制度的变更也会引起劳动合同的变更。劳动者和用人单位签订劳动合同时约定遵守劳动规章制度，应当是指劳动合同签订时的劳动规章制度。劳动规章制度变更，则此时劳动合同中约定的劳动者应当遵守的劳动规章制度已经发生了变化，那么，是否需要劳动合同协商变更后才能承认变更后的劳动规章制度对劳动者发生法律效力？在劳动规章制度没有成为劳动合同条款或附件的情形下，从劳动关系从属性的特点出发，用人单位对劳动者具有管理指挥的权利，因此，劳动规章制度仍然需要得到劳动者的服从和遵守，如果用人单位对于规章制度的变更对劳动者权利具有消极作用，对于劳动者而言，是不利变更，那么此种变更是否必然发生效力？对以上情形，我国法律均没有明确规定。在司法实践中，有观点认为，《劳动合同法》实施后，用人单位制定、修改直接涉及劳动者切身利益的规章制度或重大事项时，未经过《劳动合同法》第 4 条第 2 款规定的民主程序的，原则上不能作为用人单位用工管理的依据。但规章制度或重大事项的内容未违反法律、行政法规及政策规定，不存在明显不合理的情形，并已向劳动者公示或告知的，劳动者没有异议的，可以作为用人单位用工管理的依据。①

在理论研究中，有学者认为，承认企业单方制定、变更劳动规章的权利是完善我国劳动规章制度不利变更法律制度的前提。在劳动关系存续期间，企业有权变更劳动规章；若变更事项涉及直接关系劳动者切身

① 参见 2015 年深圳市中级人民法院《关于审理劳动争议案件的裁判指引》第 72 条。

利益的劳动条件且对劳动者存在不利情形，则必须取得原劳动者集体意思的同意，否则，变更事项只对新进劳动者具有法律约束力，对原劳动者不发生效力；对劳动规章的不利变更原劳动者集体意思予以同意时，为体现对劳动者个人意思及原劳动合同的尊重，对于反对该不利变更的劳动者，应允许其在合理期限内退出劳动关系，其不仅不构成违约，且有权要求离职经济补偿。① 对此，反对观点认为，这虽然体现了对职工个人意愿和原劳动合同的尊重，但其法律依据尚待明确。在《劳动合同法》第38条第1款规定的即时辞职的各种情形中，因对劳动规章制度不利变更而辞职不应当以“用人单位的规章制度违反法律、法规的规定，损害劳动者权益”为事由，而应当以“法律、行政法规规定劳动者可以解除劳动合同的其他情形”为事由，这就需要由立法作出明确规定。②有学者从立法角度提出建议，认为对于劳动规章制度不利变更的效力，需要结合理论研究中的不同学说观点和司法实践，在立法中明确：（1）劳动规章制度的不利变更条款，对受到不利之职工发生效力，应当以取得其同意为原则；（2）作为例外，劳动规章制度不利变更对反对变更的职工仍发生效力，应当以不利变更具有合理性为前提，③ 即在通常情形下，将劳动者个人意见作为衡量标准，特殊情况除外。这一处理方式，更倾向于劳动规章制度“契约说”的观点。根据我国现行法律规定，无论劳动规章制度是否成为劳动合同的条款，由于劳动规章制度是经过集体协商确立的，自应成为劳动者遵守的劳动行为规范，对于其修订仍然也需集体协商双方就修改进行谈判，但是这一理想方式的实现最终需要我国集体协商制度得到切实发展，而就现实情况而言，显然集体协商尚不能达到以上要求，因此，现阶段对劳动者个人意见的引入具有现实

① 丁建安：《论企业劳动规章制度不利变更法律规制的完善》，载《东方法学》2014年第1期。

② 王全兴著：《劳动法（第四版）》，法律出版社2017年版，第285页。

③ 王全兴著：《劳动法（第四版）》，法律出版社2017年版，第285页。

意义。

2. 劳动条件的调整：用人单位的单方权利与劳动关系双方合意

劳动条件的调整包括工作岗位、工作地点、劳动报酬升降等在内的劳动条件变化是劳动关系存续期间经常发生的情况，这种变化是用人单位单方可以决定，还是需要用人单位和劳动者双方协商一致才能发生法律效力？即劳动条件变更是用人单位的权利，还是需要达成合意？

分析劳动条件变化的法律效力需要考虑我国用工制度的发展变化，在计划经济时期，用人单位在一定程度上对于劳动者具有绝对的管理权和指挥权，因此，对于劳动者在哪里工作、如何工作等劳动者并没有什么发言权，特别是对于不服从工作分配和调动、指挥的劳动者进行处罚的法律规定在一定程度上强化了用人单位的指挥管理权利。① 随着用工制度的市场化，劳动条件变化能否直接对劳动者发生效力逐步转化为劳动合同履行和遵守劳动规章制度的问题。

（1）劳动条件的调整与劳动合同的解释。

由于工作内容、工作地点、工资报酬等劳动条件是劳动合同的必备内容，因此，劳动合同如何约定具有决定性的作用。确定劳动条件的具体内容，劳动条件是否发生变化、如何变化，以及这种变化是履行劳动合同，还是劳动合同发生变更，首先需要对劳动合同条款的内容进行分析，即从劳动合同条款的约定进行解读。

如果劳动合同没有对劳动条件变更进行约定，那么，劳动条件的变化就会引起劳动合同的变更。从劳动合同变更的法律规定来看，在劳动用工实行劳动合同制的改革开始，劳动合同的相关立法中就已经对合同

① 参见 1982 年《企业职工奖惩条例》第 11 条。虽然该条例已经废止，但是其经过长期施行，在社会生活中的影响并不会很快消失。在一定程度上，用人单位往往倾向于将劳动条件变动作为自身享有的权利。

变更的内容有所涉及。① 考察《劳动法》和劳动部随后颁布的与《劳动法》有关的配套规范性文件的内容，在《劳动法》框架下，劳动合同的变更表现为协商变更，即变更劳动合同，应当遵循平等自愿、协商一致的原则，不得违反法律、行政法规的规定；在特定情形下，当劳动合同变更无法协商一致时，用人单位可以协商解除劳动合同或单方预告解除劳动合同，②《劳动合同法》基本延续了《劳动法》中关于劳动合同协商变更的内容，特别强调了应当采用书面形式。从以上法律规定的内容分析，现行法律只允许劳动合同的协商变更，劳动合同约定了劳动条件后，随后发生的任何变动都属于劳动合同的变更，这种变更只有经双方协商一致才能发生法律效力，否则，应当按照原合同约定履行，也即此

① 早在1986年的《国营企业实行劳动合同制暂行规定》中就对劳动合同的变更作出了规定。根据这一规定，劳动合同的变更需要满足两个条件：第一，双方协商同意，也就是协商变更；第二，限于当时的社会实际情况，将变更劳动合同的条件限定在“企业经上级主管部门批准转产、调整生产任务，或者由于情况变化”的范围之内。

② 参见《劳动法》第17条第1款规定：“订立和变更劳动合同，应当遵循平等自愿、协商一致的原则，不得违反法律、行政法规的规定。”第26条规定：“有下列情形之一的，用人单位可以解除劳动合同，但是应当提前三十日以书面形式通知劳动者本人：……（三）劳动合同订立时所依据的客观情况发生重大变化，致使原劳动合同无法履行，经当事人协商不能就变更劳动合同达成协议的。”在劳动部发布的《关于〈中华人民共和国劳动法〉若干条文的说明》中将“客观情况”限定为发生不可抗力或出现致使劳动合同全部或部分条款无法履行的其他情况，如企业迁移、被兼并、企业资产转移等，并且排除《劳动法》第26条所列的客观情况（经济性裁员）。

时用人单位单方没有变更劳动条件的权利。①

劳动合同的约定是否明确、合法、合理，需要进一步解释。例如，劳动合同约定了用人单位可以单方变更劳动合同的内容，如工作岗位、工作地点。那么，在以上内容变更时不再需要双方协商，从而将本来属于双方协商的内容通过这一概括同意转化为用人单位的权利，这种转化是否具有法律效力？即这种约定是否具有法律效力？如果劳动合同约定的工作地点或工作岗位过于概括和宽泛，劳动者实际工作地点和工作岗位发生变化，是履行合同还是变更合同？在司法实践中，通常情况下，劳动合同的约定仍然是确定劳动条件能否调整的依据，劳动条件发生的变化是履行合同还是合同发生变化，首先是对劳动合同约定的解释，在劳动合同没有对劳动条件变更约定的情形下，用人单位单方变更劳动条件属于违约行为，② 即遵循劳动合同变更需要双方协商一致的法律要求，认为用人单位单方变更劳动合同中约定的劳动者的劳动条件的行为无效。这也就是说，在司法实践中，法院会首先审查劳动合同变更是否经过协商一致，在劳动合同中约定用人单位单方变更劳动合同权利的时候，这一约定无效，从而在一定程度上否定了用人单位单方变更劳动合同的可能性。在我国台湾地区的司法实践中，劳动条件的变更也强调劳动契约

① 《劳动合同法》第 40 条及相关法律规定中并没有明确当事人是否有单方变更劳动合同的权利，但是对某些情况，法律已经隐含了劳动合同不经双方协商而直接变更的内容，如在劳动者患病或非因工负伤在规定的医疗期满后不能从事原工作的，或者劳动者不能胜任工作的，用人单位依法有权另行安排劳动者的工作岗位，此时，工作岗位的调整并不需要与劳动者协商一致，即除法律规定的特殊情况下用人单位单方变更劳动合同之外，劳动合同的变更均为协商变更。

② 2017 年北京市高级人民法院、北京市劳动人事争议仲裁委员会发布的《关于审理劳动争议案件法律适用问题的解答》规定，用人单位与劳动者签订的劳动合同中明确约定工作岗位但未约定如何调岗的，在不符合《劳动合同法》第 40 条所列情形时，用人单位自行调整劳动者工作岗位的属于违约行为，给劳动者造成损失的，用人单位应予以赔偿，参照原岗位工资标准补发差额。

的遵守。①

（2）劳动条件的调整与劳动规章制度的规定。

按照日本的雇佣习惯，工作场所和职务内容等变更属于“人事变动”，是企业行使人事权的一部分，劳动者个别劳动条件在契约内容自由的原则下，可以通过劳资之间的自由合意进行变更，但必须在合法的前提下进行。在个别劳动条件之外，关于工资、工作内容、工作地点等劳动条件的变更，与劳动契约相比，更多的是通过就业规则、集体协议、劳资习惯进行集体的、统一的变更，其中，就业规则发挥更为重要的作用，因此，劳动条件的变化问题转换为对就业规则法律效力解释的问题。② 日本《劳动基准法》第 90 条规定，雇主制定或变更就业规则时，必须听取该职场中过半数劳动者所组成的工会的意见，如无此种工会时，必须听取过半数劳动者的代表的意见。在我国，劳动条件的调整同样与劳动规章制度紧密联系。

从劳动合同和劳动规章制度的关系来看，对于劳动条件的变更，如

---

① 我国台湾地区对雇主的调职在理论上有四种学说——概括合意说、劳动契约说、特约说和调职命令权否认说。虽然学说上不尽一致，但是实务处理中，概括合意说、劳动契约说和特约说的结果皆有可能趋于一致，在司法实践中，我国台湾地区最高法院认为，劳务给付之内容与地点为劳动契约之重要因素，应于劳动契约内约定，资方如因业务需要而变动劳方之工作场所及工作有关事项时，除劳动契约已有约定，应从其约定外，应得劳方之同意始得为之。在我国台湾地区内政主管部门的行政解释中，对雇主调动劳工工作规定了五项原则：（1）基于企业经营上所必须；（2）不得违反劳动契约；（3）对劳工薪资及其他劳动条件，未作不利之变更；（4）调动后工作与原有工作性质为其体能及技术所可胜任；（5）调动地点过远，雇主应予以必要之协助。参见台湾劳动法学会编：《劳动基准法释义——施行二十年之回顾与展望》，台湾新学林出版股份有限公司 2005 年版，第 139—160 页。

② 田思路、贾秀芬著：《日本劳动法研究》，中国社会科学出版社 2013 年版，第 198—209 页。

果劳动合同有约定，劳动规章制度也有规定，当两者内容一致时，则不论是按照约定执行，还是按照劳动规章制度办理，均不产生矛盾；如果两者内容不一致，则产生了用人单位劳动规章制度和劳动合同关系之间相互交织的问题，这一问题该如何解决？通常情形下，有利于劳动者一方的变更并不会引起纠纷，如工资的增长，既可能在劳动合同中约定，也可能在用人单位的内部规章制度中进行规定，甚至在既无约定也无规定的情况下，用人单位单方自主决定，无论其具体表现在哪里，显然其为劳动条件变更的一种情形，但是此种变更往往不会引起纠纷，或者也可以理解为此时劳动者都会同意用人单位的变更，也就满足了协商一致的变更条件。但是对于劳动者不利的变更，如工资降低，劳动者通常不会同意，往往会产生争议，此时则必须考虑这种变更是否为法律所允许。① 当劳动合同约定劳动条件等内容的变更由用人单位决定或用人单位规章制度被约定为劳动合同条款或作为劳动合同的附件，在用人单位内部劳动规章制度中赋予了用人单位单方变更劳动条件的权利，此时的变更是否不再需要劳动者的同意？当劳动规章制度作为劳动合同的条款或者附件时，就成为了劳动合同的内容，即使劳动合同中没有其他条款涉及变更内容，由于劳动规章制度中有此规定，因此，劳动合同变更也就有了依据。劳动规章制度毕竟与劳动合同不同，对劳动规章制度，劳动者并没有和用人单位进行面对面的个别协商，因此，无论是在劳动规章制度中对劳动条件变更作出规定，还是在劳动合同中约定用人单位单方变更的权利，最终都在一定程度上表现为用人单位对劳动条件变更有决定权，在这种情形下，视为劳动者已经“同意”劳动合同的变更仍然存在疑虑。即使承认此时劳动者“同意”，作为格式合同或定式合同，仍然需要对条款内容作有利于劳动者的解释。

---

① 最高人民法院《关于审理劳动争议案件适用法律若干问题的解释》第 19 条中关于合法的规章制度作为人民法院审理劳动争议案件的依据的规定更加重了这一矛盾。

从用人单位角度来说，其享有管理指挥本单位劳动者从事劳动的权利，工作条件的调整在其权利范围之内，这种调整权利往往在劳动规章制度中进行规定。劳动规章制度是用人单位指挥劳动者从事劳动，对本单位劳动者进行管理的准则，那么，当劳动规章制度对此作出规定时，其法律效力如何呢？特别是当劳动合同没有约定或者劳动合同的约定和用人单位内部劳动规章制度的规定不同时，该如何处理？虽然最高人民法院的司法解释明确了用人单位制定的内部规章制度与集体合同或者劳动合同约定的内容不一致，劳动者请求优先适用劳动合同约定的，人民法院应予支持；但是这一规定认为劳动合同约定优先于内部劳动规章制度有特定的前提要求，劳动合同约定是否优先适用取决于劳动者的态度，并且仅限于劳动规章制度和劳动合同两者均对此有明确表示的情况，未涉及劳动合同没有约定而劳动规章制度作出规定的情形。① 在司法实践中，基于劳动合同和劳动规章制度的分立，有观点认为，用人单位对劳动者的工作岗位进行调整，符合劳动合同约定或者用人单位劳动规章制度的规定，两者居其一即可，即符合劳动合同约定或者劳动规章制度规定，暗示着在劳动合同没有约定的情形下，劳动规章制度可对变更作出规定并得到执行。甚至在劳动合同没有约定，劳动规章制度也没有作出规定的情形下，司法实践中也有观点表明，用人单位的经营自主权应得到充分尊重。在生产经营发生较大变化等特定情形下，工作岗位和报酬待遇等调整是用人单位经营自主权的范畴，不再以劳动合同约定或用人

① 此时还需要考虑用人单位劳动规章制度和劳动合同之间的关系。两者之间关系的分析请见上文。

单位内部劳动规章制度的规定为条件。①

（3）劳动条件变更的合理性原则。

从以上分析内容可以发现，虽然通常情况下，劳动条件发生变化是否发生法律效力的判断首先以劳动合同约定为准，② 但是劳动条件发生变化并产生法律效力，并不局限于对劳动合同的解释，用人单位劳动规章制度的规定同样成为劳动条件变更的合法依据，即在劳动合同没有约定的情形下，用人单位内部劳动规章制度可对劳动条件变更作出规定并得到执行。在生产经营发生较大变化等特定情形下，工作岗位和报酬待遇等调整是用人单位经营自主权的范畴，不再以劳动合同约定或用人单位内部劳动规章制度的规定为条件。在肯定用人单位享有用工自主权的同时，法院会对用人单位该权利行使的合法性进行审查，这种审查并不

---

① 例如，2017年天津市高级人民法院发布的《天津法院劳动争议案件审理指南》第19条规定，用人单位因生产经营状况发生较大变化，经济效益出现下滑等客观情况，对内部经营进行调整，属于用人单位经营自主权的范畴，由此导致劳动者岗位变化、待遇水平降低，劳动者主张用人单位违法调整工作岗位、降低待遇水平的，不予支持。2017年北京市高级人民法院、北京市劳动人事争议仲裁委员会发布的《关于审理劳动争议案件法律适用问题的解答》第5条规定，用人单位与劳动者约定可根据生产经营情况调整劳动者工作岗位的，经审查用人单位证明生产经营情况已经发生变化，调岗属于合理范畴，应支持用人单位调整劳动者工作岗位。用人单位与劳动者在劳动合同中未约定工作岗位或约定不明的，用人单位有正当理由，根据生产经营需要，合理地调整劳动者工作岗位属于用人单位自主用工行为。

② 2017年北京市高级人民法院、北京市劳动人事争议仲裁委员会发布的《关于审理劳动争议案件法律适用问题的解答》第5条规定，用人单位与劳动者签订的劳动合同中明确约定工作岗位但未约定如何调岗的，在不符合《劳动合同法》第40条所列情形时，用人单位自行调整劳动者工作岗位的属于违约行为，给劳动者造成损失的，用人单位应予以赔偿，参照原岗位工资标准补发差额。

以合同约定为前提。① 但是也有观点认为，关于用工自主权及其审查标准的规定，并不排除法律中关于变更劳动合同须经协商一致的规定。②在北京市的地方司法文件中更是直接将劳动条件变更分为约定变更和没有约定变更两种：用人单位与劳动者签订的劳动合同中明确约定工作岗位但未约定如何调岗的，用人单位自行调整劳动者工作岗位的属于违约行为；用人单位与劳动者约定可根据生产经营情况调整劳动者工作岗位的，经审查用人单位证明生产经营情况已经发生变化，调岗属于合理范畴，应支持用人单位调整劳动者工作岗位；用人单位与劳动者在劳动合同中未约定工作岗位或约定不明的，用人单位有正当理由，根据生产经营需要，合理地调整劳动者工作岗位属于用人单位自主用工行为。③ 这种没有约定变更的前提下，对调整工作内容和合理性审查的做法意味着法院承认用人单位享有用工自主权，用人单位有权依据其劳动规章制度调整劳动者的工作内容，在有的地方性司法文件中，这种变更扩大到了工资报酬。④ 最终劳动合同能否变更的审查演变为对因“生产经营需要”进行变更的合理性判断。

将劳动条件的变更视为用人单位的权利，那么，该权利就不能滥用，因此，劳动关系中发生的变更需要有“合理性”的基础；当劳动关系双方将变更的内容写入劳动合同，则这一变更的权利转化为合同权利，而

---

① 参见2012年广东省高级人民法院、广东省劳动人事争议仲裁委员会《关于审理劳动人事争议案件若干问题的座谈会纪要》第22条。

② 参见2014年广州市中级人民法院《关于审理劳动人事争议案件若干问题的研讨会纪要》第23条。

③ 参见2017年北京市高级人民法院、北京市劳动人事争议仲裁委员会《关于审理劳动争议案件法律适用问题的解答》第5条。

④ 参见2009年江苏省高级人民法院《关于在当前宏观经济形势下妥善审理劳动争议案件的指导意见》第3条；2012年广东省高级人民法院、广东省劳动人事争议仲裁委员会《关于审理劳动人事争议案件若干问题的座谈会纪要》第22条。

对于双方合同权利的行使仍然需要有合理的解释，由此会发现，“合理性”的确定具有重要的意义。在司法实践中，判断合理性主要参考以下因素：①用人单位经营必要性；②目的正当性；③调整后的岗位为劳动者所能胜任；④工资待遇等劳动条件无不利变更；⑤变更本身是否有侮辱性等内容。① 对于“生产经营需要”的理解，应当结合具体案情具体分析，一般情况下只要用人单位存在客观上的调整需要，而且不是刻意通过该种方式给劳动者制造障碍或迫使劳动者离职的，都可以认定为“生产经营需要”。

三、劳动规章制度的界限：用人单位对劳动者进行管理的权利边界

（一）劳动者的基本权利和私人生活的保护

对于劳动者而言，整体生活可以分为工作和私人生活两个方面，两者应当分开。对于工作，基于劳动关系的从属性，劳动者应当听从用人单位的指挥和管理；对于私人生活，劳动者享有自主权，生活方式的选择属于劳动者个人的权利范畴，不应当被用人单位支配。科技的发展，网络平台和手机 APP 的出现，拓展了劳动者的工作空间，也在一定程度上使工作入侵了生活，工作和生活之间的边界变得模糊，现代通信技术让劳动者每天 24 小时随时在岗，在正常工作时间之外随时处理工作任务成为可能，工作时间与非工作时间之间的界限变得模糊，但是这种界限的模糊，仍然存在于“工作”的范畴。这也就是说，在非工作时间劳动者向用人单位提供劳动，并不意味着用人单位取得了管理劳动者生活方式的权利，用人单位仍然不能干预劳动者工作时间之外的私人生活。在德国，相关法律明确赋予雇员（劳动者）私生活不受打扰的权利，其源

① 参见 2014 年广州市中级人民法院《关于审理劳动人事争议案件若干问题的研讨会纪要》；2017 年北京市高级人民法院、北京市劳动人事争议仲裁委员会《关于审理劳动争议案件法律适用问题的解答》。

于对雇员基本权利的保护。尽管雇员在劳动关系中受到一定的限制，但是这种限制不能超越劳动关系所必需的程度。德国《基本法》赋予雇员的基本权利同样适用于劳动关系。德国《企业组织法》援引了德国《基本法》对雇员基本权利的规定，根据该法规定，雇员基本可以自由决定自己的穿着打扮，人格尊严受到尊重，在劳动关系一般原则的前提下享有言论自由，享有良心自由，在特定情形下有拒绝工作的权利，有科学自由，个人信息受到保护，为了保护雇员的人格，"闲暇时间"应当属于雇员自己，原则上雇员应该在离开工厂大门或者办公室大楼以后就不再负有劳动关系中的义务，除非处于呼叫待命状态，在一般情况下雇员如何度过自己的闲暇时光与雇主无关。① 在日本，判断就业规则合理合法需要对劳资间的利益进行衡量，其中，宪法和法令保障劳动者的基本权利和私生活以及行动的自由是重要的衡量因素。② 日本《劳动基准法》对劳动规章制度的内容作出了列举式规定，并要求呈报行政主管部门。从日本《劳动基准法》对就业规则的列举内容来看，其局限在劳动关系

① 参见［德］沃尔夫冈·多伊普勒著，王倩译：《德国劳动法（第11版）》，上海人民出版社2016年版，第212—231页。

② 参见田思路、贾秀芬著：《日本劳动法研究》，中国社会科学出版社2013年版，第129页。

范围之内。① 我国台湾地区的“劳动基准法”也对就业规则的内容进行了列举式规定，司法实践认为，“劳资关系系以劳动力为中心，受空间、时间限制之结合关系，并非劳工与雇主之全人格之结合关系，因此，在工作时间外之劳工业务外行为，属于劳工之私生活范围，非雇主所得任意支配，唯有劳工之行为与事业活动有直接关联，且损害事业之社会评价，为维持企业秩序之必要，方足成为惩戒之对象。”②

在我国，一方面，计划经济时期遗留下来的“单位文化”“单位人”的身份认同等社会传统使得用人单位对劳动者的管理在很大程度上突破了“劳动关系”的范畴，侵入了劳动者的私人生活；另一方面，随着法律的发展，公民的权利意识逐渐觉醒，在劳动领域越来越多的劳动者将工作与生活区分，不希望用人单位干涉私人生活。就劳动规章制度而言，这一权利冲突主要表现为劳动规章制度能否对劳动者工作之外的行为进

① 日本《劳动基准法》第89条规定，正常情况下雇佣10人以上的雇主，必须就下列事项制定就业规则并呈报行政官厅。下列事项变更时情况亦同：（一）工作开始和结束的时间、休息时间、休息日、休假以及有两组以上轮班工作时有关换班的事项；（二）工资（除临时工资，以下各款同）的决定、计算及支付方法，工资的截止计算日期和支付日期，以及有关加薪事项；（三）有关退职的事项（含解雇的事由）；（三）（2）规定退职补偿时的有关被适用的劳动者的范围、退职补偿的决定、计算及支付方法以及退职补偿的支付日期的事项；（四）规定临时工资（除退职补偿）以及最低工资时的有关事项；（五）规定劳动者负担膳费、工作用品及其他开支的有关事项；（六）规定安全及卫生的有关事项；（七）规定职业训练的有关事项；（八）规定灾害补偿以及非因工负伤和疾病的救济的有关事项；（九）规定奖惩办法、奖惩的种类及程度的有关事项；（十）在上列各项之外，与适用于该企业全体劳动者的规定的有关事项。参见田思路、贾秀芬著：《日本劳动法研究》，中国社会科学出版社2013年版，第352—353页。

② 参见台湾劳动法学会编：《劳动基准法释义——施行二十年之回顾与展望》，台湾新学林出版股份有限公司2005年版，第354页。

行限制和规范，并进而基于劳动者在劳动关系之外的行为进行处罚。①劳动者的“私人权利”和用人单位“管理权利”之间权利的冲突如何协调，在我国的劳动法研究中尚未得到足够的重视，在法律实践中，相关立法基本上属于空白。

劳动规章制度是用人单位基于对本单位生产经营秩序的维护而确立的劳动者行为准则，因此，劳动规章制度应当以劳动关系为基础，作为劳动者的行为准则，其对劳动者的行为规范应限制在“劳动关系”范围之内，不能侵犯劳动者的私人生活。劳动规章制度所规定的内容应与劳动关系紧密相关，虽然劳动规章制度的具体内容由各用人单位自主决定，但是用人单位对劳动者管理权以双方建立的劳动关系为前提，用人单位对劳动者的管理应当限定在“劳动关系”范围之内，法律不可能也不应当赋予用人单位干涉劳动者私人生活的权利。

（二）劳动规章制度的规定与用人单位惩戒权的行使

1. 作为劳动关系内部规范的劳动规章制度

基于劳动关系的从属性和用人单位对本单位生产经营秩序的维护，用人单位取得了对劳动者的管理权利，“雇主系企业所有者，享有将构成企业之人的要素及物动设施两者加以统合，作合理配置组织的权限，故其得就维持企业秩序之必要事项订定一般性规则（建立企业秩序之权

---

① 有企业在本单位的规章制度中要求劳动者通过手机程序计算每日步行锻炼的步数，并对劳动者进行考核，对未达到运动步数的劳动者进行处罚（扣工资），显然，该企业的做法侵犯了劳动者的个人生活，不仅对劳动者进行处罚违法，该项考核标准本身已经违法。但是在我国，劳动规章制度的界限尚没有明确规定（参见《广州一公司要求员工每月完成考核 18 万步：少一步扣一分钱》，载环球网—社会频道）。2018 年年初，有乘客用身体强行扒阻高铁列车车门导致该列车延迟发车，用人单位对其作出了停职的处理。显然，这一乘客的行为违法，应当承担法律责任，但该行为是否应当被用人单位处罚则需要进一步研究（载人民网—江苏频道）。

限)，调查违反企业秩序行为之内容、样态与程度，作出回复企业秩序所必须之业务指示（维持企业秩序之权限)，进而依其所定规则对违犯者施加惩戒以为制裁（惩戒权限)。劳工既因缔结劳动契约而被纳入企业组织服务，其即负有遵守该企业营运所需维持之企业秩序的劳动契约上附随义务”①。用人单位对劳动者指挥管理权利得以实现的一个途径是劳动规章制度的制定。一般情形下，劳动规章制度不仅规定了劳动者可以做什么，不能做什么等行为规范要求，为了使这些行为规范得到遵守，劳动规章制度中通常会包括惩戒的内容。② 作为劳动关系内部规范的劳动规章制度对劳动者行为的管理规定原则上应当以劳动关系内部为限，从根本上讲，这种劳动规章制度的“局限性”是对劳动者基本权利和个人生活的保护。

在用人单位和劳动者之间建立劳动关系之后，用人单位对劳动者取得了劳动的管理指挥权利，用人单位对于劳动者的劳动行为规范可以通过制定本单位的规章制度实现。对于劳动规章制度的具体内容，《劳动合同法》第 4 条虽然有“劳动报酬、工作时间、休息休假、劳动安全卫生、保险福利、职工培训、劳动纪律以及劳动定额管理”等内容的列举，并且有“直接涉及劳动者切身利益”的原则要求，但是劳动规章制度的具体内容仍然由各用人单位自主决定。面对复杂的劳动关系、不同的用人单位，法律不可能作出统一的要求。对于用人单位而言，虽然可以尽量详尽规定劳动规章制度的内容，但是也仍然无法面面俱到，因此，产生了劳动者在劳动关系中出现了不良行为，用人单位应如何处理的问题。对于劳动关系中出现的不良行为，目前的司法实践是对劳动规章制度“从严”掌握，即在劳动规章制度没有对这一行为作出规定时，倾向于不

---

① 台湾劳动法学会编：《劳动基准法释义——施行二十年之回顾与展望》，台湾新学林出版股份有限公司 2005 年版，第 352 页。

② 更准确表达应当是在劳动规章制度中包括奖惩内容，通常情形下，对劳动者的奖励不会引起冲突，因此，本文主要探讨惩戒的内容。

承认用人单位的处罚权。①

2. 惩戒方式的合法性和合理性

用人单位依法制定的劳动规章制度是劳动者在本单位进行劳动应当遵守的劳动行为规则，违反劳动规章制度，用人单位会对劳动者施以惩戒。惩戒内容是劳动规章制度的重要组成部分。用人单位可以选择的惩

① 就现有案例而言，这一“从严”掌握主要集中在惩罚性解雇的适用。法院通常认为，如果劳动规章制度中没有相应规定，用人单位不能以“严重违反用人单位规章制度”为由解除劳动合同。例如，在北京阿里巴巴云计算技术有限公司与丁某因病假期间出国旅游的案件中，一审、二审法院均认为，用人单位劳动规章制度中并没有对员工休病假期间的休假地点作出限制性规定，因此，在休病假期间对出国休假的行为没有约束和限制，判决用人单位不能以严重违反规章制度解除合同。再审法院认为，司法实践中倡导用人单位制定明确的规章制度和劳动纪律，但是不能苛求对劳动者的日常行为事无巨细地作出规制，并承认这一具体情形并没有在规章制度中涉及，但是劳动者休假期间的行为应当与其请假事由相符。按照一般生活常识判断，阿里巴巴公司有理由质疑丁某请病假的目的并非休养或治疗，丁某在阿里巴巴公司向其了解情况时拒绝提供真实信息，违背诚信原则和企业规章制度，对用人单位的工作秩序和经营管理造成恶劣影响，故阿里巴巴公司以丁某严重违反企业规章制度为由决定与其解除劳动合同合法有效（参见《北京阿里巴巴云计算技术有限公司与丁某劳动争议一审民事判决书》，（2013）海民初字第26371号；《北京阿里巴巴云计算技术有限公司与丁某劳动争议二审民事判决书》，（2015）一中民终字第650号；《北京阿里巴巴云计算技术有限公司劳动争议审判监督民事判决书》，（2017）京民再65号）。在食堂员工用菜盆洗内裤案中，劳动争议仲裁委员会以用人单位未提供规章制度依据为由认定公司解除劳动合同违法。在诉讼中虽然以调解结案，但是法院在审理中也持同样的观点，认为该员工的做法虽然不妥，但是公司规章制度也确实没有规定，因此，解除劳动合同违法（参见《员工用食堂洗菜盆洗内裤能否开除?》，载中山网；《食堂员工用菜盆洗内裤被解雇 仲裁委：开除违法》，载搜狐新闻网）。

戒方式在我国现行法律中没有明确规定。① 在日本，惩戒处分根据对企业造成的不利益程度由轻到重分为：戒告与谴责、扣发工资、停止出勤、惩戒解雇等。在具体实施惩戒处分时，必须严格遵守处分理由与处分形式相平衡等“相当性原则”，对同一行为处分在劳动者之间要实行无差异的“平等对待原则”，对惩戒手续必须遵守“手续合理原则”，违反上述原则即为惩戒权的滥用，其法律效力不被认可。根据日本《劳动契约法》规定，雇主对劳动者惩戒时，该惩戒对照与其相关的劳动者行为的性质以及形态等其他事项欠缺客观的合理的理由，不被认为相当于社会通常理念时，作为该权利的滥用，该惩戒无效。② 我国台湾地区的“劳动基准法”要求雇主应于工作规则明定惩戒事项，目的在于使企业惩戒之运作具有最起码的制度形式，藉以排除雇主恣意行为。劳工行政主管机关之相关函释认为，雇主不得剥夺或取消劳工受“劳动基准法”保护之特别休息、休假等权利，作为惩戒手段，亦不得假惩罚之名剥夺劳工已依上位规范取得之既得权益，如特别休假、退休金等。在实务中承认之劳动契约保留原则典型事例，如工资属应有劳资双方共同决定之事项，雇主未经劳工同意，不得以劳工违反工作规则为由调降其薪资，若两造契约中无雇主得因员工考核结果不佳、受有惩处而扣发年终奖金之约定，雇主不得片面以劳工考核结果不佳而以扣发奖金惩处。涉及劳工基本权利义务关系，或使劳工承担额外契约上之义务者等涉及劳工个人权利之重要事项，如违约金、留职停薪等，均应在劳动契约中与劳工个别约定，

---

① 1982年国务院发布的《企业职工奖惩条例》中规定的惩戒类型为警告、记过、记大过、降级、撤职、留用察看、开除等行政处分，罚款。显然在市场经济条件下，以上行政性的处罚措施均不再适合。特别是在《企业职工奖惩条例》已经废止的情况下，以上惩戒方式均已经失去了法律依据。但是不可否认，该条例对用人单位管理劳动者有着一定程度的影响，如有些单位仍然采用罚款的方式对违纪劳动者进行惩罚。

② 参见田思路、贾秀芬著：《日本劳动法研究》，中国社会科学出版社2013年版，第132—142页。

不得以工作规则将该等权利事项订定为企业惩处事项。①

以上日本和我国台湾地区的学说研究成果和法律实践对我国具有一定的借鉴意义。根据《劳动合同法》的规定，在劳动者严重违反用人单位的劳动规章制度的情形下，用人单位可以和劳动者解除劳动合同，这一规定可以看做是我国法律对惩罚性解雇的规定，由此，惩罚性解雇成为了唯一有法律明确规定的惩戒方式。为了避免该惩戒方式的滥用，法律特别规定达到“严重”程度才能解雇，而确定“严重”程度在司法实践中更多的属于法官自由裁量权的范畴。此种惩戒方式之外，用人单位还可以采取哪些惩戒方式，相关法律并没有明确，因此，用人单位对劳动者如何进行合法合理的惩戒、通过哪些措施进行惩戒尚需要在进一步研究的基础上，通过立法明确。②

我国法律中对用人单位单方解除劳动合同的条件规定得比较严格，与其他劳动合同解除条件相比，“严重违反用人单位的规章制度”使用人单位拥有的主动权更大，为了避免用人单位滥用该项合同解除权，不仅在立法上有对“严重”程度的要求，在司法实践中对“用人单位的规章制度”的解释从严，在用人单位的规章制度没有明确规定的情形下，即使劳动者的行为恶劣，也不能依据该项法律规定解除劳动合同。

---

① 台湾劳动法学会编：《劳动基准法释义——施行二十年之回顾与展望》，台湾新学林出版股份有限公司2005年版，第354—357页。

② 这一规定可以列举法律允许采用的惩戒方式，也可以是通过立法禁止用人单位采用哪些惩戒方式。

第五章　工会的地位和作用：以集体协商和参与企业民主管理为中心

虽然工会并不是劳动关系①的主体，但是作为劳动者的组织，为履行保护劳动者（工会会员）权益的职责，工会在劳动关系的存续和发展中发挥着重要作用。② 工会对劳动关系的作用主要体现在以下三个方面：一是作为劳动者的组织，在劳动合同签订和履行过程中，为劳动者提供

---

① 劳动关系，是指劳动者和用人单位之间建立的关系。劳动关系在与工会和用人单位或用人单位组织之间建立的团体关系相区别时，也称为个别劳动关系；相应的，后者称为集体劳动关系或团体（劳动）关系。

② 工会是集体劳动关系的主体。所谓集体劳动关系，又称为团体（劳动）关系，通常指劳动者集体或团体一方（通常以工会为代表）与雇主或雇主组织就劳动条件、劳动标准以及有关劳资事务进行协商交涉而形成的社会关系，包括企业、行业、产业等不同层面的关系，如集体谈判关系、集体争议关系、职工参与管理关系等。参见常凯：《劳动关系的集体化转型与政府劳工政策的完善》，载《中国社会科学》2013 年第 6 期。

支持和帮助，依法维护劳动者的利益。① 二是作为一方主体与用人单位（或其组织）进行集体协商，签订集体合同和参与民主管理，协调劳动关系。② 三是作为劳动关系三方协商机制的组成成员，工会在三方协商机制中，与劳动行政机关、用人单位组织具有平等的地位和权利；三方共同研究解决劳动关系方面的重大问题。

---

① 主要包括帮助、指导劳动者与用人单位依法订立和履行劳动合同；在用人单位依据劳动规章制度处理职工时，工会有权提出意见；在用人单位单方解除劳动合同时，工会有知情权和提出意见权（用人单位依法应当事先通知工会，工会认为用人单位有违法或违反劳动合同的情况，有权要求重新研究处理，企业应当研究工会的意见，并将处理结果书面通知工会）；在劳动者申请劳动争议仲裁或者向法院提起诉讼时，工会应当依法向劳动者提供支持和帮助；用人单位违反劳动法律、法规规定，侵犯职工劳动权益时，工会有权代表职工与用人单位交涉，要求用人单位采取措施予以改正，对于工会的要求，用人单位应当予以研究处理，并向工会作出答复，用人单位拒不改正的，工会可以请求当地人民政府依法作出处理；工会有权依照国家规定对新建、扩建企业和技术改造工程中的劳动条件和安全卫生设施与主体工程同时设计、同时施工、同时投产使用进行监督，对工会提出的意见，企业或者主管部门应当认真处理，并将处理结果书面通知工会；工会发现用人单位违章指挥、强令工人冒险作业，或者生产过程中发现明显重大事故隐患和职业危害，有权提出解决的建议，用人单位应当及时研究答复；发现危及职工生命安全的情况时，工会有权向企业建议组织职工撤离危险现场，企业必须及时作出处理决定；工会有权对用人单位侵犯职工合法权益的问题进行调查；用人单位发生停工、怠工事件，工会代表职工同用人单位进行协商，反映职工的意见和要求并提出解决意见；工会有权依法参加职工因工伤亡事故和其他严重危害职工健康问题的调查处理，向有关部门提出处理意见，并有权要求追究直接负责的主管人员和有关责任人员的责任；工会有权依法参与劳动争议的解决。参见《工会法》第 19—28 条；《劳动合同法》第 5、6、41、43、78 条；《劳动争议调解仲裁法》第 4、10、19 条。

② 参见《工会法》第三章：工会的权利和义务；《劳动法》第 33—35、88 条；《劳动合同法》第 4、5、41、51—56、78 条。

一、工会的性质、职责和组织规则

（一）工会的性质和职责

劳动者组织工会是我国《宪法》中规定的公民结社权的具体体现。① 工会的性质、地位和职责虽然在《劳动法》《劳动合同法》等相关法律规定中有所涉及，但主要规定在《中华人民共和国工会法》（以下简称《工会法》）等相关法律规定和《中国工会章程》之中。从广义上讲，工会法②是劳动法的组成部分，它在规定工会权利义务的同时，作为组织法，工会的组织建设、工会和工会会员之间的关系，工会的职责、工会和工会会员各自的权利义务等也是工会法的重要内容。

我国的工会是职工自愿结合的工人阶级的群众组织。③ 在中国境内的企业、事业单位、机关和其他社会组织中，以工资收入为主要生活来源或者与用人单位建立劳动关系的体力劳动者和脑力劳动者，不分民族、种族、性别、职业、宗教信仰、教育程度，都有依法参加和组织工会的权利。④ 维护职工合法权益是工会的基本职责。

（二）工会的组织规则

在组织建设上，全国建立统一的中华全国总工会，同一行业或者性

① 《宪法》第35条规定："中华人民共和国公民有言论、出版、集会、结社、游行、示威的自由。"

② 此处的"工会法"是涉及工会法律规范的总称，包括但不限于《工会法》。

③ 根据有关统计数据，截至2018年，全国工会会员总数3.0亿人（其中，农民工会员1.4亿人），基层工会组织280.9万个，覆盖单位655.1万个。参见王东明：《以习近平新时代中国特色社会主义思想为指导 团结动员亿万职工 为决胜全面建成小康社会夺取新时代中国特色社会主义伟大胜利而奋斗——在中国工会第十七次全国代表大会上的报告》，载中华全国总工会网站。

④ 根据《中国工会章程》第8条的规定，工会会员在退休后或失业时可保留工会会籍。

质相近的几个行业，可以根据需要建立全国的或者地方的产业工会；县级以上地方建立地方各级总工会，用人单位内部建立基层工会，用人单位有会员 25 人以上的，应当建立基层工会委员会；不足 25 人的，可以单独建立基层工会委员会，也可以由 2 个以上单位的会员联合建立基层工会委员会，也可以选举组织员一人，组织会员开展活动。① 企业职工较多的乡镇、城市街道，可以建立基层工会的联合会。基层工会、地方各级总工会、全国或者地方产业工会组织的建立，必须报上一级工会批准。上级工会可以派员帮助和指导企业职工组建工会，中华全国总工会、

① 《中国工会章程》第 28 条具体规定了工会基层委员会的基本任务：（1）执行会员大会或者会员代表大会的决议和上级工会的决定，主持基层工会的日常工作。（2）代表和组织职工依照法律规定，通过职工代表大会、厂务公开和其他形式，参加本单位民主管理和民主监督，在公司制企业落实职工董事、职工监事制度。企业、事业单位工会委员会是职工代表大会工作机构，负责职工代表大会的日常工作，检查、督促职工代表大会决议的执行。（3）参与协调劳动关系和调解劳动争议，与企业、事业单位行政方面建立协商制度，协商解决涉及职工切身利益问题。帮助和指导职工与企业、事业单位行政方面签订和履行劳动合同，代表职工与企业、事业单位行政方面签订集体合同或者其他专项协议，并监督执行。（4）组织职工开展劳动和技能竞赛、合理化建议、技能培训、技术革新和技术协作等活动，培育工匠人才，总结推广先进经验。做好劳动模范和先进生产（工作）者的评选、表彰、培养和管理服务工作。（5）加强对职工的政治引领和思想教育，开展法治宣传教育，重视人文关怀和心理疏导，鼓励支持职工学习文化科学技术和管理知识，开展健康的文化体育活动。推进企业文化职工文化建设，办好工会文化、教育、体育事业。（6）监督有关法律、法规的贯彻执行。协助和督促行政方面做好工资、安全生产、职业病防治和社会保险等方面的工作，推动落实职工福利待遇。办好职工集体福利事业，改善职工生活，对困难职工开展帮扶。依法参与生产安全事故和职业病危害事故的调查处理。（7）维护女职工的特殊利益，同歧视、虐待、摧残、迫害女职工的现象作斗争。（8）搞好工会组织建设，健全民主制度和民主生活。建立和发展工会积极分子队伍。做好会员的发展、接收、教育和会籍管理工作。加强职工之家建设。（9）收好、管好、用好工会经费，管理好工会资产和工会的企业、事业。

地方总工会、产业工会具有社会团体法人资格。基层工会组织具备《民法总则》规定的法人条件的，依法取得社会团体法人资格。

根据《工会法》第 9 条的规定，工会各级组织按照民主集中制原则建立。各级工会委员会由会员大会或者会员代表大会民主选举产生。企业主要负责人的近亲属不得作为本企业基层工会委员会成员的人选。各级工会委员会向同级会员大会或者会员代表大会负责并报告工作，接受其监督。工会会员大会或者会员代表大会有权撤换或者罢免其所选举的代表或者工会委员会组成人员。上级工会组织领导下级工会组织。

基层工会是工会系统的基层组织。由于社会经济的发展和企业规模、结构的变化，传统的基层工会建立和组织规则与现实情况出现了不相适应的情况，[①] 因此，从实际出发，建立区域性、行业性工会联合会，推进新经济组织、新社会组织的工会组织建设和非国有企业基层工会的组织就成了工会组织工作中的重要内容。按照中华全国总工会发布的《关于新形势下加强基层工会建设的意见》中提出的关于加强基层工会组织建设的意见，各类企业要普遍建立工会组织，国有及国有控股企业、机关、事业单位工会组建实现全覆盖；对于非公有制企业和社会组织，25 人以上单位应单独组建工会，25 人以下单位一般通过联合基层工会实现组织覆盖。乡镇（街道）、开发区（工业园区）工会承担地方工会和基层工会双重职责。积极推进乡镇（街道）、开发区（工业园区）组建工会，已经建立工会工作委员会的，要逐步向工会联合会、总工会等组织

① 2014 年中华全国总工会发布的《关于新形势下加强基层工会建设的意见》中将这种不相适应的情况总结为：工会组建工作与企业快速发展、组织形式多样化的特点不相适应；工会会员发展和管理与职工队伍迅速壮大、内部结构的深刻变化不相适应；工会组织体制、运行机制与基层工会工作创新发展的迫切需要不相适应；工会活动的内容方式与职工群众多样化的需求不相适应；工会干部队伍建设与基层工会所承担的工作职责不相适应；为基层工会提供的指导服务保障与基层工会面临的繁重任务不相适应。

形式转变。企业 100 家左右、职工 5000 人左右的乡镇（街道）、省级以上开发区（工业园区）可以设立总工会，作为一级地方工会组织，履行地方工会领导职责。乡镇（街道）、开发区（工业园区）工会组织机构单独设置。按照地域相近、行业相同的原则，在县以下建立区域性或行业性基层工会联合会。

二、工人代表权利的特殊规定

（一）保护工人代表权利的国际劳工标准

国际劳工组织 1971 年通过的《工人代表公约》规定，企业工人代表，根据其工人代表身份或活动或作为工会会员参与工会活动，只要他们的行动符合现行法律或集体协议或其他共同同意的安排，应享受有效保护，反对包括解雇在内的任何对其不利的行为。应在企业内向工人代表提供那些可能适宜的便利条件，以便他们能迅速、有效地执行其职责。如在同一企业同时存在工会代表和选举产生的代表，需要时应采取适当措施，保证不利于选举产生的代表的存在不去妨害有关工会及其代表的地位，并鼓励选举产生的代表和有关工会及其代表在一切有关事务中进行合作。

同年国际劳工组织通过的《工人代表建议书》中重申了《工人代表公约》对“企业工人代表，根据其工人代表身份或活动或作为工会会员参与工会活动，只要他们的行动符合现行法律或集体协议或其他共同同意的安排，应享受有效保护，反对包括解雇在内的任何对其不利的行为”的保护原则，并建议：在保护一般工人的相应措施不够充分时，应采取特殊措施保证工人代表以有效保护，这些特殊措施包括：（1）对可证明解雇工人代表确属正当的理由作出详细而明确的规定；（2）在最后解雇一个工人代表前，必须和一个公共的或私人的独立机构或联合机构协商或取得其他咨询性意见或征得其同意；（3）为那些认为自己被无理解雇或就业条件有不利变动或受到不公平待遇的工人代表建立特别求援程序；

（4）就无理解雇工人代表而言，在不违反该国法律基本原则的情况下，有效地补救规定应包括恢复这些代表的工作，支付未付工资及保留其既得权利；（5）在被指称对工人代表作歧视性解雇或对其就业条件做不利变动时，规定责成雇主证明该行为确属正当；（6）在裁减劳动力时，承认工人代表有保留工作优先权。该建议书在重申“应在企业内向工人代表提供那些可能适宜的便利条件，以便他们能迅速、有效地执行职责”的同时，提出了向工人代表提供便利的具体建议，包括：（1）应向企业内的工人代表提供必要的脱产时间，使其在企业中行使代表职责而不损失工资或社会福利和各种津贴。（2）为使工人代表能有效地行使其职责，应给他们必要的脱产时间参加各种工会会议、培训班、讲习班、代表大会和大会。（3）应准许企业内工人代表进入本企业一切工作场所，只要他们为行使其代表职责有必要进入这些场所。（4）应准许工人代表在正当行使其职责所需要时，不经过分拖延即能接触企业管理方面及其有决定权的代表。（5）在没有为工会收集会费的其他安排时，应准许由工会授权承担此项工作的工人代表在企业场地内定期收集工会会费。（6）应授权代表一个工会的工人代表经管理方同意在企业场地内而工人易于进入的一个或几个地点张贴工会通知。管理方应准许工人代表代表一个工会向本企业工会散发该工会的新闻传单、小册子、出版物和其他文件。（7）管理方应按本建议书提到的实施办法有可能确定的条件和程度，使工人代表得到行使其职责所需的物质便利和信息。（8）有会员在企业就业的工会，其代表不在该企业工作者，应准许该代表进入该企业。

（二）我国法律规定的解析

由于我国的集体协商主要集中在用人单位和本单位工会之间进行协商这一层级，区域性、行业性集体协商处于缓慢发展中，工会亦作为劳动者的代表参与企业民主管理，特别是法律将企业基层工会规定为职工代表大会的常设机构，其成为民主管理的主要参与者。基层工会建立于用人单位内部，基层工会的工作人员作为用人单位的职工，与用人单位建立劳动关系，应当遵守用人单位的劳动规章制度，在劳动过程中接受用人单位的指挥和管理。与此同时，其依法代表工会行使维护职工权益的职责，行使法律赋予的各项监督用人单位的权利，不可避免地会与用人单位之间产生各种冲突，因此，在我国如何保护基层工会工作人员的权利，降低或消除因其履行工会职责对劳动关系造成的消极影响就显得尤为重要。

对于基层工会工作人员权利的维护，《工会法》中的规定主要集中在三个方面：一是关于工会工作人员劳动合同的特殊规定。（1）工会工作人员劳动合同期限的特殊规定：①基层工会专职主席、副主席或者委员自任职之日起，其劳动合同期限自动延长，延长期限相当于其任职期间；②非专职主席、副主席或者委员自任职之日起，其尚未履行的劳动合同期限短于任期的，劳动合同期限自动延长至任期期满。但是，任职期间个人严重过失或者达到法定退休年龄的除外。（2）对依法履行职责的工会工作人员无正当理由调动工作岗位，进行打击报复的，由劳动行政部门责令改正、恢复原工作。造成损失的，给予赔偿。（3）工会工作人员因履行法律规定的职责而被解除劳动合同的，由劳动行政部门责令恢复其工作，并补发被解除劳动合同期间应得的报酬，或者责令给予本人年收入 2 倍的赔偿。二是关于基层工会工作人员进行活动的时间保证。基层工会委员会召开会议或者组织职工活动，应当在生产或者工作时间以外进行，需要占用生产或者工作时间的，应当事先征得用人单位的同意。基层工会的非专职委员占用生产或者工作时间参加会议或者从事工会工作，每月不超过 3 个工作日，其工资照发，其他待遇不受影响。三是关于基层工会工作人员的劳动报酬、社会保险和福利的保障。基层工会的专职工作人员的工资、奖励、补贴，由所在单位支付。社会保险和其他福利待遇等，享受本单位职工同等待遇。

在司法实践中，《工会法》同样是法院审理劳动争议的法律依据。2003 年最高人民法院发布的《关于在民事审判工作中适用〈中华人民共和国工会法〉若干问题的解释》就工会工作人员劳动合同期限的处理作出了规定，人民法院审理劳动争议案件，涉及确定基层工会专职主席、副主席或者委员延长的劳动合同期限的，应当自上述人员工会职务任职期限届满之日起计算，延长的期限等于其工会职务任职的期间。由于当时《劳动合同法》尚未颁布，该司法解释中将“个人严重过失”解释为具有《劳动法》第 25 条第 2 项、第 3 项或者第 4 项规定的情形。① 对于工会工作人员劳动合同解除的处理，该司法解释认为，法院审理涉及工会工作人员因参加工会活动或者履行《工会法》规定的职责而被解除劳动合同的劳动争议案件，可以根据当事人的请求裁判用人单位恢复其工作，并补发被解除劳动合同期间应得的报酬；或者根据当事人的请求裁判用人单位给予本人年收入 2 倍的赔偿，并参照《违反和解除劳动合同的经济补偿办法》第 8 条规定给予解除劳动合同时的经济补偿金。② 需要指出的是，《劳动合同法》中并没有对工会工作人员劳动合同解除进行特别规定，但是对用人单位单方解除劳动合同规定了具体情形，在法定情形之外，用人单位与劳动者解除劳动合同即为非法解除，相应的法律责任主要为支付经济赔偿。用人单位违反《工会法》的规定解除与工会工作人员的劳动合同，应当为违法解除的情形。目前，《工会法》和《劳动合同法》对于违法解除劳动合同的经济赔偿规定不同，《工会法》规定的是工会工作人员“本人年收入二倍的赔偿”；《劳动合同法》规定的经济赔偿计算标准为经济补偿金的 2 倍，经济补偿按照劳动者在本单位

---

① 《劳动法》第 25 条规定的是用人单位单方可以解除劳动合同的情形，即：（1）在试用期间被证明不符合录用条件的；（2）严重违反劳动纪律或者用人单位规章制度的；（3）严重失职，营私舞弊，对用人单位利益造成重大损害的；（4）被依法追究刑事责任的。在《劳动合同法》颁布实施后，按照新法代替旧法的原则，“个人严重过失”应当为具有《劳动合同法》中关于用人单位单方解除劳动合同的情形。对于此内容，与《劳动法》比较，《劳动合同法》并没有实质性的变化。

② 在《劳动合同法》颁布实施后，《违反和解除劳动合同的经济补偿办法》已经废止，经济补偿应当按照《劳动合同法》的相关规定处理。

工作的年限计算，每满一年支付一个月的工资标准支付。对于具体的个人而言，《工会法》和《劳动合同法》的规定哪个更好，因人而异。从保护工会工作人员权益的角度，两者之间需要协调。①

三、集体合同的订立和履行：兼论其对劳动关系的作用

（一）集体协商和企业民主管理的关系

《劳动合同法》中关于“用人单位在制定、修改或者决定有关劳动报酬、工作时间、休息休假、劳动安全卫生、保险福利、职工培训、劳动纪律以及劳动定额管理等直接涉及劳动者切身利益的规章制度或者重大事项时，应当经职工代表大会或者全体职工讨论，提出方案和意见，与工会或者职工代表平等协商确定”。“企业职工一方与用人单位通过平等协商，可以就劳动报酬、工作时间、休息休假、劳动安全卫生、保险福利等事项订立集体合同。集体合同草案应当提交职工代表大会或者全体职工讨论通过”的规定，充分表明了两者之间的紧密联系。在我国，集体协商和企业民主管理的密切联系还与我国集体协商大多发生在用人

① 在《工会法》《劳动合同法》等法律规定之外，在一些规范性文件中也有关于工会负责人或职工代表权利保护的内容，如2012年中央纪委、中央组织部、国务院国资委、监察部、全国总工会、全国工商联发布的《企业民主管理规定》中规定，职工代表履行职责受法律保护，任何组织和个人不得阻挠和打击报复。职工代表在法定工作时间内依法参加职工代表大会及其组织的各项活动，企业应当正常支付劳动报酬，不得降低其工资和其他福利待遇。2004年劳动和社会保障部发布的《集体合同规定》中规定，企业内部的协商代表参加集体协商视为提供了正常劳动。职工一方协商代表在其履行协商代表职责期间劳动合同期满的，劳动合同期限自动延长至完成履行协商代表职责之时，除出现下列情形之一的，用人单位不得与其解除劳动合同：（1）严重违反劳动纪律或用人单位依法制定的规章制度的；（2）严重失职、营私舞弊，对用人单位利益造成重大损害的；（3）被依法追究刑事责任的。职工一方协商代表履行协商代表职责期间，用人单位无正当理由不得调整其工作岗位。

单位和本单位的基层工会之间有关，即集体协商通常发生在企业内部，民主管理亦是企业内部的民主管理。因此，有研究认为，集体谈判具有企业民主管理的性质。① 但是，集体协商并不完全等同于民主管理，或者说，两者虽然共同对劳动关系的协调发生作用，但是各自的角度不同、规则不同。

国际劳工组织在1981年《促进集体谈判公约》中将“集体谈判”定义为：适用于一雇主、一些雇主或一个或数个雇主组织为一方，同一个或数个工人组织为另一方之间就以下目的所进行的所有谈判：（1）确定劳动和就业条件；（2）解决雇主和工人之间的关系；（3）解决雇主或其组织同一个或数个工人组织之间的关系。我国的法律文件通常使用“集体协商”概念，强调劳动关系的协调性；在学者的研究中，“集体协商”和“集体谈判”两个概念都在使用。虽然从语义上可以将两者进行区分，但在一般情况下，研究者并不刻意区别使用。② 由于劳动者和用人单位之间存在利益不一致性，因此，集体协商在一定程度上体现出“对抗

① 在一些市场经济国家，集体谈判对于民主管理的意义和作用受到质疑，甚至排斥，但就传统而言，就理论而论，集体谈判是企业民主管理的形式之一。在我国，由于集体谈判多数处于企业内部，因此，集体谈判作为企业民主管理的性质之一，工会是企业民主管理的引领者则被广泛接受。参见石美遐著：《多元视角的企业民主管理理论体系研究》，北京交通大学出版社2017年版，第141—156页。

② 本书在一般情况下使用“集体协商”的概念，对文献进行引用时，按照文献自身的使用习惯。在西方国家劳动关系系统中，谈判（bargaining）和协商（consultation）有本质上的区别。集体谈判强调的是谈判双方的平等关系，达成集体合同的过程是集体谈判，谈判的前提是双方都享有产业行动权利，即雇主可以闭厂、工人可以罢工。协商是工人与雇主共同协商在集体谈判中没有商讨的一些问题。在协商中工人只有建议权，雇主有最终决定权。集体谈判以斗争为前提，协商和“共决”以合作或同意为前提。转引自谢玉华、张媚、陈佳：《集体协商功能及影响因素：中外文献比较与启示》，载《中国劳动关系学院学报》2012年第5期。

性”，是对抗基础上的利益协调，是工会和用人单位相互让步、妥协后达成一致。企业民主管理，也称为职工民主管理、职工民主参与，从广义上，是指职工直接或者间接参与企业的内部事务管理，侧重强调劳动者和用人单位之间的合作。就民主管理而言，其发生在用人单位内部，是劳动者通过一定形式参与到用人单位的经营管理之中；而集体协商则分为多个层次，在用人单位内部的集体协商之外，法律允许行业性和区域性集体协商的发展。①

（二）我国集体协商和集体合同法律规定的主要内容

有研究认为，由个别劳动关系向集体劳动关系的转化是我国劳动关系发展的趋势，只有通过劳动者自身的集体力量才能实现劳资力量的相对平衡和劳资自治，通过工人成立工会与雇主进行集体谈判，确定彼此权利义务是劳动关系调整的“自立救济”手段，才能实现为抵制雇主专断力的劳动关系系统的功能平衡，方能真正实现劳动关系调整的目的。②在集体劳动关系中，集体协商和集体合同是主要内容。我国《劳动法》和《劳动合同法》对集体协商和集体合同作出了规定，但是内容相对简单；《工会法》从工会权利义务的角度虽然也涉及集体协商和集体合同的内容，但不全面。2004 年劳动和社会保障部通过的《集体合同规定》是现行唯一一部关于集体合同专门的、全面的规章，但是其效力层级较低，且出台时间较早，在内容上也出现了一些与现实情况不相适应之处。有学者指出，由于我国集体劳动法律缺失，致使集体劳动关系调整中的一些重大问题，如工人和雇主各自的组织权利界限，工人集体行动的边界，

---

① 《劳动合同法》除规定企业层级的集体协商之外，还规定在县级以下区域内，建筑业、采矿业、餐饮服务业等行业可以由工会与企业方面代表订立行业性集体合同，或者订立区域性集体合同。

② 参见常凯：《劳动关系的集体化转型与政府劳工政策的完善》，载《中国社会科学》2013 年第 6 期；常凯著：《劳权论——当代中国劳动关系的法律调整研究》，中国劳动社会保障出版社 2004 年版，第 44、63 页。

集体行动的发起和处理依照何种程序，工会在劳资冲突中承担哪些责任和义务等，都缺乏界定和处置的法律依据。无法可依是一些劳资冲突未能预防或及时解决甚至扩大的重要原因。为保证劳动关系集体化转型的规范进行，集体劳动关系法的立法应该提上日程。①

我国现行法律规定了两类集体协商：一是企业层级的集体协商；二是行业性、区域性集体协商。相应的，集体合同也分为两个层次：一是企业的集体合同；二是行业性或区域性集体合同。无论是法律规定还是在社会实践中，企业集体协商和企业集体合同仍然是主流。《劳动法》和《集体合同规定》中都将集体合同主要限定在企业职工一方和企业之间签订的集体合同层级上。②《劳动合同法》中有所发展，将集体合同扩大到行业和区域层级，但是将这一层级的集体合同局限在“县级以下区域”

① 参见常凯：《劳动关系的集体化转型与政府劳工政策的完善》，载《中国社会科学》2013年第6期。

② 《劳动法》第33条规定，“企业职工一方与企业可以就劳动报酬、工作时间、休息休假、劳动安全卫生、保险福利等事项，签订集体合同”。《集体合同规定》第3条规定，“本规定所称集体合同，是指用人单位与本单位职工根据法律、法规、规章的规定，就劳动报酬、工作时间、休息休假、劳动安全卫生、职业培训、保险福利等事项，通过集体协商签订的书面协议”。

和“建筑业、采矿业、餐饮服务业”等行业之内。① 集体合同内容是对集体劳动条件的约定，这些集体劳动条件包括劳动报酬、工作时间、休息休假、劳动安全卫生、职业培训、保险福利等。② 法律允许工会和用人单位之间就以上劳动条件中的某项内容进行集体谈判并签订集体合同，此为专项集体合同。③

集体合同的效力可以从以下两个方面理解：一是集体合同的效力范围，即集体合同的覆盖范围，对于劳动者一方，集体合同对工会所代表的全体劳动者有效；二是集体合同与法定劳动标准、劳动合同之间的法律效力等级划分。根据现行法律规定，依法订立的集体合同对用人单位和劳动者具有约束力。行业性、区域性集体合同对当地本行业、本区域

① 2006年劳动和社会保障部、中华全国总工会、中国企业联合会/中国企业家协会发布的《关于开展区域性行业性集体协商工作的意见》规定，区域性行业性集体协商，是指区域内的工会组织或行业工会组织与企业代表或企业代表组织，就劳动报酬、工作时间、休息休假、劳动安全卫生、保险福利等事项，开展集体协商签订集体合同的行为。职工一方的协商代表由区域内的工会组织或行业工会组织选派，首席代表由工会主席担任。企业一方的协商代表由区域内的企业联合会/企业家协会或其他企业组织、行业协会选派，也可以由上级企业联合会/企业家协会组织区域内的企业主经民主推选或授权委托等方式产生，首席代表由企业方代表民主推选产生。集体协商双方的代表人数应当对等，一般每方3—10人。双方首席代表可以书面委托专家、学者、律师等专业人员作为本方的协商代表，但委托人数不得超过本方代表的1/3。

② 《集体合同规定》第8—18条对集体协商内容进行了具体规定。

③ 2000年劳动和社会保障部发布的《工资集体协商试行办法》是我国第一部也是目前唯一一部专项集体协商立法。根据这一规章内容，工资集体协商，是指职工代表与企业代表依法就企业内部工资分配制度、工资分配形式、工资收入水平等事项进行平等协商，在协商一致的基础上签订工资协议的行为。工资协议，是指专门就工资事项签订的专项集体合同。其可以作为已订立的集体合同的附件，并与集体合同具有同等效力。工资集体协商一般情况下一年进行一次。按照《工资集体协商试行办法》的规定，工资集体协商仍为企业级的集体协商。

的用人单位和劳动者具有约束力。集体合同约定的劳动条件标准不得低于当地人民政府规定的最低标准，劳动者和用人单位之间的劳动关系受到集体合同的约束，劳动合同中的劳动条件和劳动报酬等标准不得低于集体合同的规定。

根据《劳动法》的规定，集体合同争议分为签订集体合同发生的争议和履行集体合同发生的争议两种。因签订集体合同发生争议，当事人可以协商解决，协商解决不成的，由当地人民政府劳动行政部门组织有关各方协调处理；因履行集体合同发生争议，当事人协商解决不成的，可以向劳动争议仲裁委员会申请仲裁，对仲裁裁决不服的，可以向人民法院起诉。《劳动合同法》规定，因履行集体合同发生争议，经协商解决不成的，工会可以依法申请仲裁、提起诉讼。根据《集体合同规定》的规定，集体协商过程中发生争议，双方当事人不能协商解决的，当事人一方或双方可以书面向劳动保障行政部门提出协调处理申请；未提出申请的，劳动保障行政部门认为必要时也可以主动进行协调处理。劳动保障行政部门应当组织同级工会和企业组织等三方面的人员，共同协调处理集体协商争议。集体协商争议处理人员对集体协商争议依法进行处理后，应当制作协调处理协议书，载明协调处理申请、争议的事实和协调结果，双方当事人就某些协商事项不能达成一致的，应将继续协商的有关事项予以载明。协调处理协议书由集体协商争议协调处理人员和争议双方首席代表签字盖章后生效。争议双方均应遵守生效后的协调处理协议书。

我国有关集体协商和集体合同的立法相对比较完善，但是实践中，集体协商和集体合同在很大程度上流于形式，发挥的作用有限，究其原因，有工人代表（工会负责人或劳动者推举的代表）本身代表性不全面、谈判能力不足以及对自身权益担忧而无法真正履行职责的原因，也有集体协商内容过于简单（基本上套用法律规定）等原因。工会本身也认识到这一问题，2014 年中华全国总工会发布的《关于提升集体协商质量、增强集体合同实效的意见》提出了健全完善提升集体协商质量、增强集体合同实效的工作措施，指出集体协商内容要有针对性，充分发挥集体协商对劳动关系调整和规范的作用，集体协商内容要具有针对性，在工资集体协商的基础上，扩大专项集体协商的范围，女职工特殊保护、劳动安全卫生条件等事项也可进行专项集体协商，加强区域性集体协商和行业性集体协商。该意见特别提出集体协商中上级工会要发挥指导作用，通过健全制度机制、提供支持帮助等方式解除基层工会负责人和职工代表等权益保护，避免因履行集体协商职责而使其权益受损。为提高集体协商等质量，建立和完善专职集体协商指导员制度。①

四、企业民主管理

（一）企业民主管理的外国模式：以美国和德国为例

无论是崇尚自由的美国还是以社会民主主义为理念的德国或其他欧洲国家，无论是发达国家还是发展中国家，在寻求保障职工合法权益，加强企业竞争力的理论研究和社会实践中，都不得不承认职工参与企业管理的积极作用，改变了过去传统的劳资对立的观点，探讨劳资合作的可能性，可以说在当代职工参与企业的事务管理，是一个世界共同的

---

① 《集体合同规定》和《工资集体协商暂行办法》中都规定，集体协商双方都可以委托本单位以外的专业人员作为本方协商代表。后来发展为集体协商指导员制度，以便充分发挥专业人员在集体协商中的优势和作用。2008 年中华全国总工会发布的《关于建立集体协商指导员队伍的意见》对工会聘请集体协商指导员指导，帮助和参与基层工会代表职工与企业方或企业代表组织进行集体协商，签订集体合同作出了规定。2012 年中华全国总工会发布《关于加强专职集体协商指导员队伍建设的意见》提出，集体协商指导员在兼职为主的基础上，更加注重专职指导员的聘用，充分发挥专职集体协商指导员的优势和作用。专职指导员指导和帮助企业工会、区域工会联合会、行业工会联合会搜集整理与集体协商相关的资料、收集职工意见、提出协商要约、拟定协商方案、研究协商策略、确定协商内容、起草集体合同草案等。可以受上级工会委托，或接受企业工会、区域工会联合会、行业工会联合会聘请，作为职工方协商代表直接参加集体协商。

话题。

1952年国际劳工组织通过的《企业内雇主和工人之间协商和合作建议书》中倡导成员国应采取适当措施，促进企业范围内雇主和工人间就不属于集体谈判程序范围或确定就业条件程序范围内的共同关系的问题进行协商和合作。协商和合作的方式可以是通过鼓励有关各方自愿订立协议加以推动，也可以是通过制定成立协商与合作机构并根据企业具体条件确定其规模、职权、结构和运作方式的法律加以实施，还可以是以上两种方式的结合。1967年国际劳工组织通过的《企业内管理部门与工人间交流情况建议书》中认为，雇主及其组织和工人及其组织，为了共同的利益，应当认识到在企业内建立相互理解和相互信任气氛的重要性，应当尽可能完整地、客观地传播并交流关于本企业各个方面的生活情况及其工人社会地位方面的信息，管理部门经与工人代表协商后，应采取适当措施，有效地执行与工人及其代表交流情况的政策。为实现企业内信息交流的目的，企业内任何交流情况系统应保证在以下两方面的真正定期交流：（1）管理部门代表（厂长、车间主任、领班等）与工人代表之间的交流情况；（2）厂长、人事部或者其他高层管理部门代表与工会代表或根据本国法律、惯例或集体协议有权代表本企业工人利益的其他人员之间的交流情况。企业内情况交流的手段包括：（1）召开会议以便交换观点和信息；（2）向各类工人的通告；（3）广泛传播媒介；（4）提供手段使职工得以提出建议，并对有关企业运转的一些问题发表自己的意见。管理部门提供信息时，应根据信息的性质，或向工人代表或向职工提供，信息应尽可能包括工人所关心的涉及企业运转及前景、工人的状况和未来处境的一切问题。管理部门要特别提供以下信息：（1）一般就业状况，包括录用、劳动关系的转换与终止；（2）各项工作岗位职能的介绍及其在企业机构中的各自地位；（3）企业内职业培训的可能性及晋升的前景；（4）一般劳动条件；（5）劳动安全与卫生规章以及预防事故与职业病须知；（6）审议申诉的程序及其运转方法，以及使用这些程序的条件；（7）工作人员的福利待遇（医疗、保健、食堂、住房、消遣、储蓄及银行服务等)；（8）企业内的社会保障或社会救济计划；（9）工人由于在企业就业而参加的国家社会保障制度的条例规定；（10）企业的一般状况及其未来发展前景与计划；（11）对可能直接或间接影响企业工人出境的各项决定的说明；（12）管理部门及其代表为一方和工人及其代表为另一方之间的协商、讨论、合作的方法；（13）涉及企业雇主与工人或双方代表之间的谈判主题或企业一级以外签订的集体协议的主题。

在以自由著称的美国，雇员的民主参与往往是通过雇主和雇员团体之间达成协议，因为协议是双方自愿达成的，应当受到法律的保护，从而保证企业的民主管理，劳动法律主要规范的是集体谈判制度，或者说，是否采取企业参与的管理形式，采取哪种企业民主管理的形式主要是在雇主与雇员之间协商，劳动法律主要是通过保护这种协商后的成果而保护职工的参与权利。

在美国的劳工关系发展中，集体谈判曾经既是调整集体劳动关系的重要手段，也是企业民主管理的主要途径，但是随着企业经营环境的变化和产业关系的相应发展，民主管理的方式也发生了变革。20 世纪 30 年代，美国公共政策的主要任务是如何加强工人的力量，以平衡劳资双方悬殊的实力，并且使劳资争议的处理制度化，这些政策的直接效果是集体谈判的制度化和劳资争议解决的程序化，这一时期美国先后出台了《全国劳动关系法》(《瓦格纳法》)、《社会安全法》和《公平劳动标准法》等调整劳动关系的法律，强调集体谈判的权利是“工人争取社会正义的基础”，也是“合理处理企业事务的基础”①。到 20 世纪五六十年代，美国的企业管理方实际上已经普遍接受了集体谈判的形式。20 世纪 80 年代，产业关系发生了一系列变化，在民主管理方面，有效的代表性需要雇员在决策阶段的参与，同时由于要应对激烈的市场竞争，雇主需要与雇员的合作，雇员在集体合同之外需要个性化的代表程序。21 世纪

① ［美］约翰·W. 巴德著，谢格先、马振英译：《人性化的雇佣关系——效率、公平与发言权之间的平衡》，北京大学出版社 2007 年版，第 147 页。

全球化的背景下，以集体谈判为主导的劳动关系调整机制受到了很大冲击，建有工会和没有工会的企业都尝试使用多种方法对企业进行工作重组、监管、赔偿、信息共享及雇员参与决策等。具体而言，企业民主管理新形式包括多种形式的参与式管理、工会—企业管理者委员会的建立、工会代表参与董事会、股权激励计划等。①

在奉行民主社会主义思想的欧洲国家，如德国，职工的民主管理是法律中的要求，民主管理是职工的一项法定权利。1848 年德国在《营业法》的立法讨论中就有人提议在企业设置“工厂委员会”，但遗憾的是该提议没有通过。1891 年德国重新修订《营业法》时，增加了“企业主可视情况设置工人委员会”的条款，第一次在法律上肯定了职工参与。②在德国企业中，民主管理的主要形式包括三种：（1）由一个企业的全部职工选举产生的工厂委员会（企业职工委员会）；（2）大公司监事会中工人代表制度；（3）工会的主要职能是参加集体谈判，与雇主签订集体合同。根据 20 世纪 50 年代立法建立起来的双层体系是德国劳动关系的最明显特征。该双层体系的两大基础是在基层劳方与资方所建立的工厂委员会制度及在产业关系层面的集体谈判制度。工厂委员会是劳资共决机制最典型的形式。雇员和工会代表在工厂和公司内部的共决行为成为工会的一项永久性任务和德国产业关系的一大特征。共决制度体现了经济民主与私有企业公共控制的传统理念，第二次世界大战之后，共决制度成为工厂委员会磋商权的来源以及员工参与经营管理的基本方式。根据德国《企业组织法》设立的企业职工委员会，提供了对企业事务进行民主监督并且在此过程中代表雇员集体利益的可能性。在必须共同决定的领域，企业职工委员会和雇主必须共同行动，共决的内容具体包括有

---

① 参见石美遐著：《多元视角的企业民主管理理论体系研究》，北京交通大学出版社 2017 年版，第 20—34 页。

② 参见王全兴著：《劳动法（第四版）》，法律出版社 2017 年版，第 301 页。

关雇员的雇佣、调动或开除的标准、工作时间、保险福利、社会计划。需要指出的是，只有当没有相关的法律规定或集体合同时，对同一事务才能启用共决权。如果集体合同中已有相关规定，则执行集体合同。共决权不能被理解为工作场所是由劳资双方共同管理的，涉及投资或收回投资及有关雇佣和解雇工人的重大决定仍然是雇主权限范围内的事情。在德国的大公司，雇员有权派代表进入监事会，监事会中的雇员代表有权获得有关公司事务的完整信息，包括公司的商业秘密，但是雇员代表不能影响决策的内容。①

（二）我国的企业民主管理制度

1. 我国企业民主管理制度的具体形式

我国的企业民主管理制度在形式上主要包括职工代表大会（职工大会）、厂务公开、合理化建议制度和职工董事、监事制度。职工代表大会是企业民主管理的主要形式。厂务公开，是指企业将生产经营管理的重大事项，特别是关系职工切身利益的规章制度和经营管理人员廉洁从业情况，按照法律规定向职工公开，听取职工意见，接受职工监督。②2015年中共中央、国务院《关于构建和谐劳动关系的意见》中指出，对于厂务公开制度，要完善公开程序，充实公开内容，创新公开形式，探索和推行经理接待日、劳资恳谈会、总经理信箱等多种形式的公开。合理化建议制度，是指通过鼓励职工积极提供合理化建议参与企业管理，以建立和强化企业内部的劳资沟通机制，推动企业技术进步，改善经营

---

① 参见石美遐著：《多元视角的企业民主管理理论体系研究》，北京交通大学出版社2017年版，第50—59页；［德］沃尔夫冈·多伊普勒著，王倩译：《德国劳动法（第11版）》，上海人民出版社2016年版，第63—87页。

② 参见2002年中共中央办公厅、国务院办公厅《关于实行厂务公开制度的通知》。

管理，增强企业内部活力的民主参与机制。① 职工董事和监事制度主要规定在《公司法》中。根据规定，两个以上的国有企业或者两个以上的其他国有投资主体投资设立的有限责任公司、国有独资公司的董事会成员中应当有公司职工代表；其他有限责任公司和股份有限公司董事会成员中可以有公司职工代表；有限责任公司、国有独资公司和股份有限公司的监事会均应当包括股东代表和适当比例的公司职工代表，其中，职工代表的比例不得低于1/3；董事会和监事会中的职工代表由公司职工通过职工代表大会、职工大会或者其他形式民主选举产生。职工董事和监事与股东董事和监事在董事会和监事会中拥有同等的权利。② 职工董事、职工监事在任职期间，除法定情形外，公司不得与其解除劳动合同。

2. 职工代表大会制度的建立、发展和完善

职工代表大会制度是我国企业民主管理（特别是国有企业民主管理）的基本形式。1949年，华北人民政府公布的《关于在国营、公营工厂企

① 《劳动与社会保障法学》编写组编：《劳动与社会保障法学（第二版）》，高等教育出版社2018年版，第150页。

② 具体而言，职工董事依法行使的权利包括：（1）参加董事会会议，行使董事的发言权和表决权；（2）就涉及职工切身利益的规章制度或者重大事项，提请召开董事会会议，反映职工的合理要求，维护职工合法权益；（3）列席与其职责相关的公司行政办公会议和有关生产经营工作的重要会议；（4）要求公司工会、公司有关部门和机构通报有关情况并提供相关资料；（5）法律法规和公司章程规定的其他权利。职工监事依法行使的权利包括：（1）参加监事会会议，行使监事的发言权和表决权；（2）就涉及职工切身利益的规章制度或者重大事项，提议召开监事会会议；（3）监督公司的财务情况和公司董事、高级管理人员执行公司职务的行为；监督检查公司对涉及职工切身利益的法律法规、公司规章制度贯彻执行情况；劳动合同和集体合同的履行情况；（4）列席董事会会议，并对董事会决议事项提出质询或者建议；列席与其职责相关的公司行政办公会议和有关生产经营工作的重要会议；（5）要求公司工会、公司有关部门和机构通报有关情况并提供相关资料；（6）法律法规和公司章程规定的其他权利。参见《企业民主管理规定》第42、43条。

业中建立工厂管理委员会与工厂职工代表会议的实施条例》中就规定了工厂职工代表会议制度，这应当是我国职工代表大会制度的起源。1981年，中共中央、国务院转发了中华全国总工会、国家经济委员会、中央组织部制定的《国营工业企业职工代表大会暂行条例》成为我国职工代表大会制这一职工民主管理形式的最初立法。根据该条例的规定，所有企业必须在实行党委领导下的厂长负责制的同时，建立和健全党委领导下的职工代表大会制，职工代表大会（或职工大会）是企业实行民主管理的基本形式，是职工群众参加决策和管理、监督干部的权力机构。基层工会委员会是职工代表大会的工作机构，使工会代表职工参加民主管理的权利与职工代表大会统一起来，并且这一工作机构设置一直延续至今。1986年，国务院发布的《全民所有制工业企业职工代表大会条例》中职工代表大会的规定与《国营工业企业职工代表大会暂行条例》相比有了一些变化，企业是在实行厂长负责制而不是党委领导下的厂长负责制的同时建立和健全职工代表大会（或职工大会）制度，同时也提出了建立健全其他民主管理制度，尽管在该条例中没有明确其他民主管理制度是什么，但是毕竟提示了这样一个信息，即职工民主管理除了职工代表大会外还有其他的形式，为以后的职工民主管理新形式在我国的建立和发展奠定了法律基础。在《全民所有制工业企业职工代表大会条例》中仍然将职工代表大会的职权规定为五项，虽然在措辞上有所变化，但实质变化并不大，其职权范围仍然很大。1988年4月通过的《中华人民共和国全民所有制工业企业法》中专章规定了“职工和职工代表大会”，重申职工代表大会是企业实行民主管理的基本形式，是职工行使民主管理权力的机构。职工代表大会的工作机构是企业的工会委员会。在该法中，虽然职工代表大会的职权仍然有五项，但是与《国营工业企业职工代表大会暂行条例》和《全民所有制工业企业职工代表大会条例》相比，职工代表大会的职权缩小了或者说减少了。职工代表大会的职权主要是审议、审查和提出意见、建议，决定权限定在与职工有切身关系的工资调整、奖金分配、职工福利等方面，对于企业的经营则仅有权提出意见和建议。在计划经济体制下，国有企业（当时称为全民所有制企业）占据了绝对的主导地位，集体所有制企业参照全民所有制企业建立了职工代表大会制度。[①]《公司法》规定，公司依照《宪法》和有关法律的规定，通过职工代表大会或者其他形式，实行民主管理。[②]

1994年通过的《劳动法》从原则上规定了所有企业的劳动者都有权依照法律规定，参与民主管理，参与管理的形式可以是职工大会、职工代表大会或其他形式。[③] 劳动部《关于〈中华人民共和国劳动法〉若干条文的说明》中将该条中“与用人单位进行平等协商”解释为主要适用于非国有企业。非国有企业，是指除国有企业以外的，我国的其他一切企业，包括合伙企业、个人独资企业、中外合资经营企业、中外合作经

---

① 参见1983年国务院《关于城镇集体所有制经济若干政策问题的暂行规定》；1992年《中华人民共和国城镇集体所有制企业条例》。

② 现行《公司法》与1993年通过的《公司法》中关于职工代表大会的规定相比较，不再将职工代表大会这一民主管理形式局限在国有公司范围内（1993年《公司法》规定，“国有独资公司和两个以上的国有企业或者其他两个以上的国有投资主体投资设立的有限责任公司，依照宪法和有关法律的规定，通过职工代表大会和其他形式，实行民主管理。”）。2012年中华全国总工会《关于加强公司制企业民主管理工作的意见》中要求，工会要督促公司制企业依法建立健全职工代表大会制度，定期召开职工代表大会，保障职工的知情权、参与权、表达权、监督权等民主权利。职工代表大会应当通过由其选举产生的职工董事职工监事影响和监督董事会、监事会的各项活动，督导职工董事职工监事在董事会决策、监事会监督的过程中发挥应有作用。工会要督促公司制企业依照法律法规和政策规定，支持和保证职工董事职工监事与董事会、监事会其他成员平等地参与企业决策、管理和监督，代表和维护职工合法权益。

③《劳动法》第8条规定：“劳动者依照法律规定，通过职工大会、职工代表大会或者其他形式，参与民主管理或者就保护劳动者合法权益与用人单位进行平等协商。”

营企业、外资企业等。1997 年通过的《中华人民共和国合伙企业法》① 和 1999 年通过的《个人独资企业法》并没有规定企业民主管理的内容，2001 年修正的《中外合资经营企业法》、2000 年修正的《中外合作经营企业法》和《外资企业法》都没有对职工的民主管理作出规定，只是明确了这些企业的职工依法建立工会组织，开展工会活动，维护职工的合法权益，企业应当为本企业的工会提供必要的活动条件。② 2012 年，中共中央纪委、中共中央组织部、国务院国有资产监督管理委员会、监察部、中华全国总工会、中华全国工商业联合会联合发布的《企业民主管理规定》中不再区分国有企业与非国有企业，使得非国有企业通过建立职工代表大会制度实行民主管理有了明确的法律依据。③《企业民主管理规定》明确规定，职工代表大会（或职工大会）是职工行使民主管理权力的机构，是企业民主管理的基本形式。职工代表大会每届任期为 3 年至 5 年，职工代表大会每年至少召开一次。职工代表大会全体会议必须

---

① 《合伙企业法》1997 年颁布，2006 年进行了修订，修订后的《合伙企业法》仍然没有关于企业民主管理的规定。

② 2016 年全国人民代表大会常务委员会《关于修改〈中华人民共和国外资企业法〉等四部法律的决定》对《外资企业法》、《中外合资经营企业法》、《中外合作经营企业法》和《台湾同胞投资保护法》进行修改。此次修改主要是涉及审批事项的内容，法律规定的其他内容保持不变。

③ 有研究指出，虽然从现行法律和政策看，非公有制企业建立职工代表大会制度没有障碍，但是不得不承认的一个现实情况是，我国职工民主管理的重点和难点在国有改制和非公有制企业。非公有制企业排斥职工代表大会制度不仅有观念上的原因，也有增加成本的顾虑，但是在实际上职工代表大会并不会给企业造成很大负担。职工代表大会可以实现职工的知情、参与、表达和监督的权利，同时企业从被激励的职工那里得到高绩效的回报。在肯定和倡导各类企业推行职工代表大会制度的同时，非公有制企业实行民主管理制度可以根据自身的具体情况将职工代表大会制度与其他形式的民主管理方式结合起来。参见石美遐著：《多元视角的企业民主管理理论体系研究》，北京交通大学出版社 2017 年版，第 194—195 页。

有2/3以上的职工代表出席。职工代表大会在其职权范围内依法审议通过的决议和事项具有约束力，非经职工代表大会同意不得变更或撤销。企业应当提请职工代表大会审议、通过、决定的事项，未按照法定程序审议、通过或者决定的无效。职工代表大会行使下列职权：（1）听取企业主要负责人关于企业发展规划、年度生产经营管理情况，企业改革和制定重要规章制度情况，企业用工、劳动合同和集体合同签订履行情况，企业安全生产情况，企业缴纳社会保险费和住房公积金情况等报告，提出意见和建议；审议企业制定、修改或者决定的有关劳动报酬、工作时间、休息休假、劳动安全卫生、保险福利、职工培训、劳动纪律以及劳动定额管理等直接涉及劳动者切身利益的规章制度或者重大事项方案，提出意见和建议。（2）审议通过集体合同草案，按照国家有关规定提取的职工福利基金使用方案、住房公积金和社会保险费缴纳比例和时间的调整方案，劳动模范的推荐人选等重大事项。（3）选举或者罢免职工董事、职工监事，选举依法进入破产程序企业的债权人会议和债权人委员会中的职工代表，根据授权推荐或者选举企业经营管理人员。（4）审查监督企业执行劳动法律法规和劳动规章制度情况，民主评议企业领导人员，并提出奖惩建议。（5）法律法规规定的其他职权。①

企业工会委员会是职工代表大会的工作机构，负责职工代表大会的日常工作，履行下列职责：（1）提出职工代表大会代表选举方案，组织职工选举职工代表和代表团（组）长；（2）征集职工代表提案，提出职工代表大会议题的建议；（3）负责职工代表大会会议的筹备和组织工作，

---

① 国有企业和国有控股企业职工代表大会除行使以上职权之外，还行使以下职权：（1）听取和审议企业经营管理主要负责人关于企业投资和重大技术改造、财务预决算、企业业务招待费使用等情况的报告，专业技术职称的评聘、企业公积金的使用、企业的改制等方案，并提出意见和建议；（2）审议通过企业合并、分立、改制、解散、破产实施方案中职工的裁减、分流和安置方案；（3）依照法律、行政法规、行政规章规定的其他职权。

提出职工代表大会的议程建议；（4）提出职工代表大会主席团组成方案和组成人员建议名单；提出专门委员会（小组）的设立方案和组成人员建议名单；（5）向职工代表大会报告职工代表大会决议的执行情况和职工代表大会提案的办理情况、厂务公开的实行情况等；（6）在职工代表大会闭会期间，负责组织专门委员会（小组）和职工代表就企业职工代表大会决议的执行情况和职工代表大会提案的办理情况、厂务公开的实行情况等，开展巡视、检查、质询等监督活动；（7）受理职工代表的申诉和建议，维护职工代表的合法权益；（8）向职工进行民主管理的宣传教育，组织职工代表开展学习和培训，提高职工代表素质；（9）建立和管理职工代表大会工作档案。

根据《企业民主管理规定》的规定，与企业签订劳动合同建立劳动关系以及与企业存在事实劳动关系的职工，有选举和被选举为职工代表大会代表的权利。依法终止或者解除劳动关系的职工代表，其代表资格自行终止。职工代表享有下列权利：（1）选举权、被选举权和表决权；（2）参加职工代表大会及其工作机构组织的民主管理活动；（3）对企业领导人员进行评议和质询；（4）在职工代表大会闭会期间对企业执行职工代表大会决议情况进行监督、检查。职工代表应当履行下列义务：（1）遵守法律法规、企业规章制度，提高自身素质，积极参与企业民主管理；（2）依法履行职工代表职责，听取职工对企业生产经营管理等方面的意见和建议，以及涉及职工切身利益问题的意见和要求，并客观真实地向企业反映；（3）参加企业职工代表大会组织的各项活动，执行职工代表大会通过的决议，完成职工代表大会交办的工作；（4）向选举单位的职工报告参加职工代表大会活动和履行职责情况，接受职工的评议和监督；（5）保守企业的商业秘密和与知识产权相关的保密事项。职工代表履行职责受法律保护，任何组织和个人不得阻挠和打击报复。职工代表在法定工作时间内依法参加职工代表大会及其组织的各项活动，企业应当正常支付劳动报酬，不得降低工资和其他福利待遇。

第六章　劳动关系的国家干预

作为一种社会关系，劳动关系虽然产生和存在于劳动者和用人单位之间，属于私领域，但其并非仅仅局限于“私领域”。从历史角度分析，劳动关系起源于雇佣关系，但是以机械化大生产为基础的劳动关系与“私领域”中的雇佣关系①存在巨大的差异。劳动关系虽然直接发生在劳动者和用人单位之间，但是劳动关系的外部性②使劳动关系区别于传统私领域的合同关系，从而具有了“社会性”，国家对劳动关系的干预是劳动关系这一“私领域”的社会关系向“公领域”的社会关系发展的必然要求。国家对劳动关系的干预并不单指国家通过立法设立劳动基准，也包括对劳动者和用人单位双方之间达成的协议进行限制，更表现为作为国家代表的政府对劳动关系发生、发展整个过程的干预。不只是我国，在市场经济发达国家也可以看到国家之手对劳动关系的干预。在这一背

---

① 此处是从狭义上使用雇佣关系这一概念，与劳动关系并列，并相区别。

② 劳动关系的外部性，是指劳动关系虽然存在于劳动者和用人单位之间，但是这种关系会对当事人之外的第三方产生影响，进而影响到劳动者群体和社会和谐稳定，如过低的工资支付导致的“探底竞争”，带来各种社会问题。参见王全兴著：《劳动法（第四版）》，法律出版社 2017 年版，第 134 页；方晓波：《论 SA8000 标准对企业人力资源管理变革的影响》，载《湖北省社会主义学院学报》2005 年第 3 期。

景下，可以将政府看作劳动关系第三方主体。①

劳动者及其组织（工会）、用人单位及其组织（雇主组织）和政府（国家）之间的关系可以通过一个等边三角形表示（如图1）。劳动关系是劳动者和用人单位之间的关系，政府要监管这两者之间劳动关系的运行，这种政府外部的监管，并没有替代劳动者和用人单位在劳动关系之间的主体地位，但是政府的监管必然对劳动关系产生重要的影响。

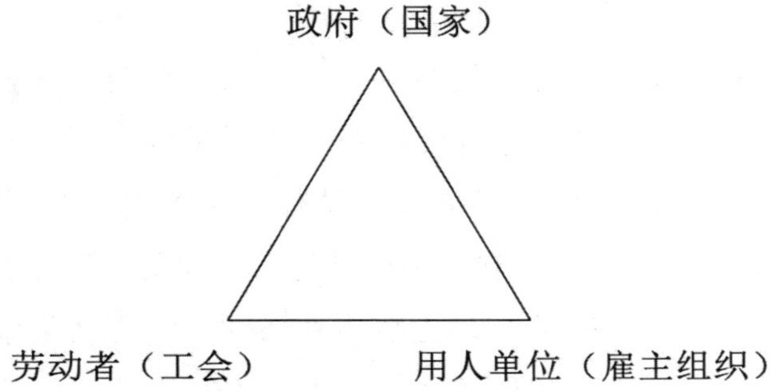

图1

一、三方协调机制：政府宏观和间接干预劳动关系的方式与途径

（一）劳动关系调整的三方性原则

劳动关系三方协调机制的建立是劳动关系调整三方性原则的具体体现。劳动关系和谐稳定在宏观上需要政府、劳动者和用人单位三方之间进行协调。在劳动关系中，用人单位与劳动者之间存在冲突是一个不争的事实，这可以从经济方面得到最直接的体现，以企业为代表的用人单

① 将政府作为劳动关系的第三方主体，并不意味着劳动关系从劳动者和用人单位之间的关系转化为劳动者、用人单位和国家（政府）之间的三方关系，也不意味着劳动关系是在三者之间达成的协议；而是强调政府通过直接或间接的方式从宏观和微观上对劳动关系进行干预。

位更关心产值利润，劳动者则更关心劳动报酬；企业总是希望最大限度地降低生产经营成本，倾向于减少或降低工作条件的投入，劳动者则希望在一个良好的工作环境中劳动，倾向于工作条件的提高和改善。但是劳动关系双方也有着共同的利益。从宏观上说，劳动者和用人单位共同为社会和经济的发展创造财富，二者都是社会经济发展不可缺少的，没有企业等用人单位的存在，劳动者的劳动力不能与生产资料相结合，就不能产生社会财富；没有劳动者，用人单位则无法找到劳动力从而创造经济利润。机械化的发展使劳动者能够从某些生产劳动中解放出来，但机械永远不能代替人；信息化的发展使生产方式发生了巨大变化，但生产方式的变化仅仅表明了劳动关系的复杂化，而不是劳动者与用人单位的彻底分离。从微观上说，劳动者在用人单位的良好发展和利润增长中起着决定性的作用，而用人单位的良好发展和利润增长也是劳动者利益得到保障的基础。在劳动者仍然主要以劳动所得作为自己及家庭成员生活来源的当代，劳动者需要稳定的工作从而有稳定的收入来源，稳定的工作则主要来源于用人单位劳动力使用的稳定性，更确切地说，来源于用人单位与劳动者之间劳动关系的和谐稳定。当社会经济发展到今天，再简单地将劳动者与用人单位之间的关系理解为对立性，仅仅认为劳动者与用人单位只是存在冲突，则与现实情况有巨大差异。由此可见，劳动者与用人单位之间既存在利益的冲突，也存在共同的利益，正是共同利益的存在使得劳动者与用人单位之间能够良好合作、相互理解，才使得通过协商解决双方的利益冲突成为可能，这是劳动法所不能也不应该忽略的社会现实。劳动关系的和谐稳定不仅是某个企业或某个行业有序发展的需要，也是整个社会稳定发展的基础，是国家利益的所在，因此，政府需要对劳动关系进行监督和干预，使国家的权力渗透到劳动关系之中。为了避免劳动者一方和用人单位一方在劳动关系的对抗中产生破坏性的社会整体后果，为了维护社会的和谐发展，需要国家（政府）对劳动关系进行干预。国家（政府）对劳动关系的干预是矫正在劳动领域由于用人单位的优势导致劳动关系双方实质地位不平等的重要措施。因此，劳动关系的调整需要三方进行协商和协调，三方性原则是劳动关系调整的基本原则。

国际劳工组织一直强调在劳动关系的协调和劳动者权益保护中政府、工会和雇主（雇主组织）三方之间的有效协商。从组织上，国际劳工组织充分贯彻了三方性原则，与其他国际组织不同，国际劳工组织大会各国代表团成员由各成员国政府、工人和雇主三方代表组成，三方具有同等地位，享有各自独立平等的表决权，共同决定国际劳工组织的各项事务。早在1960年国际劳工组织通过的《工业部门和国家一级协商建议书》中就提出了“采取适合国情的措施，在产业范围和全国范围内推动公共当局与雇主组织和工人组织之间以及这些组织之间进行有效的协商和合作”的建议，以便促进“公共当局与雇主组织和工人组织之间以及这些组织之间的相互了解和良好关系，以求发展经济或发展某些经济领域，改善劳动条件和提高生活水平”。1976年国际劳工组织通过的《三方协商促进实施国际劳工标准公约》确立了劳动关系调整的三方协商决定原则，将三方协商作为一项国际劳工标准在世界范围内推行，由此三方协商机制逐步成为劳动关系调整的一个国际惯例。2008年国际劳工组织《关于争取公平全球化的社会正义宣言》中认为，“在日益相互依存和复杂以及生产的国际化的世界中”，“政府与具有代表性的国内和国际工人组织和雇主组织之间的社会对话和三方性做法对于取得解决办法以及建立社会凝聚力和法治来说，除其他手段外，特别是通过国际劳工标准，比以往任何时候更为相关”。该宣言指出，社会对话和三方性是促进体面劳动、使劳动法律富有成效、尊重和促进并实现工作中的基本原则和权利最适宜的方法。

三方性原则在我国立法中最早出现在劳动争议仲裁的法律规定之中，1993年国务院颁布的《中华人民共和国企业劳动争议处理条例》（以下简称《企业劳动争议处理条例》）规定，劳动争议仲裁委员会由劳动行政主管部门、工会和用人单位方面三方代表组成。①《劳动法》中对劳动争议仲裁委员会成员的构成延续了《企业劳动争议处理条例》的规定。②2001年修正后的《工会法》规定了劳动关系三方协商机制，根据2001年《工会法》第34条第2款的规定，各级人民政府劳动行政部门应当会同同级工会和企业方面代表，建立劳动关系三方协商机制，共同研究解决劳动关系方面的重大问题。《劳动合同法》则明确规定，县级以上人民政府劳动行政部门会同工会和企业方面代表，建立健全协调劳动关系三方机制，共同研究解决有关劳动关系的重大问题。《劳动争议调解仲裁法》第8条规定，县级以上人民政府劳动行政部门会同工会和企业方面代表建立协调劳动关系三方机制，共同研究解决劳动争议的重大问题。

（二）劳动关系三方协调机制的组织机构

所谓劳动关系的三方协调机制，是指政府、工会和用人单位（用人单位组织）三方在劳动关系调整中的相互协商机制。作为市场经济条件下劳动关系调整的重要手段，劳动关系三方协调机制在发达国家发展较

---

① 初期的劳动争议仲裁具有行政性，劳动争议仲裁委员会组成人员由来自劳动行政主管部门代表、工会的代表和政府指定的经济综合管理部门的代表（企业代表）三方组成，劳动行政主管部门的劳动争议处理机构为劳动争议仲裁委员会的办事机构，负责办理劳动争议仲裁委员会的日常事务。（参见1993年国务院颁布的《企业劳动争议处理条例》（已废止））随着劳动争议仲裁机制的去行政化，劳动争议仲裁委员会逐步脱离政府的劳动行政机构，成为独立的劳动争议处理机构，根据《劳动争议调解仲裁法》的规定，劳动争议仲裁委员会不再按行政区域和级别设置，劳动争议仲裁委员会独立于政府的劳动行政机构，由劳动行政部门代表、工会代表和企业方面代表组成。与《企业劳动争议处理条例》的规定不同，《劳动争议调解仲裁法》中删去了委员会“主任由劳动行政主管部门的负责人担任”的规定，进一步显示出劳动争议仲裁委员会的非行政性。

② 《劳动法》第81条规定：“劳动争议仲裁委员会由劳动行政部门代表、同级工会代表、用人单位方面的代表组成。劳动争议仲裁委员会主任由劳动行政部门代表担任。”

早，机制相对成熟，对于我国来说，其是一个舶来品。① 在我国，以1990年批准《三方协商促进实施国际劳工标准公约》为契机，三方协调机制得以建立和大力推行。② 随后，在地方上出现了直接建立劳动关系三方协调机制的尝试。③ 在国家层面三方协调制度正式确立则要等到2001年。④ 2002年8月，劳动和社会保障部、中华全国总工会、中国企业联合会/中国企业家协会联合发布的《关于建立健全劳动关系三方协调机制的指导意见》中明确，“劳动关系三方协调机制，是我国劳动关系调整机制的重要组成部分，是社会主义市场经济条件下协调劳动关系的有效途径，对于维护劳动关系双方的利益，最大限度地保护、调动和发挥广大职工的积极性，促进我国劳动关系的和谐稳定，为改革开放创造一个稳定的社会环境，推动国民经济持续快速健康发展，都具有重要的意

① 通过政府、工会/雇主三方协商解决劳动和社会问题是西方发达市场经济国家在工业化历史过程中劳资关系发展的一个必然结果，也是西方政治、经济、社会发展到一定历史阶段的必然产物。参见雷鹏：《国外协调劳动关系三方机制的发展及启示（上）》，载《人事天地》2012年第4期；雷鹏：《国外协调劳动关系三方机制的发展及启示（下）》，载《人事天地》2012年第5期。

② 国务院提请全国人大审议批准《三方协商促进实施国际劳工标准公约》的说明中指出：批准这项公约旨在建立一项工作程序，以便就涉及劳动者权益的国际劳工公约的制定、批准、实施及其监督检查等，进行国家一级的政府与雇主和工会组织代表间等协商，使各方意见都能得到充分反映；三方协商在我国不存在难以解决的问题，政府方面与企业组织和工会组织的根本利益和目标是一致的，在一些具体问题上的分歧可以通过协商妥善解决；批准《三方协商促进实施国际劳工标准公约》，将明确我国在这个问题上的积极态度，并促进我国内部协商工作更加经常化和制度化。转引自冯同庆：《劳动关系的市场化与三方格局形成的趋势——兼谈三方格局在我国是怎样被提出来的》，载《中国劳动关系学院学报》1994年第3期。

③ 参见乔健：《中国特色的三方协调机制：走向三方协商与社会对话的第一步》，载《广东社会科学》2010年第2期。

④ 2001年8月，国家协调劳动关系三方会议成立并举行了第一次会议。

义”。

在组织形式上，中央一级的三方协调机制实行的是三方会议制度，初期三方会议中的三方为国务院劳动保障行政部门、中华全国总工会和中国企业联合会/中国企业家协会，2011年，中华全国工商业联合会成为三方会议制度的成员单位，与中国企业联合会/中国企业家协会共同作为企业方代表。① 三方会议的目标是促进国务院劳动保障行政部门、中华全国总工会和中国企业联合会/中国企业家协会之间的相互了解和良好合作，有效协调劳动关系，维护全国劳动关系的和谐稳定。②《关于建立国家协调劳动关系三方会议制度的意见》规定，三方会议的职责任务是：就制定劳动关系政策提出意见建议；研究分析劳动关系状况及趋势；对制定调整劳动关系的法律政策提出建议；指导、协调地方劳动关系协调工作；对重大集体劳动争议或群体性事件进行调研，提出解决意见。③仿照中央三方协调机制会议制度模式，各地分别建立了各自的劳动关系

① 2001年8月，劳动和社会保障部、中华全国总工会、中国企业联合会/中国企业家协会组成国家级协调劳动关系三方会议制度，2008年三方会议开始实行执行主席制，由政府部门的执行主席牵头（主持会议）（参见乔健：《中国特色的三方协调机制：走向三方协商与社会对话的第一步》，载《广东社会科学》2010年第2期）。2011年，国家协调劳动关系三方会议第十六次会议对成员单位进行了调整，在人力资源和社会保障部、中华全国总工会、中国企业联合会/中国企业家协会三个成员单位的基础上，增加中华全国工商业联合会为成员单位，与中国企业联合会/中国企业家协会共同作为企业方代表。

② 参见卢刚：《国家协调劳动关系三方机制启动》，载《中国劳动保障报》2001年8月4日。

③ 转引自乔健：《中国特色的三方协调机制：走向三方协商与社会对话的第一步》，载《广东社会科学》2010年第2期。

三方协调会议制度。① 为三方协调机制更具实际效果，使三方协调机制在组织机构上更具实体化，以三方协调会议制度模式为基础，一些地方建立了协调劳动关系三方委员会。② 2015 年中共中央、国务院发布的《关于构建和谐劳动关系的意见》中指出，要“完善协调劳动关系三方机制组织体系，建立健全由人力资源社会保障部门会同工会和企业联合会、工商业联合会等企业代表组织组成的三方机制，根据实际需要推动工业园区、乡镇（街道）和产业系统建立三方机制。加强和创新三方机制组织建设，建立健全协调劳动关系三方委员会，由同级政府领导担任委员会主任。完善三方机制职能，健全工作制度，充分发挥政府、工会和企业代表组织共同研究解决有关劳动关系重大问题的重要作用”。随后，协调劳动关系三方委员会在各地纷纷建立，省级以下（含省级）三方协调机制的组织机构逐步实体化。

---

① 劳动和社会保障部、中华全国总工会、中国企业联合会/中国企业家协会《关于建立健全劳动关系三方协调机制的指导意见》规定，省级三方协调机制的职责为：(1) 研究分析经济体制改革政策和社会经济发展计划对劳动关系的影响，提出政策性意见和建议。(2) 通报交流各自协调劳动关系工作中的情况和问题，研究分析劳动关系状况及发展趋势，对劳动关系方面带有全局性、倾向性的重大问题进行协商。(3) 对制定涉及调整劳动关系的法律、法规、规章和政策提出意见和建议，并监督实施。(4) 对地方建立三方协调机制和企业开展平等协商、签订集体合同等劳动关系调整工作进行咨询、指导。研究现行劳动争议处理体制，指导地方的劳动争议处理工作。总结推广典型经验。(5) 对具有重大影响的集体劳动争议和群体性事件进行调查研究，提出解决和预防的意见建议。(6) 开展劳动法律、法规和规章的宣传工作。

② 例如，2008 年《深圳经济特区和谐劳动关系促进条例》第 34 条规定，市、区政府应当建立、健全协调劳动关系三方机制，成立市、区劳动关系协调委员会，协调处理劳动关系的重大问题。劳动关系协调委员会由市、区劳动行政部门会同工会和企业联合会、总商会、外商投资企业协会等用人单位组织的代表组成。在市、区劳动行政部门设立劳动关系协调委员会办公室，作为劳动关系协调委员会的办事机构。

（三）三方协调机制中政府的地位

虽然在三方协调机制中，政府具有一定的主导性，从机构的设置来看，中央一级三方协调机制的常设机构设在国务院劳动行政部门，地方三方协调委员会的办事机构设在地方政府劳动行政部门，但是这些常设机构仅是事务性机构，不能据此将三方协调演变成政府主导下工会和企业组织之间的协调。三方协调机制中的三方法律地位应当平等，权利义务应当对等，三方共同研究解决有关劳动关系的重大问题，通过协商达成共识。

国际劳工组织《三方协商促进实施国际劳工标准公约》中明确指出，该公约是为了保障雇主和工人建立组织并要求采取措施，促进国家一级的政府机关与雇主和工人组织之间的有效协商而制定。1978 年国际劳工组织通过《劳动行政管理公约》明确政府的地位在于促成三方协商，而不是领导协商，承认雇主组织和工人组织的自治权必要性，禁止公共当局的非法干预行为，要求会员国根据国家法律或条例或本国的实践，指派或委托非政府组织，特别是雇主组织和工人组织，或在条件允许的情况下指派或委托雇主代表和工人代表，从事某些劳动行政管理活动。会员国对其国家劳动政策领域内的某些特定活动，得按国家法律或条例或本国的实践，由雇主组织和工人组织直接协商调节。会员国应作出符合本国条件的安排，在劳动行政管理系统内，促成公共当局与最有代表性的雇主组织和工人组织或在条件允许的情况下与雇主代表和工人代表进行协商、合作和谈判。在符合国家法律或条例或本国实践的情况下，劳动行政管理系统内的主管机构，为雇主和工人及其各自的组织提供服务，以便在国家、区域和地方各级以及在经济活动不同部门的层次上，促进公共当局和公共机构与雇主组织和工人组织之间以及这些组织相互之间的有效协商与合作。

二、法律强制性规定对劳动合同合意的约束

（一）劳动基准对劳动合同的限制和补充

“劳动关系的核心是劳动者与用人单位之间的契约关系。如果将契约中当事人意思自治的内容视为契约的内部性内容，法律的强制性规定则可视为契约的外部性内容。劳动关系中国家的外部介入，除了对契约正义的考量（抑或契约的实质自由），更融入了对劳动者从属性与生存权的关照，主要体现为通过强制性规则对涉及劳动基准的事项进行底线性规定，对劳动者的权益予以最基本的保障。”① 按照通常理解，劳动基准是关于劳动条件和劳动待遇的最低标准，包括工时、休息时间、工资、职业安全健康、女职工与未成年工的特殊保护等内容，具有底线性、法定性和强制性的特点。劳动基准对劳动关系具有重要作用，主要体现为：（1）劳动基准是劳动关系中劳动条件和劳动待遇等内容的最低标准，无论是劳动合同、集体合同，还是用人单位内部的规章中有关劳动条件和劳动待遇的内容，均不得违反劳动基准的规定；（2）当劳动者和用人单位双方未就劳动关系的基本内容（如工资、工作时间等内容）作出约定时，法定标准具有补充作用，双方之间的权利义务按照法律规定处理。②

国家制定劳动基准保护劳动者权利，劳动者取得劳动报酬、休息休假等权利的实现需要通过劳动关系的建立，建立劳动关系应当签订劳动合同，受到国家劳动基准保护的劳动者权利从而转化为劳动合同中的合同权利。当劳动者和用人单位之间达成协议，放弃某些劳动者权利，如约定的劳动报酬低于最低工资标准，工作时间超出法定工作时间或加班不计算加班工资时，这种合同条款的效力如何？《劳动合同法》规定，

---

① 董保华、李干：《构建和谐劳动关系的新定位》，载《南京师大学报（社会科学版）》2016 年第 2 期。

② 参见《劳动与社会保障法学》编写组编：《劳动与社会保障法学（第二版）》，高等教育出版社 2018 年版，第 151—154 页。

“违反法律、行政法规强制性规定”的劳动合同内容无效，从法律性质上来看，劳动基准的内容基本上属于法律、行政法规的强制性规定，因此，劳动合同中双方约定的内容违反法定劳动标准的内容均应当按照无效处理。

（二）法律的强制性规定与劳动者权利行使：以产假为例

劳动者享有休息权利。为了保护劳动者的休息权，法律规定了劳动者的工作时间基准，包括工作时间和休息休假的标准，特别是对延长工作时间不仅规定了最高时限，还要求用人单位支付更高的劳动报酬。由于在休息日、法定节假日、带薪年休假期间加班，用人单位依法支付的延长工作时间的劳动报酬（加班工资）远远高于劳动者正常工作时间提供劳动的报酬，使劳动者有了加班的经济动因，劳动者有可能希望加班，从而放弃休息、休假。在劳动基准法律的规定上，不存在劳动者主动加班或自愿加班的概念，所谓劳动者主动加班、自愿加班，无非用人单位不支付加班工资的借口。虽然法律允许劳动者加班，但是加班有上限的要求，此亦为劳动基准的内容。

在广义上，女性劳动者休产假也属于劳动者休息休假权利的内容，但是与体现为劳动者休息权利的休息时间规定相比较，女性劳动者的产假具有特殊性。女性劳动者产假不是因劳动消耗而需要恢复身体机能的休息时间，而是为了满足女性劳动者在生育之后身体恢复的需要，是对女性劳动者社会角色和社会责任的肯定和承认。法律对女性劳动者产假的规定包括产假的期限和产假期间的经济待遇，根据相应的法律规定，国家层面规定的产假假期为98天，各地的地方性规定均在此基础上有所延长；① 在产假期间，劳动者有权依法领取生育津贴，该津贴由生育保

① 以北京为例，根据《北京市人口与计划生育条例》的规定，机关、企业事业单位、社会团体和其他组织的女职工，按规定生育的，除享受国家规定的产假外，享受生育奖励假30天。女职工经所在机关、企业事业单位、社会团体和其他组织同意，可以再增加假期1—3个月。

险基金支付。① 从现行法律规定来看，女性劳动者在产假期间工作并不会获得更高的劳动报酬，② 但是在实际生活中，女性劳动者可能仍然因为经济的原因，希望放弃部分产假回归工作岗位。虽然法律规定在产假期间，生育保险基金支付生育津贴，使得女性劳动者在产假期间仍然有经济来源，但是《社会保险法》第56条规定的“生育津贴按照职工所在用人单位上年度职工月平均工资计发”的标准，仍然使得部分女性劳动者在产假期间的收入大为减少，从而面临一定的经济压力。即使不考虑经济因素，女性劳动者放弃部分产假回归工作岗位，还可能是基于长期离开工作岗位，对自身职业发展担忧造成的压力。那么，法律是否允许女性劳动者放弃部分产假回归工作岗位呢?

从劳动者的角度，女性劳动者享有法律赋予的生育假期休假权利。作为一项法律权利，生育假期的休假权是“得到法律实际承认和保护的利益”③，是“规定或隐含在法律规范中，实现于法律关系中的，主体以相对自由的作为或不作为的方式获得利益的一种手段”④。生育假期的休假权更多的是作为接受权利存在。享有生育假期的权利不需要权利人去

① 根据《社会保险法》的规定，生育保险基金和基本医疗保险基金合并建账。《社会保险法》第64条第1款规定，社会保险基金包括基本养老保险基金、基本医疗保险基金、工伤保险基金、失业保险基金和生育保险基金。除基本医疗保险基金与生育保险基金合并建账及核算外，其他各项社会保险基金按照社会保险险种分别建账，分账核算。社会保险基金执行国家统一的会计制度。第66条规定，社会保险基金按照统筹层次设立预算。除基本医疗保险基金与生育保险基金预算合并编制外，其他社会保险基金预算按照社会保险项目分别编制。

② 延长工作时间劳动报酬的规定并不涉及产假。

③ ［美］罗·庞德著，沈宗灵、董世忠译：《通过法律的社会控制法律的任务》，商务印书馆1984年版，第46页。

④ 张文显著：《法哲学范畴研究（修订版）》，中国政法大学出版社2001年版，第309页。

采取行动而实现，而是基于生育这一客观事实而享有。① 作为劳动关系的另一方，用人单位则需要履行允许女性劳动者因生育离开工作岗位，并保留其劳动关系的义务。既然生育休假是女性劳动者的权利，那么其是否享有放弃产假的权利？或者说女性劳动者能否在休假未满法定的休假时长时主张恢复工作？“权利可以放弃”的命题，体现的是权利与义务之间的区别与联系，“义务是必须履行的，无所选择，权利不是必须行使的，可以选择”②。从理论上说，“有些权利是不可选择的，例如公民的人身自由就既是不可被他人非法剥夺的，也是永远不能自我放弃的；再如，儿童接受父母照料的权利是不能拒绝的”③。根据“法律家长主义”的观点，为了被强制者自己的福利、幸福、需要、利益和价值，需要对一个人的自由进行法律干涉，或者说强迫一个人促进自我利益或阻止他自我伤害。④ 从保护其根本利益的角度这种强迫是正当的、必要的。

从我国现行的法律规定分析，并没有“禁止放弃产假假期”的限制。放弃这一假期，是否会对女性劳动者自身产生损害是讨论这一权利能否放弃的重要前提。法律设定这一假期是为了保护产妇自身的健康，从生理需要而言，女性劳动者在生育之后身体需要一段时间才能恢复，每个人的身体情况不同，因此，在自身健康允许的情况下，即使按照“法律

---

① 根据权利主体依法实现其意志和利益的方式，权利可以分为行动权利和接受权利。行动权是主体有资格做某事或以某种方式采取行动，接受权是主体有资格接受某事物或被以某种方式对待。张文显著：《法哲学范畴研究（修订版）》，中国政法大学出版社 2001 年版，第 319 页。

② 陈舜著：《权利及其维护——一种交易成本观点》，中国政法大学出版社 1999 年版，第 43 页。

③ 张文显著：《法哲学范畴研究（修订版）》，中国政法大学出版社 2001 年版，第 308—309 页。

④ 张文显著：《当代西方法哲学》，吉林大学出版社 1987 年版，第 225 页；程燎原、王人博著：《赢得神圣——权利及其救济通论》，山东人民出版社 1998 年版，第 212 页。

家长主义”的观点，允许部分放弃这一假期也具有一定的合理性。产假的休假权作为一项社会权利，放弃这一权利还应当考虑是否会给婴儿造成伤害。从保护儿童的角度出发，儿童，特别是婴幼儿需要得到父母的照顾；儿童享有被照顾的权利，相应地，作为儿童的父母有照顾儿童的义务。① 因此，要求女性劳动者在产假期间完整休息，也有利于保护儿童的权利，甚至有了父母履行抚养义务的意味。但是从产假本身的设定而言，其直接和主要目的是保护生育的女性劳动者，而不是儿童。产假不是育儿假。由于我国法律中没有对育儿假期的规定，因此，实际上产假的功能在一定程度上扩大到了育儿，并且希望通过增加产假的时间，使婴幼儿得到更好的照顾。但是从产假设立本身而言，其是为维护女性劳动者生育健康的需要而设立的一项休息权利，因此，女性劳动者放弃部分产假并不必然损害儿童得到照料的权利。②

从用人单位的角度，女性劳动者放弃产假，回归工作岗位，需要用人单位配合。对于是否让女性劳动者在产假期间进行工作，需要考虑两个问题：一是用人单位允许女性劳动者在产假期间工作是否违法；二是用人单位对于女性劳动者在产假期间从事工作是否有决定权。用人单位允许女性劳动者在产假期间工作是否违法，回答这一问题前需要对现行

---

① 根据《未成年人保护法》的规定，未成年人享有生存权、发展权、受保护权、参与权等权利，父母应当依法履行对未成年人的监护职责和抚养义务。联合国《儿童权利宣言》认为，儿童因身心尚未成熟，在其出生以前和以后均需要特殊的保护和照料；联合国《儿童权利公约》要求缔约国承担确保儿童享有其幸福所必需的保护和照料，考虑到其父母、法定监护人或任何对其负有法律责任的个人的权利和义务，并为此采取一切适当的立法和行政措施。缔约国应尽其最大努力，确保父母双方对儿童的养育和发展负有共同责任的原则得到确认。父母或视具体情况而定的法定监护人对儿童的养育和发展负有首要责任。儿童的最大利益将是他们主要关心的事。我国已批准该公约。

② 从保障儿童权利出发，当前需要做的是尽快在法律中规定育儿假，而不是延长产假。

法律规定进行分析。当劳动者与用人单位形成劳动关系后，用人单位需要履行法定的社会保险义务。根据《社会保险法》的规定，职工应当参加生育保险，由用人单位按照国家规定缴纳生育保险费，用人单位已经缴纳生育保险费的，其职工享受生育保险待遇，生育保险待遇包括生育医疗费用和生育津贴。因此，用人单位在生育保险中的法定义务是为本单位职工缴纳生育保险费。《劳动法》和《女职工劳动保护特别规定》中对产假也均有规定，用人单位的法定义务是加强女职工的劳动保护，保证女职工产假的权利。① 从以上法律规定的逻辑结构分析，用人单位保证劳动者产假的权利（即禁止用人单位要求劳动者不休或少休产假）并不包括劳动者主动放弃产假的权利。因此，当女性劳动者主动提出放弃产假的权利，用人单位允许其复工，并不意味着违反法律、行政法规的强制性规定。权利具有相对性，“一种权利单靠权利人自身是很难实现的，需要许多综合性因素的配合”②，“惟权利与自主决定非自己所独有，他人亦享有之，不能只知有己，不知有人，违反彼此尊重的法律伦理原则。因此，为保障个人得共存共荣、和谐的社会生活，权利的行使须受限制，乃属当然”③。女性劳动者放弃产假，意味着女性劳动者要重回工作岗位，对此也需要用人单位的配合，即用人单位要“允许”女性劳动

① 《劳动法》第 62 条规定，女职工生育享受不少于 90 天的产假。该规定属于《劳动法》对女职工特殊保护规定的内容。《劳动法》第 95 条规定，用人单位违反本法对女职工和未成年工的保护规定，侵害其合法权益的，由劳动行政部门责令改正，处以罚款；对女职工或者未成年工造成损害的，应当承担赔偿责任。2012 年《女职工劳动保护特别规定》第 7 条规定，女职工生育享受 98 天产假；第 13 条规定，用人单位违反本规定第 7 条规定的，由县级以上人民政府人力资源社会保障行政部门责令限期改正，并处以罚款。

② 刘作翔：《权利相对性理论及其争论——以法国若斯兰的“权利滥用”理论为引据》，载《清华法学》2013 年第 6 期。

③ 王泽鉴著：《民法总则（增订版）》，中国政法大学出版社 2001 年版，第 548 页。

者复工。虽然就目前法律规定而言，用人单位允许女性劳动者提前复工并不必然违法，可以排除用人单位的一些顾虑，但是基于某些考虑，如在女性劳动者产假休假期间，为保证本单位生产经营的连续性，用人单位有可能对女性劳动者产假休假前的岗位安排其他人员从事工作，此为用人单位生产经营管理权的正当行使，而休产假的女性劳动者提前恢复工作，有可能打乱用人单位的用工计划，用人单位可能也并不希望女性劳动者提前复工。如果允许用人单位拒绝，也就意味着女性劳动者放弃产假权利的实现是有条件的，需要用人单位允许。此时，女性劳动者放弃产假的权利受到用人单位生产经营管理权的制约，其能否实现有赖于用人单位的态度。法律需要在女性劳动者的劳动权和用人单位的生产经营管理权之间作出选择。显然，作为基本人权内容之一的劳动权具有优先性，用人单位的生产经营管理权应当让位于女性劳动者的劳动权。①用人单位同意女性劳动者放弃产假而返回工作岗位，也就是在两者之间达成了女性劳动者未休满产假而返回工作岗位的协议。既然是女性劳动者主动放弃产假而返回工作岗位，那么，复工后其不能以产假未休满为由，主张用人单位违反法定义务侵害了其自身的合法权益，要求用人单位承担相应的法律责任。

三、附着在劳动关系之上的劳动者社会保险权利的保护：政府的职责

（一）用人单位社会保险缴费：劳动合同约定与法定义务

作为社会保障组成部分的劳动者社会保险不仅是用人单位和劳动者之间的关系，更多的体现为劳动者和国家（政府）之间的关系。社会保险制度以立法为先导和基础，具有强制性。对于劳动者而言，按照我国

---

① “劳动权既是一项生存权，也是一项发展权”，“是一项受宪法保障的基本人权”。参见李炳安：《劳动权性质论》，载《湘潭大学学报（哲学社会科学版）》2011 年第 5 期。

劳动者社会保险体制的设计，劳动者的社会保险法律关系体现为劳动者、用人单位和政府三者之间的法律关系集合。《劳动合同法》中将社会保险规定为劳动合同的必备条款之一，作为强制性规定的社会保险权利义务在一定程度上转化为了合同的权利义务。从私法自治的原则出发，权利人有权处分自己的权利。① 劳动者享有社会保险权利，劳动者和用人单位之间是否可以通过协商不缴纳社会保险费，从而放弃这一权利？即在劳动合同中劳动者和用人单位之间约定用人单位不为劳动者缴纳社会保险费，在不存在用人单位欺诈、胁迫，劳动者同意，甚至是劳动者主动提出的情形下，这一约定是否合法有效？从民法角度分析，在不存在欺诈、胁迫的情形下，劳动者同意或主动要求用人单位不缴纳社会保险费，实际上是放弃了社会保险权利，并与用人单位达成合意，劳动者的这种权利放弃并不当然违法。从社会保险法律制度的角度分析，劳动者的社会保险具有强制性，其缴费、待遇等标准虽然不属于劳动标准，但是用人单位为劳动者缴纳社会保险费是其法定强制性义务，义务来源于法律的强制性规定，因此，当劳动合同中社会保险条款的约定与法律规定不同时，按照《劳动合同法》第 26 条的规定，该条款应当无效。对于双方的这种约定即使从民事合同法理论和法律规定分析，也可以得出否定的结论。② 劳动者的社会保险是一种人人为我，我为人人的互助机制，是由用人单位和劳动者依法缴费所形成的社会保险基金来支付社会保险待遇的社会保障机制。作为社会保险基金的主要来源，用人单位和劳动者的缴费不仅是劳动者社会保险待遇的经济来源，也是劳动者社会保险制

---

① 《民法总则》第 130 条规定：“民事主体按照自己的意愿依法行使民事权利，不受干涉。”

② 《合同法》第 52 条规定：“有下列情形之一的，合同无效：（一）一方以欺诈、胁迫的手段订立合同，损害国家利益；（二）恶意串通，损害国家、集体或者第三人利益；（三）以合法形式掩盖非法目的；（四）损害社会公共利益；（五）违反法律、行政法规的强制性规定。”

度得以延续的经济基础，关系到社会公共利益和他人的利益。用人单位和劳动者达成的放弃社会保险缴费的合意，不仅使得该劳动者无法被纳入社会保险的覆盖范围，侵害了劳动者本人的权利，也侵害了劳动者社会保险制度本身，从而侵害了社会公共利益和他人权益，因此，这种权利放弃应当为法律所禁止，双方之间以此为目的达成的不缴纳社会保险费的协议无效。

（二）劳动者社会保险权利救济的途径选择：现实情况的分析

劳动关系和社会保险关系之间的重合和交叉与我国的社会保险体制的建立和相关法律规定有着密切的关系。在劳动者的社会保险制度建立之初，社会保险制度就以劳动关系为基础和前提条件，《劳动法》《劳动合同法》均将社会保险规定为劳动合同的必备条款之一，《劳动争议调解仲裁法》将劳动者和用人单位之间因社会保险发生的争议列为劳动争议，因此，当用人单位未缴纳社会保险费时，劳动者寻求私利救济有着充分的法律依据；① 但是，社会保险的公共属性，使得政府不可能放任社会保险停留在劳动者和用人单位之间劳动关系的层面之上。作为社会保障制度的组成部分，政府必然要对社会保险进行管理。《社会保险法》侧重调整社会保险经办机构和用人单位、劳动者之间的社会保险关系。社会保险争议，应当是发生在社会保险经办机构和用人单位或者社会保险经

---

① 《劳动争议调解仲裁法》只规定社会保险争议属于该法规定调整的劳动争议范围，但是并没有进一步明确社会保险争议的类型。就社会保险而言，社会保险争议既可能发生在劳动者和用人单位之间，也可能发生在劳动者和社会保险经办机构、用人单位和社会保险经办机构之间，如因社会保险待遇引发的争议就往往发生在社会保险待遇享受者（劳动者）和社会保险经办机构之间，因此，社会保险争议并非都属于劳动争议。即使是仅涉及社会保险费的争议，该争议既可能是发生在劳动者和用人单位之间的劳动争议，通过劳动争议途径处理；也可能是发生在社会保险费征收机构和用人单位、劳动者之间的争议，通过行政复议、行政诉讼途径解决。

办机构和劳动者个人之间的社会保险行政争议。① 按照《社会保险法》的规定，当用人单位侵害劳动者的社会保险权益时，劳动者可以要求社会保险行政部门或者社会保险费征收机构依法处理。②《社会保险法》还赋予社会保险费征收机构强制征收社会保险费的行政职权。③ 用人单位参加各项社会保险和缴纳社会保险费的情况也是劳动保障行政部门实施劳动监察的事项之一。由此，对于用人单位涉及社会保险的违法行为，劳动者既可以通过劳动争议处理程序寻求救济，也可以通过寻求政府的公权利救济，向社会保险费征收机构投诉或请求征缴。

---

① 《社会保险行政争议处理办法》第 2 条第 1 款规定："本办法所称的社会保险行政争议，是指经办机构在依照法律、法规及有关规定经办社会保险事务过程中，与公民、法人或者其他组织之间发生的争议。"

② 《社会保险法》第 83 条第 3 款规定："个人与所在用人单位发生社会保险争议的，可以依法申请调解、仲裁，提起诉讼。用人单位侵害个人社会保险权益的，个人也可以要求社会保险行政部门或者社会保险费征收机构依法处理。"

③ 《社会保险法》第 63 条规定："用人单位未按时足额缴纳社会保险费的，由社会保险费征收机构责令其限期缴纳或者补足。用人单位逾期仍未缴纳或者补足社会保险费的，社会保险费征收机构可以向银行和其他金融机构查询其存款账户；并可以申请县级以上有关行政部门作出划拨社会保险费的决定，书面通知其开户银行或者其他金融机构划拨社会保险费。用人单位账户余额少于应当缴纳的社会保险费的，社会保险费征收机构可以要求该用人单位提供担保，签订延期缴费协议。用人单位未足额缴纳社会保险费且未提供担保的，社会保险费征收机构可以申请人民法院扣押、查封、拍卖其价值相当于应当缴纳社会保险费的财产，以拍卖所得抵缴社会保险费。"第 84 条规定："用人单位不办理社会保险登记的，由社会保险行政部门责令限期改正；逾期不改正的，对用人单位处应缴社会保险费数额一倍以上三倍以下的罚款，对其直接负责的主管人员和其他直接责任人员处五百元以上三千元以下的罚款。"第 86 条规定："用人单位未按时足额缴纳社会保险费的，由社会保险费征收机构责令限期缴纳或者补足，并自欠缴之日起，按日加收万分之五的滞纳金；逾期仍不缴纳的，由有关行政部门处欠缴数额一倍以上三倍以下的罚款。"2018 年根据国务院机构改革的安排，社会保险费转由税务机关征收，税务机关享有更强的征收职权。

在司法实践中，对于办理社会保险手续和社会保险缴费争议，法院更倾向于让劳动者通过行政程序解决，而不作为劳动争议处理。① 根据2010年最高人民法院《关于审理劳动争议案件适用法律若干问题的解释（三）》第1条的规定，只有“劳动者以用人单位未为其办理社会保险手续，且社会保险经办机构不能补办导致其无法享受社会保险待遇为由，要求用人单位赔偿损失而发生争议的”，人民法院才作为劳动争议予以受理。有地方法院进一步认为，用人单位未为劳动者建立社会保险关系，但依据政策规定可以补办，劳动者要求用人单位补办的；劳动者请求用人单位补足缴费基数的；养老保险缴费年限有异议的，虽然争议发生在劳动者与用人单位之间，但是属于社会保险机构主管的社保纠纷，法院应当告知劳动者向社会保险机构或者相关行政部门申请解决，而不作为劳动纠纷受理。② 以上法院对于社会保险缴费争议处理的规定表明，在司法实践中，对于“社会保险”作为劳动争议局限在“因用人单位没有履行社会保险义务而给劳动者造成损失，劳动者向用人单位要求损失赔偿”的范围，而对于社会保险费补缴等争议，法院认为属于社会保险经办机构的职权范畴，需要通过行政途径解决，实际上为劳动者和用人单位之间就社会保险发生争议处理途径作出了先后的次序划分，先通过行政程序解决，行政程序不能解决的，再作为劳动争议解决；而按照有关机构对《社会保险法》的解释，法院不受理用人单位不给劳动者个人缴

① 如2017年广东省高级人民法院《关于审理劳动争议案件疑难问题的解答》第16条规定，劳动者请求用人单位补缴其在职期间社会保险费的，不属劳动争议处理范围，不予处理。

② 参见2017年天津市高级人民法院发布的《天津法院劳动争议案件审理指南》第4条规定，劳动者与用人单位就以下事项发生争议的，应当告知劳动者向社会保险机构或者相关行政部门申请解决：（1）用人单位未为劳动者建立社会保险关系，但根据政策规定可以补办，劳动者要求用人单位补办的；（2）劳动者请求用人单位增加社会保险险种、补足缴费基数、变更参保地的；（3）劳动者与用人单位因养老保险缴费年限发生争议的。

纳社会保险费的观点是不正确的，用人单位不为职工缴纳社会保险费，违反了《劳动合同法》的规定，属于劳动争议的一种，法院应当受理。①显然，有关机构的法律释义和司法实践做法存在矛盾。

用人单位和劳动者之间涉及社会保险缴费的争议在司法实践中还可能表现为双方在达成不缴纳社会保险费的合意后（劳动者先同意或要求不缴纳社会保险费）又反悔，以用人单位“未依法为劳动者缴纳社会保险费”为由要求解除劳动合同，要求用人单位支付经济补偿的争议，这类争议由于涉及了劳动合同的解除，法院会作为劳动争议受理，并通常支持劳动者“撕毁”协议的反悔行为，支持劳动者解除劳动合同，由此也可以侧面证明法院认同依法缴纳社会保险费是《劳动法》规定的用人单位与劳动者的法定义务，即便是劳动者同意或要求用人单位不缴纳社会保险费，但允许劳动者反悔，从而使双方就不缴纳社会保险费所达成的协议失效；但对于用人单位是否支付经济补偿金则态度不同，支持②

① 参见全国人大常委会法工委、国务院法制办、人力资源和社会保障部组织编写：《中华人民共和国社会保险法释义（十九）》，载中华人民共和国人力资源和社会保障部网站。

② 参见2017年北京市高级人民法院、北京市劳动人事争议仲裁委员会《关于审理劳动争议案件法律适用问题的解答》的规定，依法缴纳社会保险是《劳动法》规定的用人单位与劳动者的法定义务，即便是因劳动者要求用人单位不为其缴纳社会保险，劳动者按照《劳动合同法》第38条规定主张经济补偿的，仍应予支持。2015年安徽省高级人民法院《关于审理劳动争议案件若干问题的指导意见》规定，用人单位与劳动者约定无需办理社会保险手续或将社会保险费以补贴形式直接支付给劳动者，劳动者事后反悔并主张用人单位为其补办社会保险手续或缴纳社会保险费，如用人单位未在社保机构指定期限内办理，劳动者以此为由解除劳动合同并请求用人单位支付经济补偿金的，人民法院应予支持。用人单位为劳动者补办社会保险的，有权要求劳动者返还已发放的社保补贴。但用人单位未以书面形式明确社保补贴具体数额的，人民法院不予支持。

和反对①观点均有之，法院的不同做法也体现出了对于劳动关系合意和社会保险法定义务的理解不同。对于不支持经济补偿的理由，民法的诚实信用原则成为解释的理论依据之一。从诚实信用原则出发，法院认为劳动者先前同意或要求用人单位不缴纳社会保险费是其真实意思表示，在双方达成不缴费的合意后反悔，是对诚实信用原则的违反。从诚实信用原则解读劳动者对达成合意后反悔的行为虽然具有一定的合理性，但是这一合理性推导是建立在一定程度上片面解释诚实信用原则的基础之上的，在双方达成合意后，一方反悔的分析框架中，片面强调了合意的效力；反悔一方固然应当承担相应的法律责任，② 但是此时还应该分析这种合意是否具备违法的前提。对于劳动者一方主动提出或同意用人单位不缴纳社会保险费，劳动者也在违法，因为根据现行法律规定，社会保险缴费不仅是用人单位的义务，同时也是劳动者的法定义务，双方达成的这一合意是违法的。从用人单位角度，虽然不缴纳社会保险费由劳动者提出，但是用人单位应该知道缴纳社会保险费是其法定强制性义务，此时用人单位同意劳动者的要求，在其主观上很难说没有违法的恶意。

（三）工伤赔偿协议的法律效力

在劳动者社会保险的五个项目中，工伤保险与劳动关系的联系最为紧密，立法也相对完善。根据《社会保险法》第36条的规定，享受工伤保险待遇的条件是因工作原因受到事故伤害或者患职业病，且经工伤认定。显然，根据这一规定，用人单位缴纳工伤保险费并不是劳动者享受工伤保险待遇的条件，用人单位缴费与否决定的是社会保险待遇由谁来

---

① 参见2012年浙江省高级人民法院民一庭《关于审理劳动争议纠纷案件若干疑难问题的解答》第11条规定，劳动者不愿意缴纳社会保险费，并书面承诺放弃参加社会保险的，该书面承诺无效。劳动者可以此为由解除劳动合同，但要求用人单位支付经济补偿金的，不予支持。

② 在实践中具体表现为劳动者不能获得解除劳动合同时用人单位依法支付的经济补偿金。

支付的问题：用人单位未依法缴纳工伤保险费，发生工伤事故的，由用人单位支付工伤保险待遇。但《社会保险法》第41条又规定，用人单位不支付的，从工伤保险基金中先行支付。《工伤保险条例》第62条也规定，应当参加工伤保险而未参加工伤保险的用人单位职工发生工伤的，由该用人单位按照该条例规定的工伤保险待遇项目和标准支付费用。对于无法认定工伤的情形，《工伤保险条例》分别规定了两种情况：一是无营业执照或者未经依法登记、备案的单位以及被依法吊销营业执照或者撤销登记、备案的单位的职工受到事故伤害或者患职业病的，由该单位向伤残职工或者死亡职工的近亲属给予一次性赔偿，赔偿标准不得低于《工伤保险条例》规定的工伤保险待遇；二是用人单位使用童工造成童工伤残、死亡的，由该单位向童工或者童工的近亲属给予一次性赔偿，赔偿标准不得低于《工伤保险条例》规定的工伤保险待遇。按照以上法律规定，在应然的状态下，劳动者工伤待遇的享受水平与用人单位是否缴费无关，即使在用人单位没有依法缴纳工伤保险费的情况下，劳动者仍然依法享受由用人单位支付的工伤待遇，其待遇水平与缴纳了工伤保险费由工伤保险基金支付的工伤保险待遇相同。但是在社会实践中，工伤保险待遇的享受则并没有完全遵循法律正常实施的逻辑。

在社会实践中，用人单位同意支付工伤待遇的情形下，用人单位和劳动者之间可能会签订工伤赔偿协议，这一协议的性质和效力如何？就性质而言，由于社会保险是劳动合同的必备条款之一，为本单位劳动者办理社会保险手续缴纳社会保险费是用人单位法定义务，因此，其可以被视作劳动者和用人单位对两者之间劳动合同的补充协议，具有劳动合同的性质，但是在司法实践中，有观点认为，这一协议是民事协议，按照民事法律规定处理。① 从以上法院按照民事协议定性工伤赔偿协议的性质而言，隐含着工伤待遇可以通过双方协议约定，也即意味着劳动者可以放弃依法享受的工伤保险待遇；② 并进一步认为在无法进行工伤认定的情形下，工伤保险待遇的争议直接转化为人身损害赔偿诉讼。③ 考虑到工伤保险待遇和民事损害赔偿之间的显著差别，显然，通过民事协议处理用人单位依法应当履行的工伤保险待遇支付义务并不合适。用人

① 如果该赔偿协议是在劳动者已被依法认定为工伤且已完成劳动能力鉴定的前提下签订，依据民事法律规定不存在法定无效情形下，该协议被认定有效，在劳动者反悔，提起仲裁和诉讼，要求用人单位按照工伤保险待遇赔付的情形下，该诉讼请求将不被法院支持；如果该赔偿协议是在劳动者未经劳动行政部门依法认定为工伤且未完成劳动能力鉴定的情形下签订，劳动者实际所获补偿明显低于法定工伤保险待遇标准，劳动者主张该赔偿协议违反其真实意思表示，请求撤销该协议，或者主张用人单位补足双方协议低于工伤保险待遇的差额部分的，该诉讼请求法院会受理，对于赔偿协议是否应当撤销，按照民事法律规定进行审查和处理，而不是《劳动法》。参见 2017 年 11 月天津市高级人民法院发布的《天津法院劳动争议案件审理指南》第 38 条。

② 民事损害赔偿和工伤保险待遇有着很大的差异，民事损害赔偿的确定要考虑被害人是否有过错和过错程度，工伤保险待遇中，除劳动者自杀、自残的情形外，劳动者的主观过错并不影响工伤保险待遇的获得；在具体的覆盖范围上，两者也存在着不同，因此，从经济角度，最终计算的数额两者之间会有差异。即便是在赔偿协议中的赔偿数额和根据工伤保险法律规定获得的经济待遇等同，但是工伤保险待遇并不仅仅是指经济待遇，还包括劳动关系的处理，在因伤致残并经伤残鉴定之后，即使在劳动者完全丧失劳动能力的情况下，用人单位和劳动者之间的劳动关系仍将保留，其目的之一是使劳动者依法享受的其他社会保险缴费和待遇不因工伤而中断或终止。

③ 因为用人单位与劳动者均未按法律规定申报工伤，劳动行政部门也不再受理双方提出的工伤申请，劳动者主张用人单位支付工伤保险待遇的，该诉讼请求法院不予支持，法院应向劳动者释明，由劳动者另行提起人身损害赔偿诉讼。参见 2017 年 11 月天津市高级人民法院发布的《天津法院劳动争议案件审理指南》第 40 条。

单位支付工伤待遇是法定义务，无论其与劳动者是否达成协议，其法定义务并不发生变化，支付待遇的水平亦不应有所不同。

（四）社会保险权利保护：政府职责的强化

现行法律框架下，劳动者的社会保险关系附着在劳动关系上，用人单位和劳动者建立劳动关系后，用人单位为本单位劳动者办理参加社会保险的手续并缴纳社会保险费，由用人单位和劳动者缴费形成的社会保险基金支付劳动者的各项社会保险待遇。办理参加社会保险手续和缴费发生在劳动关系存在期间，用人单位的此项社会保险义务与劳动关系紧密相连，法律将用人单位这一义务的违反与劳动合同的履行挂钩，由此产生的争议纳入劳动争议范围，劳动者有权依法提起劳动争议仲裁，并可以进入诉讼程序；社会保险待遇的支付主要发生在社会保险经办机构和社会保险待遇享受者之间，此时的社会保险待遇享受者和用人单位很可能已经不存在劳动关系，因社会保险待遇产生的争议则被纳入行政争议的范围。

用人单位没有按时足额缴纳社会保险费关系到社会保险待遇的支付，此时，如何让用人单位补缴社会保险费则涉及了社会保险权利救济的途径选择。根据目前的法律规定，社会保险权利救济分为公私两种途径：一是通过劳动争议途径解决，劳动者申请劳动争议仲裁，要求用人单位承担相应的法律责任，如补缴社会保险费，承担因没有按时足额缴纳社会保险费而给劳动者造成损害的损害赔偿责任；二是通过行政途径解决，劳动者依法请求社会保险经办机构履行职责。就第一种途径而言，目前的司法实践倾向于劳动者在穷尽了行政解决途径之后，即社会保险费征收机构不办理补缴时，才能作为劳动争议通过诉讼途径解决，而劳动争议的诉讼途径解决这一争议则又倾向于对因不缴费造成的损失赔偿。由于办理社会保险业务是社会保险经办机构的法定职责，那么劳动者社会保险权利被侵犯，有用人单位违法的原因，社会保险经办机构也有渎职的嫌疑，劳动者有权要求社会保险经办机构依法行使其法定职责，依法追究行政机关的法律责任，由此一来，本来属于劳动者和用人单位之间的劳动关系（社会保险缴费）转化为劳动者（社会保险权利人）和社会保险经办机构之间的行政关系。劳动者的社会保险关系基于劳动关系而存在，但是社会保险具有公共属性，用人单位的缴费义务不仅是劳动关系中对劳动者的义务，也是对国家强制性的社会保险制度的公共义务，这一点上类似于依法纳税人依法应当履行的纳税义务。在社会保险经办机构负有征收职责，享有强制征缴和行政处罚职权的前提下，其不应该以用人单位未缴费为由拒绝给予社会保险权利人相应的待遇；特别是随着我国社会保险费征收全面由税务机关负责以后，① 法律赋予社会保险费征收机构的征收职权和税务机关强大的征收能力使得用人单位逃避缴费的违法可能性大幅度降低，此时再以用人单位没有缴费而拒绝支付相应的社会保险待遇在理由上更为牵强，或者说，造成社会保险费欠缴不仅是用人单位违法，更是社会保险费征收机构的渎职，用人单位不缴费的违法问题可以通过社会保险费征收机构的认真履职得以解决。从长远看，将劳动关系和社会保险关系剥离，强调社会保险关系的公共属性和加强政府的监管职责，对于劳动关系的有序发展和劳动者社会保险权利的实现更为有利。

四、劳动监察制度

（一）劳动监察制度的主要内容

劳动监察是一项特殊的劳动行政监督机制，是指根据法律法规授权的国家机构对劳动法的贯彻执行进行监督检查，并对违法行为给予纠正和处罚的法律制度。国际劳工组织通过了一系列有关劳动监察的国际劳工公约和建议书，阐明了劳动监察制度的基本原则：（1）劳动监察是一

---

① 2018 年 3 月中共中央印发的《深化党和国家机构改革方案》规定，为提高社会保险资金征管效率，将基本养老保险费、基本医疗保险费、失业保险费等各项社会保险费交由税务部门统一征收。

项公共职能，一项政府责任，应作为一种制度加以组建，并纳入国家体系的更大环境中，目的是管理社会和劳动政策并监督其实施，使之符合立法和标准。所以，劳动监察人员应享有公共官员的地位和独立性，以便以与其承担的公共职责相一致的公正无私的方式行使权利和履行职能，不受本系统以外的任何非正当压力和限制的影响。(2) 劳动监察部门与雇主和工人密切合作的必要性。这种合作应从劳动监察部门、政府、雇主和雇员组织共同制定并在工作场所实施劳动保护立法开始，包括对改善生活条件和工作条件等问题及建议的研究，以及向雇主提供关于他们的法定义务的信息等。合作的前提条件是，工人代表的参与权得到保障，雇主充分承担自己的责任。(3) 与研究所、高等院校、社会保障当局的预防工作部门等其他机构以及专家们进行有效合作的必要性，连同协调他们的活动的必要性。(4) 劳动监察工作日益强化的预防为主的方向。(5) 全民覆盖的导向，即把劳动监察的保护性和预防性行动扩展到所有经济活动领域、覆盖尽可能多的劳动人口的必要性。从原则上讲，社会不应当、劳动监察也不能允许这样一种经济的存在，即在这种经济中某些类别的劳动者受到保护，而其他的则不受保护。①

根据《劳动保障监察条例》的规定，我国国务院劳动保障行政部门主管全国的劳动保障监察工作，县级以上地方各级人民政府劳动保障行政部门主管本行政区域内的劳动保障监察工作；劳动保障行政部门的监察对象为企业和个体工商户等用人单位、职业介绍机构、职业技能培训机构与职业技能考核鉴定机构。劳动保障行政部门履行以下监察职责：(1) 宣传劳动保障法律、法规和规章，督促用人单位贯彻执行；(2) 检查用人单位遵守劳动保障法律、法规和规章的情况；(3) 受理对违反劳动保障法律、法规或者规章的行为的举报、投诉；(4) 依法纠正和查处

① ［德］沃尔夫根·冯·李希霍芬著，劳动和社会保障部国际劳工与信息研究所译：《劳动监察——监察职业指南》，中国劳动社会保障出版社 2004 年版，第 8—10 页。

违反劳动保障法律、法规或者规章的行为。

劳动保障行政部门对以下事项实施劳动保障监察：（1）用人单位制定内部劳动保障规章制度的情况；（2）用人单位与劳动者订立劳动合同的情况；（3）用人单位遵守禁止使用童工规定的情况；（4）用人单位遵守女职工和未成年工特殊劳动保护规定的情况；（5）用人单位遵守工作时间和休息休假规定的情况；（6）用人单位支付劳动者工资和执行最低工资标准的情况；（7）用人单位参加各项社会保险和缴纳社会保险费的情况；（8）职业介绍机构、职业技能培训机构和职业技能考核鉴定机构遵守国家有关职业介绍、职业技能培训和职业技能考核鉴定的规定的情况；（9）法律、法规规定的其他劳动保障监察事项。

劳动保障监察以日常巡视检查、审查用人单位按照要求报送的书面材料以及接受举报投诉等形式进行。劳动保障行政部门对用人单位有违反劳动法律规定的行为有权进行调查，采取相应的调查和检查措施，①对事实清楚、证据确凿、可以当场处理的违法行为有权当场予以纠正；

① 《劳动保障监察条例》第15条规定："劳动保障行政部门实施劳动保障监察，有权采取下列调查、检查措施：（一）进入用人单位的劳动场所进行检查；（二）就调查、检查事项询问有关人员；（三）要求用人单位提供与调查、检查事项相关的文件资料，并作出解释和说明，必要时可以发出调查询问书；（四）采取记录、录音、录像、照相或者复制等方式收集有关情况和资料；（五）委托会计师事务所对用人单位工资支付、缴纳社会保险费的情况进行审计；（六）法律、法规规定可以由劳动保障行政部门采取的其他调查、检查措施。劳动保障行政部门对事实清楚、证据确凿、可以当场处理的违反劳动保障法律、法规或者规章的行为有权当场予以纠正。"

根据调查、检查结果对违法行为进行相应处理。①

（二）劳动监察行政执法和劳动争议仲裁的关系

劳动监察在我国主要体现为劳动行政机关中设立的专门机构对劳动法执行情况的监督监察，其监督监察的对象主要为用人单位，直接体现了政府对劳动关系的干预。劳动监察机构有权对用人单位违法情形进行处罚，而在用人单位违反劳动法的情况下，又往往会和劳动者产生争议，由此劳动监察和劳动争议处理制度产生交集。劳动争议发生在劳动者和用人单位之间，当事人可以依法申请仲裁、提起诉讼。根据我国现行的劳动争议解决机制，劳动争议仲裁是劳动争议进入司法程序的必经程序，其是由法定专门的劳动争议仲裁机构对劳动争议的解决途径，不同于由行政机构出面的行政争议解决的方式；劳动争议仲裁机构不是劳动监察机构。从程序设计上看，劳动争议仲裁是“私领域”争议解决途径，而劳动监察是行使劳动监察权的国家行政机构对用人单位遵守劳动法律的情况进行的监督监察，是依职权进行的行政执法行为，是劳动监察机构和用人单位之间的行政管理关系。由于用人单位违反劳动法律，往往会侵犯到劳动者的权益，法律赋予了劳动者个人向劳动监察机构投诉的权利，由此引发了劳动者和劳动监察机构之间基于用人单位违反劳动法律侵犯劳动者权益而劳动监察机构未履行监察职责而产生的行政争议，如此一来，本来属于用人单位侵犯劳动者权益的“私领域”的劳动争议转化为劳动者和劳动监察机构之间因劳动监察机构未履行职责的“公领域”的行政争议。从劳动者角度而言，当用人单位违法侵犯其权益时，其可

① 《劳动保障监察条例》第18条规定：“劳动保障行政部门对违反劳动保障法律、法规或者规章的行为，根据调查、检查的结果，作出以下处理：（一）对依法应当受到行政处罚的，依法作出行政处罚决定；（二）对应当改正未改正的，依法责令改正或者作出相应的行政处理决定；（三）对情节轻微且已改正的，撤销立案。发现违法案件不属于劳动保障监察事项的，应当及时移送有关部门处理；涉嫌犯罪的，应当依法移送司法机关。”

以提起劳动争议仲裁，从而使争议进入司法程序解决；其也可以向劳动监察机构投诉，通过劳动监察程序维护自己的合法权益。随之而来的问题是，当劳动者既申请劳动争议仲裁，启动“私领域”的程序，又向劳动监察机构投诉，寻求“公权力”的救济，此时劳动争议仲裁和劳动监察面对的是同一违法情形，两者之间的关系如何？如果并存，那么对同一事实分别按照不同的处理途径进行了重复处理，是否有资源浪费的嫌疑？如果二择一，是通过法律规定进行选择，还是劳动者自主选择？

从理论层面，这一问题是政府通过行使行政权力干预劳动关系和劳动者通过行使诉权对自身权益的保护之间的关系问题，需要解决行政权力的干预和劳动者个体诉权之间的冲突和矛盾。① 按照我国的现行法律规定，劳动监察和劳动仲裁的具体受案范围在一定程度上存在重合，这种重合受到很多批评。有观点指出，劳动监察承载着干预维权和抑制冲突的功能，劳动监察和劳动仲裁受理范围的部分重叠，虽然为劳动者提供了多元化的救济渠道，但也为劳动监察机构推卸责任提供了口实，使一些地区的监察程序形同虚设；② 也有观点认为，劳动监察和劳动仲裁之间的受案重合，表面上看似劳动者有选择权，但对劳动者权益的保护并无益处。③ 针对这一重合所出现的问题，现有的研究中有强化劳动监

---

① 根据《劳动争议调解仲裁法》的规定，劳动仲裁是劳动争议诉讼的前置必经程序，没有经过仲裁程序，劳动争议诉讼程序无法启动，因此，如果法律规定某些争议被排除在劳动仲裁受案范围之外，由劳动行政部门专门负责，从制度层面剥夺了劳动者的诉权，违背了争议处理的基本原则。

② 参见李培智：《完善我国劳动监察制度探讨》，载《中国劳动》2015 年第 1 期。

③ 肖进成：《我国劳动保障监察制度存在的问题及其对策研究》，载《华东理工大学学报（社会科学版）》2016 年第 6 期。

察的趋势，认为应当加强劳动监察机构的执法权力。①

劳动监察体现了政府对劳动关系的干预，而劳动争议处理机制是劳动者通过争议解决程序对自身权利的维护，两者的角度不同，法律依据不同，在制度层面应当并存，共同发挥作用，促进劳动关系的稳定和谐发展。劳动监察是专门机构依法行使行政职权的具体行政行为。劳动监察，包括日常主动的监察和依据举报投诉等启动的劳动监察程序，行政机构的主动执法是其进行行政管理和监督的内在要求，其对违法者有权进行行政处罚。由于用人单位的违法行为损害了劳动者权益，对用人单位的行政处罚间接保护了劳动者的权益，如责令支付劳动者的工资报酬，从行政处罚的角度是要求用人单位改正自身的违法行为，这一违法行为的纠正，让劳动者获得了被拖欠的工资报酬，从而保护了劳动者权益。②劳动争议处理程序则是依据当事人申请才开始，需要劳动者主动启动劳

① 有观点指出，“应通过立法明确规定以全部具有强行性的劳动法律规范为劳动保障监察之对象，即只限于劳动者实体权利的强制性法律规范（即关于劳动者权益最低标准的法律规定）和关于劳动关系运行规则的强行性法律规范（如禁止招用童工等法律规定）”。“对用人单位违反任意性规范的行为，则应明确规定通过劳动争议处理程序解决。”（参见肖进成：《我国劳动保障监察制度存在的问题及其对策研究》，载《华东理工大学学报（社会科学版）》2016 年第 6 期）但是这种区分必然涉及对劳动法律中“强制性法律规范”和“任意性法律规范”的解释，如果用人单位拖欠劳动者工资，是因为违反了“强制性法律规范”由劳动监察机构负责还是只能通过劳动争议处理程序解决？劳动者享有劳动报酬权，用人单位依法应当按时足额支付工资报酬，应当属于强制性规范，但是工资报酬的支付方式由用人单位决定，如何发放工资则成为了“任意性法律规范”。

② 《劳动保障监察条例》第 26 条规定：“用人单位有下列行为之一的，由劳动保障行政部门分别责令限期支付劳动者的工资报酬、劳动者工资低于当地最低工资标准的差额或者解除劳动合同的经济补偿；逾期不支付的，责令用人单位按照应付金额 50%以上 1 倍以下的标准计算，向劳动者加付赔偿金：（一）克扣或者无故拖欠劳动者工资报酬的；（二）支付劳动者的工资低于当地最低工资标准的；（三）解除劳动合同未依法给予劳动者经济补偿的。”

动争议处理程序，特别是由于我国劳动争议处理制度设计将劳动争议仲裁作为劳动争议进入诉讼的必经程序，如果将某些案件规定为只能由劳动监察部门管辖，则剥夺了劳动者的诉权。因此，在制度层面，不能机械划分劳动监察和劳动仲裁的案件管辖范围。所谓劳动监察和劳动仲裁的管辖交叉，是发生在劳动者自身权益受到侵犯时既有权依法向劳动监察机构投诉，又有权依法向劳动争议仲裁机构提起仲裁的情形。例如，用人单位违法拖欠劳动者的工资，劳动者既可以向劳动监察机构投诉，也可以申请劳动争议仲裁。根据劳动者的投诉，劳动监察机构启动监察程序，有权责令用人单位支付工资；根据劳动者的仲裁申请，劳动争议仲裁程序启动，在仲裁裁决中也会要求用人单位支付工资。

在立法层面，《劳动法》第 77 条、第 88 条确立了劳动争议处理和劳动监察对某些违法情形处理并存的格局，劳动者权益被侵犯，可以通过劳动争议解决途径处理，同时规定劳动者有检举和控告的权利。法律授权劳动监察机构对于用人单位的违法情形，有权作出警告、责令改正、罚款、责令支付等行政处罚，其中责令用人单位支付的款项包括劳动者工资报酬、经济补偿和赔偿金；《劳动合同法》第 77 条将要求劳动监察部门依法处理和依法申请仲裁、提起诉讼并列规定为劳动者合法权益受到侵害时的救济途径；《劳动争议调解仲裁法》在明确了劳动仲裁的受案范围的同时，规定“用人单位违反国家规定，拖欠或者未足额支付劳动报酬，或者拖欠工伤医疗费、经济补偿或者赔偿金的，劳动者可以向劳动行政部门投诉，劳动行政部门应当依法处理”，但是并没有明确两者之间的先后顺序或地位。具体规范劳动监察活动的《劳动保障监察条例》中对劳动监察机构的行政处罚权力具体明确，并通过规定“用人单位违反劳动保障法律、法规或者规章，对劳动者造成损害的，依法承担赔偿责任。劳动者与用人单位就赔偿发生争议的，依照国家有关劳动争议处理的规定处理。对应当通过劳动争议处理程序解决的事项或者已经按照劳动争议处理程序申请调解、仲裁或者已经提起诉讼的事项，劳动保障行政部门应当告知投诉人依照劳动争议处理或者诉讼的程序办理”等内容力图解决劳动监察和劳动争议处理程序之间的交叉问题；在劳动和社会保障部发布的《关于实施〈劳动保障监察条例〉若干规定》中进一步明确了劳动监察和劳动仲裁两者之间的分工。① 在司法实践中，法院不会因为劳动者已经向劳动监察机构投诉而不受理或驳回劳动者的起诉，② 当劳动者向劳动监察机构投诉后，对于劳动者以劳动监察机构“不作为”为由提起行政诉讼时，法院则依据《劳动保障监察条例》中关于劳动监察和劳动争议分工的条文来审查劳动监察机构是否有“不作为”的情形

① 劳动和社会保障部《关于实施〈劳动保障监察条例〉若干规定》第15条规定：“有下列情形之一的投诉，劳动保障行政部门应当告知投诉人依照劳动争议处理或者诉讼程序办理：（一）应当通过劳动争议处理程序解决的；（二）已经按照劳动争议处理程序申请调解、仲裁的；（三）已经提起劳动争议诉讼的。”第16条规定：“下列因用人单位违反劳动保障法律行为对劳动者造成损害，劳动者与用人单位就赔偿发生争议的，依照国家有关劳动争议处理的规定处理：（一）因用人单位制定的劳动规章制度违反法律、法规规定，对劳动者造成损害的；（二）因用人单位违反对女职工和未成年工的保护规定，对女职工和未成年工造成损害的；（三）因用人单位原因订立无效合同，对劳动者造成损害的；（四）因用人单位违法解除劳动合同或者故意拖延不订立劳动合同，对劳动者造成损害的；（五）法律、法规和规章规定的其他因用人单位违反劳动保障法律的行为，对劳动者造成损害的。”

② 如在劳动者主张用人单位未依法缴纳社会保险费而解除合同的案件中，劳动保障部门出具的限期补缴通知书或者限期整改指令书作为证据被法院接受。参见2017年11月天津市高级人民法院发布的《天津法院劳动争议案件审理指南》。

存在。① 为了更好地协调和解决劳动监察和劳动争议处理机制的交叉和重合问题，有地方创设了劳动争议联动化解机制：建立工会调解、行政执法、仲裁和诉讼相互衔接的机制，明确违法处罚归属劳动监察机构，在加大劳动监察机构的执法力度时，以当事人自愿为前提进行行政调解，但并不否认当事人的诉权。②

从劳动关系调整的三方性原则出发，政府对劳动关系的干预有利于劳动关系的稳定和谐，劳动监察则是政府对劳动关系进行干预的直接体现，但是劳动关系毕竟是发生在劳动者和用人单位之间，是劳动者和用人单位两者之间的关系，政府是作为监督一方存在，而不是劳动关系的直接当事人，因此，政府干预应当有合理的限度。具体到劳动争议处理程序和劳动监察之间在某些案件的具体处理上有交叉和重合时，将劳动监察置于突出地位，客观上使本属于用人单位和劳动者之间的劳动关系转化为政府与劳动者之间的关系，让政府代替用人单位成为争议的当事人，虽然在个案中有利于劳动者权益的保护，但是从整体和长远分析，并不利于劳动者权益的保护和劳动关系的和谐发展，在一定程度上助长了企业违法行为，特事特办的处理方式也降低了政府劳动监察的公信力。

---

① 参见《徐某忠、深圳市南山区人力资源局劳动和社会保障行政管理（劳动、社会保障）再审审查与审判监督行政裁定书》（广东省高级人民法院行政裁定书，(2017) 粤行申 201 号)；《许某兰、济南市历城区人力资源和社会保障局劳动和社会保障行政管理（劳动、社会保障）再审审查与审判监督行政裁定书》(山东省高级人民法院行政裁定书，(2017) 鲁行申 47 号)；《陈某林与睢宁县人力资源和社会保障局不履行法定职责二审行政判决书》（江苏省徐州市中级人民法院行政判决书，(2014) 徐行终字第 00154 号)。

② 参见 2011 年 11 月江苏省高级人民法院、江苏省人力资源和社会保障厅、江苏省劳动人事争议仲裁委员会、江苏省总工会《关于建立劳动人事争议联动化解机制的意见》。

在劳动者投诉的个案中，即使劳动监察机构依法告知劳动者通过劳动争议处理程序维护自己的合法权益，也并不意味着劳动监察机构可以推卸自己的职责，不对用人单位的违法情形进行监督检查，其应当履行相应的职责，对用人单位的违法行为进行处罚。

参 考 文 献

1. 史尚宽著:《劳动法原论》, 正大印书馆 1977 年重印版。

2. 李景森主编:《劳动法学(第二版)》, 北京大学出版社 1995 年版。

3. 关怀主编:《劳动法学》, 法律出版社 1996 年版。

4. 陈舜著:《权利及其维护——一种交易成本观点》, 中国政法大学出版社 1999 年版。

5. 刘俊海著:《公司的社会责任》, 法律出版社 1999 年版。

6. 张文显著:《法哲学范畴研究(修订版)》, 中国政法大学出版社 2001 年版。

7. 李景森、贾俊玲主编:《劳动法学》, 北京大学出版社 2001 年版。

8. 王泽鉴著:《民法总则(增订版)》, 中国政法大学出版社 2001 年版。

9. 黄越钦著:《劳动法新论》, 中国政法大学出版社 2003 年版。

10. 郑尚元主编:《劳动法学》, 中国政法大学出版社 2004 年版。

11. 程延园著:《集体谈判制度研究》, 中国人民大学出版社 2004 年版。

12. 台湾劳动法学会编:《劳动基准法释义——施行二十年之回顾与展望》, 台湾新学林出版股份有限公司 2005 年版。

13. 董保华主编:《劳动合同研究》, 中国劳动社会保障出版社 2005 年版。

14. 关怀、林嘉主编:《劳动法》, 中国人民大学出版社 2006 年版。

15. 姜颖著:《劳动合同法论》, 法律出版社 2006 年版。

16. 台湾劳动法学会编：《劳动法裁判选辑（四）》，台湾元照出版公司 2006 年版。

17. 王全兴著：《劳动合同法条文精解》，中国法制出版社 2007 年版。

18. 《中华人民共和国劳动合同法》起草小组编写：《中华人民共和国劳动合同法释义》，中国市场出版社 2007 年版。

19. 周长征主编：《劳动派遣的发展与法律规制》，中国劳动社会保障出版社 2007 年版。

20. 郑尚元著：《劳动合同法的制度与理念》，中国政法大学出版社 2008 年版。

21. 贾俊玲主编：《劳动法学》，北京大学出版社 2009 年版。

22. 廖名宗著：《劳动规章制度研究》，法律出版社 2009 年版。

23. 李英、王棣、瞿彬彬著：《中外工会法比较研究》，知识产权出版社 2011 年版。

24. 常凯主编：《劳动法》，高等教育出版社 2011 年版。

25. 徐智华著：《劳动合同法研究》，北京大学出版社 2011 年版。

26. 于欣华著：《工伤保险法论》，中国民主法制出版社 2011 年版。

27. 胡大武主编：《比较与借鉴：家政工人劳动权益法律保障研究》，中国政法大学出版社 2012 年版。

28. 钱叶芳著：《企业劳动关系稳定的法律问题研究》，中国法制出版社 2012 年版。

29. 姚文胜、翟玉娟主编：《劳资协商制——中国劳动关系改善的路径选择》，中国法制出版社 2012 年版。

30. 肖进成著：《用人单位劳动合同责任研究》，法律出版社 2012 年版。

31. 郭捷主编：《劳动法与社会保障法（第四版）》，中国政法大学出版社 2012 年版。

32. 王泽鉴著：《债法原理（第二版）》，北京大学出版社 2013 年版。

33. 张晓明著：《宪法权利视野下的劳动权研究》，知识产权出版社 2013 年版。

34. 周湖勇著：《劳动诉讼制度研究》，中国法制出版社 2013 年版。

35. 杨帅、宣海林著：《国际劳工标准及其在中国的适用》，法律出版社 2013 年版。

36. 田思路、贾秀芬著：《日本劳动法研究》，中国社会科学出版社 2013 年版。

37. 石娟著：《企业社会责任与劳动者权益保护研究》，中国法制出版社 2014 年版。

38. 张帆著：《劳动合同中的合意问题研究》，中国劳动社会保障出版社 2014 年版。

39. 丁建安著：《企业劳动规章制度研究》，中国政法大学出版社 2014 年版。

40. 郑晓珊著：《工伤保险法体系——从理念到制度的重塑与回归》，清华大学出版社 2014 年版。

41. 林燕玲著：《国际劳工标准与中国劳动法比较研究》，中国工人出版社 2015 年版。

42. 莫荣主编：《国际劳工标准体系比较研究》，中国劳动社会保障出版社 2015 年版。

43. 张凌竹著：《退休法律制度研究》，中国社会科学出版社 2015 年版。

44. 太月著：《劳动违约责任研究》，对外经济贸易大学出版社 2015 年版。

45. 李敏华著：《劳动契约自由规制及其实施研究》，北京大学出版社 2015 年版。

46. 张焰著：《劳动合同法适用法律问题研究》，中国政法大学出版社 2015 年版。

47. 最高人民法院民事审判第一庭编著：《最高人民法院劳动争议司法解释的理解与适用》，人民法院出版社 2015 年版。

48. 姜明安主编：《行政法与行政诉讼法（第六版）》，北京大学出版社、高等教育出版社 2015 年版。

49. 王利明、杨立新、王轶、程啸著：《民法学（第四版）》，法律出版社 2015 年版。

50. 崔建远主编：《合同法（第六版）》，法律出版社 2016 年版。

51. 林嘉著：《劳动法的原理　体系与问题》，法律出版社 2016 年版。

52. 班小辉著：《非典型劳动者权益保护研究》，法律出版社 2016 年版。

53. 闻效仪著：《转型期中国集体协商的类型化与制度构建》，社会科学文献出版社 2016 年版。

54. 肖进成著：《劳动保障监察法律制度研究》，科学出版社 2016 年版。

55. 艾琳著：《集体谈判权研究》，中国社会科学出版社 2016 年版。

56. 石美遐著：《多元视角的企业民主管理理论体系研究》，北京交通大学出版社 2017 年版。

57. 王全兴著：《劳动法（第四版）》，法律出版社 2017 年版。

58. 李海明、白永亮编著：《劳务派遣法律规制的理论与实务》，法律出版社 2017 年版。

59. 刘晓倩著：《劳动关系中的管理权边界：以司法判例为视角》，社会科学文献出版社 2017 年版。

60. 梁慧星著：《民法总论（第五版）》，法律出版社 2017 年版。

61. 关保英著：《行政法学（第二版）》，法律出版社 2018 年版。

62. 《劳动与社会保障法学》编写组编：《劳动与社会保障法学（第二版）》，高等教育出版社 2018 年版。

63. 叶静漪主编：《和谐劳动关系法律建构若干重大问题研究》，北京大学出版社 2018 年版。

64. 叶静漪主编：《比较劳动法学》，北京大学出版社 2018 年版。

65. 叶小兰著：《关系契约视野下的劳动关系研究》，北京大学出版社 2018 年版。

66. 杨立新著：《侵权责任法（第三版）》，法律出版社 2018 年版。

67. ［德］沃尔夫根·冯·李希霍芬著，劳动和社会保障部国际劳工与信息研究所译：《劳动监察——监察职业指南》，中国劳动社会保障出版社 2004 年版。

68. ［日］荒木尚志著，李坤刚、牛志奎译：《日本劳动法（增补版）》，北京大学出版社 2010 年版。

69. ［德］曼弗雷德·魏斯、马琳·施米特著，倪斐译：《德国劳动法与劳资关系》，商务印书馆 2012 年版。

70. ［英］史蒂芬·哈迪著，陈融译：《英国劳动法与劳资关系》，商务印书馆 2012 年版。

71. ［意］T. 特雷乌著，刘艺工、刘吉明译：《意大利劳动法与劳资关系》，商务印书馆 2012 年版。

72. ［德］雷蒙德·瓦尔特曼著，沈建峰译：《德国劳动法》，法律出版社 2014 年版。

73. ［德］沃尔夫冈·多伊普勒著，王倩译：《德国劳动法（第 11 版）》，上海人民出版社 2016 年版。

74. ［比］罗杰·布兰潘著，付欣、张蕊楠、高一波、陈洁译：《欧洲劳动法（第一册）》，商务印书馆 2016 年版。

75. 常凯、［英］李应芳、［英］格里格·J. 班博等编著，朱飞、孙兆阳、盛龙飞等译：《国际比较雇佣关系——国家规制与全球变革（第六版）》，中国劳动社会保障出版社 2016 年版。

76. 国际劳工组织：《世界非标准就业》，国际劳工局 2017 年出版。

77. ［日］荒木尚志著，田思路译：《雇佣体系与劳动条件变更法理》，上海人民出版社 2017 年版。

78. ［比］罗杰·布兰潘著，付欣、马庆林、黄文军等译：《欧洲劳动法（第二册）》，商务印书馆 2017 年版。

79. ［比］罗杰·布兰潘著，付欣、高一波、张蕊楠译：《欧洲劳动法（第三册）》，商务印书馆 2018 年版。